工程建设理论与实践丛书

桥梁工程
施工技术与安全管理

QIAOLIANG GONGCHENG
SHIGONG JISHU YU ANQUAN GUANLI

张豪华　匡国文　王亚雄　钟兴武　主编

華中科技大學出版社
http://press.hust.edu.cn
中国·武汉

图书在版编目(CIP)数据

桥梁工程施工技术与安全管理/张豪华等主编. —武汉:华中科技大学出版社,2023.12
ISBN 978-7-5772-0104-7

Ⅰ. ①桥… Ⅱ. ①张… Ⅲ. ①公路桥-桥梁施工-施工管理-安全管理-研究
Ⅳ. ①U448.145.1

中国国家版本馆 CIP 数据核字(2023)第 200962 号

桥梁工程施工技术与安全管理 张豪华 匡国文 王亚雄 钟兴武 主编
Qiaoliang Gongcheng Shigong Jishu yu Anquan Guanli

策划编辑:周永华
责任编辑:周江吟
封面设计:杨小勤
责任监印:朱 玢
出版发行:华中科技大学出版社(中国·武汉) 电话:(027)81321913
武汉市东湖新技术开发区华工科技园 邮编:430223
录 排:华中科技大学惠友文印中心
印 刷:武汉科源印刷设计有限公司
开 本:710mm×1000mm 1/16
印 张:17.75
字 数:319 千字
版 次:2023 年 12 月第 1 版第 1 次印刷
定 价:88.00 元

本书若有印装质量问题,请向出版社营销中心调换
全国免费服务热线:400-6679-118 竭诚为您服务

编　委　会

前　言

桥梁是人类利用自然、改造自然的重要标志。从最原始的抛石入河流或小溪形成的踏步桥，到当代现代化的大跨度桥梁，几千年来，人类建造了数以万计的桥梁。

桥梁是国家交通基础设施的关键性工程，关系到区域经济和综合交通运输的发展。2019 年 9 月，中共中央、国务院印发了《交通强国建设纲要》，明确提出到 2035 年，我国基本建成交通强国，要围绕“人民满意、保障有力、世界前列”的交通强国基本内涵和“安全、便捷、高效、绿色、经济”的价值取向，对标发达国家综合交通运输发展水平，着力打造“一流设施、一流技术、一流管理、一流服务”的交通强国。因此，从现在到 2035 年，是我国桥梁工程领域的关键转型期和重要机遇期。

鉴于此，本书在内容的安排上以桥梁工程的基础知识为纲，并以掌握相关桥梁工程施工技术为目的，让读者能够在掌握桥梁工程技术基础知识的同时，还能更好地应对复杂的桥梁工程问题。本书共 10 章，分别为绪论、桥梁工程施工测量、桥梁基础施工、桥梁墩台施工、梁桥施工、刚构桥施工、拱桥施工、悬索桥施工、斜拉桥施工、桥梁工程施工安全管理。

本书专业覆盖广、内容丰富、结构严谨，重视理论并联系实践，对桥梁工程施工技术以及安全管理进行了深入的分析与探索，适合从事桥梁工程施工技术应用的广大专业技术人员阅读和借鉴。

本书引用了大量文献，在此对相关文献的作者表示感谢。因编者的理论水平和实践经验有限，且对新修订的规范学习理解不足，书中难免存在疏漏之处，恳请广大读者批评指正。

目　录

第 1 章　绪　论

1.1　桥梁发展概述

1. 古代桥梁

古代没有现在的建桥技术，在遇到大江大河或海峡巨川时，想要过河就只能采用浮桥。浮桥就是一种常用的便桥，是用小船代替桥墩组成的，所以又称为舟桥：把许多小船排在河面上，用绳索联系起来，然后在船上铺上木板，便形成了桥面。中国建造浮桥的历史非常悠久。《诗·大雅·大明》中记载："文定厥祥，亲迎于渭。造舟为梁，不显其光。"即西周时期，周文王为了娶妻而在黄河的支流渭水上建造了浮桥。这是中国历史上第一次关于浮桥的记录，距今已有 3000 余年。在那时，浮桥是稀贵之物，周礼规定，只有天子一人才能使用，用完就要立即拆除。千百年中，中国建造的浮桥不计其数，据粗略统计，仅在长江、黄河上就有 20 余座，其中大部分是军用浮桥。据《武昌百年大事记》第 13 辑，长江上规模最大的一次建造浮桥是太平天国农民军在攻克汉阳后，利用鹦鹉洲上的木头、汉阳城内的木板和搜罗到的民船，以铁索系结为桥，星夜施工，在江面上建造自汉阳鹦鹉洲至武昌白沙洲、自汉阳南岸嘴至武昌大堤口的两座总长 3000 m 的浮桥，架桥速度空前。为了加强武汉长江两岸的联系，农民军又在龟山至蛇山间架设了一座浮桥。其桥位基本和现在的武汉长江大桥一致，足见军中一定有懂得水文的人，才会选择恰当的桥位。而今浮桥仍有军事价值，军用浮桥就是部队渡江、重武器渡河的有力工具。在和平时期，当发生地震、特大洪水等自然灾害，永久桥梁损坏时，浮桥也可以立即发挥其独特作用。

在 19 世纪 20 年代铁路出现以前，人们用来建桥的主要材料是木材和石料，后来也偶尔使用铸铁和锻钢。木桥在公元前 4000 多年前就有使用，比如巴比伦曾在幼发拉底河上建造石墩和木梁。我国在东周之后的史书上也有木桥的记载。

在秦汉以前，我国就有以石建桥的记载。到隋唐以后，用石材建造的梁桥、板梁桥和各式各样的石拱，成为桥梁的主体。在秦汉时期，我国已广泛修建石梁桥。世界上现在尚保存着的最长、工程最艰巨的石梁桥，就是我国北宋时期在福建泉州建造的万安桥，也称洛阳桥。南宋时期建造的福建漳州虎渡桥（现称江东桥），也是令人惊奇的一座梁式石桥：此桥某些石梁长达 23.7 m，沿宽度用 3 根石梁组成，每根宽 1.7 m，高 1.9 m，质量达 200 t，一直保存至今。著名的赵州桥，位于河北赵县，为单孔圆弧石拱桥，全桥长 50.82 m，主孔净跨径 37.02 m，拱矢高 7.23 m，大拱上建有 4 个小拱，南北两端各两个。赵州桥是我国现存的石拱桥中最古老并为当时跨径最大的石拱桥，不仅是我国桥梁工程上首先发明的拱上加拱的敞肩拱类型的桥梁，而且是世界桥梁工程史上敞肩拱的首创。敞肩圆弧石拱桥这一桥型的出现，为拱桥的向前发展注入新的生命力。从发展进程来看，拱桥在 20 世纪 50 年代左右进入了全盛时期。我国因地制宜、就地取材，修建了大量经济美观的石拱桥。

2. 近现代桥梁

18 世纪末，石料作为建筑材料，其至高无上的地位首次受到一种新型建筑材料——钢铁的威胁。钢铁的引进使悬索桥建设进入一个全新的阶段。在此之前的悬索桥仅仅是由天然的纤维和藤条编织而成的。古老的悬索桥记录在我国西南和华北地区相当普遍。山区的人们很早就知道该如何将植物纤维固定到悬崖上，做成悬索桥跨越山谷，如四川都江堰市的安澜索桥和甘孜藏族自治州的泸定桥。中国的古铁链桥成就很大，但是由于没有掌握控制振动的方法，铁链桥变形和振动都很大，如泸定桥在过去就有桥上不得跳跃、不准 25 人以上同时过桥的要求，以避免桥梁振动过大的问题。我国古代索桥产生较早，数量众多，形式多样，传入日本后，又通过西方的商人、探险家、传教士等传到西方，对近代桥梁的发展有着重要的影响。

19 世纪 20 年代至 19 世纪末，随着铁路的出现和发展，列车荷载增大，动力效应明显，对桥梁建造提出了更新、更高的要求。由于计算理论的限制，在很长一段时间内新的设计构思主要靠试验印证。英国人于 1820—1826 年在梅奈海峡建造的跨径达 177 m 的锻铁链杆柔式悬索桥——梅奈海峡大桥就是以当时的普遍经验为基础设计的，使用百年后才将链杆换成低合金钢眼杆。这座桥是由一名自学成才的桥梁工程师设计的，他的名字是托马斯·特尔福德。这座桥的成功建成为他赢得了“土木工程之父”的美誉。到 19 世纪 50 年代，静定桁架梁的内力分析方法逐步被工程界掌握。为了适应铁路荷载的需要，在桥梁用材方面，人们先是用锻铁，继而用钢材替代以前的木料和石料。第一次使用钢材的桥梁是建成于 1874 年的伊兹桥。钢材的使用给桥梁建设带来更多新的可能性，钢桁架桥、钢板梁桥开始被广泛应用。这一时期的另一个重要进步是对桥梁基础的改进和提高。1845 年，英国詹姆斯・内史密斯发明了蒸汽打桩机；1851 年，英国在罗切斯特一座桥的施工中使用气压沉箱基础，下沉深度达 18.5 m，从此结束了深水江河不能修桥的历史。

20 世纪初，结构力学分析方法被广泛用于桥梁结构的设计计算，结束了桥梁设计主要靠经验和试验的历史，使建造长跨桥梁有了可靠的科学依据，加之钢产量的增加和钢材品质的提高，这一时期许多大跨度钢桥应运而生。第一座跨径超过 1000 m 的桥梁是 1931 年纽约建造的跨径为 1067 m 的乔治・华盛顿桥。该桥的建成促进了高速数值运算的发展，为结构和力学理论注入了新的生命力，使各类力学问题迎刃而解，促进了结构空间分析、稳定分析、动力分析、风和地震响应分析方面的发展。如 1940 年 11 月 7 日，华盛顿塔科马海峡大桥在风的吹动下，经历几个小时的上下晃动之后垮塌。这让人们开始重视桥梁动态抗风稳定性的研究，并研发了前所未有的翼形断面箱梁，取代了抗扭刚度小的工形梁。至此，以挠度理论为基础的设计加上翼形断面的革命，将悬索桥带入了一个新的时代。先进的科学试验手段，使人类能够建造更高的塔楼和更大跨度的桥梁。

19 世纪 20 年代制成的波特兰水泥，经过一个世纪，发展出预应力混凝土。混凝土抗裂性能的提高使混凝土梁桥跨越能力大大提升，特别是在 20 世纪 50 年代后，人们创造了混凝土桥梁的悬臂施工方法，由此发展了梁式桥、拱式桥等新结构形式。早在 20 世纪 30 年代，法国等国家就开始尝试用预应力混凝土建造桥梁。1946 年，法国的欧仁・弗莱西奈采用预应力钢筋将预制的梁段串联成整体，在马恩河上建造了跨度为 55 m 的双铰刚架桥。法国用预应力混凝土重建了 5000 余座在战争中被毁坏的桥梁，节省了至少 70％的钢筋及 30％～40％的混凝土。在对预应力混凝土性能和张拉、锚固工艺深入研究的基础上，预应力混凝土简支梁、连续梁、连续刚构桥等被迅速推广应用于梁桥。如今不论是公路桥、铁路桥，还是城市桥梁，绝大多数是预应力混凝土梁桥。1997 年建成的中国虎门大桥辅航道桥跨度达到了 270 m，成为当时世界上最大跨度的悬臂施工预应力混凝土梁桥。1998 年建成的挪威斯托尔马海峡大桥，是一座预应力混凝土连续刚构桥，主跨达 301 m，刷新了虎门大桥辅航道桥的纪录。我国 2006 年建成的重庆石板坡长江大桥复线桥的主跨达到了 330 m，再一次刷新了跨径纪录，成为预应力混凝土连续刚构桥的世界第一。世界最大跨度的混凝土拱桥当属我国1997年建成的重庆万州长江大桥，为420 m。其主拱圈是采用劲性骨架法进行施工的。

1978年，中国实行改革开放政策以后，经济得到了飞速发展。交通基础设施的建设是经济发展的动脉。在这样的大背景下，预应力混凝土梁桥在中国得到广泛使用。目前，中国已成为混凝土梁桥建造最多、发展最快的国家，公路和铁路部门都进行了桥梁标准化的设计，提供了系列的标准梁，实现专业化并节约成本。桥梁作为构建铁路的重要基础设施工程之一，也是铁路建设的关键技术。从有利于节约土地资源和环境保护出发，并根据技术需要，时速200 km以上的高速铁路(包含客运专线、城际铁路)中，桥梁的比例比普通铁路高得多。例如：2008年全线贯通的武汉至广州客运专线，全长968 km，桥梁662座，共411 km，占线路总长度的42.1%；2008年开工的京沪高速铁路正线长度为1318 km，桥梁长度为1140 km，占线路长度的86.5%，其中包括了预应力混凝土简支梁、预应力混凝土连续梁、预应力混凝土刚构等多种形式。已经建成的高速铁路或客运专线桥梁的结构形式一般是：小跨度桥梁采用多孔等跨简支梁桥；大跨度桥梁的结构形式较多，但数量较少，主要有预应力混凝土连续梁、连续刚构、预应力混凝土斜拉桥和钢筋混凝土拱桥。我国已建成的武广客运专线中也有较大跨度的桥梁，例如：白庙北江特大桥主跨为(48＋2×80＋48)m预应力连续梁；株洲西湘江特大桥主跨为(60＋5×100＋60)m连续梁；衡阳湘江特大桥主跨为(64＋4×116＋64)m连续梁；汀泗河特大桥主跨为140 m钢箱系杆拱桥。

20世纪建桥历史中最突出的成就是预应力混凝土技术的广泛应用。据粗略估计，当今世界上大多数现代化桥梁采用预应力混凝土新技术。由于高强钢丝或钢绞线的防护技术越来越成熟，预应力拉索技术不但应用于桥梁结构，而且渗透到各类结构，创造出各种索结构与索膜结构。20世纪60年代，预应力混凝土首次被应用于斜拉桥，即委内瑞拉的马拉开波湖桥。此外，钢筋混凝土和预应力混凝土还大量应用于其他土木工程。因而，20世纪是钢筋混凝土与预应力混凝土桥梁占主导地位的发展时期。

20世纪中叶时，各国经济迎来了恢复发展时期，大量被破坏的交通设施需要修复。在电子计算机出现后，结构计算理论与方法的飞跃使工程师们爆发出巨大的创造力，使一些早期构思的、复杂的超静定结构形式获得了新的生命力，异军突起的是斜拉桥体系。进入20世纪90年代，斜拉桥建设数量迅速增加，建造技术也日益成熟。密索体系、混凝土边主梁截面及钢-混凝土组合主梁截面形式成为斜拉桥的主流。世界各地出现了斜拉桥修建热潮。斜拉桥成了同时期建设最多、最受欢迎的桥型之一。1994 年建成的法国诺曼底大桥，是一座与当地景观完美协调的斜拉桥，被授予"20 世纪世界最美的桥梁"称号。1999 年 5 月 1 日通车的多多罗大桥主跨 890 m，是当时世界上最长的斜拉桥。该纪录后被我国 2008 年建成的主跨为 1088 m 的苏通长江公路大桥打破，截至 2021 年，又被 1104 m 的跨东博斯鲁斯大桥刷新。

现在世界上已建成的斜拉桥大多采用梁式断面，这些桥梁中铁路桥梁屈指可数。2000 年建成通车的中国芜湖长江大桥，是一座公铁两用低塔斜拉特大桥。它的建成通车，拉开了我国建设大跨度公铁两用斜拉桥的序幕，使我国斜拉桥建设水平跃上了一个新的台阶。该桥融入了当代桥梁建设的最新技术，采用了新结构、新材料和新工艺，是我国铁路桥梁建设史上一个新的里程碑。芜湖长江大桥正桥钢桁梁采用了国产新材料 14MnNbq 钢，即 Q370qE。这种 14MnNbq 钢是武汉钢铁(集团)公司和中铁大桥局集团有限公司共同研究开发的新型桥梁用钢，成功解决了中国桥梁建设中的高强度厚板的技术难题，加快了高性能钢材国产化的步伐。高性能钢在相当程度上代表着钢桥用材的发展方向。我国南京大胜关长江大桥使用的是 Q420qE 钢材。2015 年 8 月，中铁大桥勘测设计院集团有限公司牵头试制出了第一批 Q500qE 级高强度桥梁结构钢，并在世界首座跨度超千米(1092 m)的公铁两用斜拉桥——沪通长江大桥新钢种焊接中，攻克了重达 1800 t 的大型全焊整节段桁梁的焊接难题，实现了我国铁路桥梁新钢种从 Q370qE 到 Q420qE 再到 Q500qE 的三大跨越。

我国地域辽阔，河流密布，沟谷纵横，因此在高速铁路的建设中，跨越大江大河时，必须采用大跨度桥梁方案。目前，在国外高速铁路中，跨度超过 100 m 的桥梁并不多，但受国情、路况的制约，我国高速铁路中跨度在 100 m 及以上的大跨度桥梁很多。我国通过借鉴国外高速铁路桥梁先进技术和成功建设经验，在逐渐完善技术的同时形成了自己的特色。南京城外，万里长江下游，为让高速铁路跨越大江，建设者建造了一座巨型钢铁拱桥——南京大胜关长江大桥，耗费了超过 30 万 t 钢材和 126 万 m^3 混凝土。它标志着中国从桥梁建造大国迈向建造强国。于 2001 年 11 月通车的贵州水柏铁路北盘江大桥被誉为沪昆高铁第一桥，是当时钢筋混凝土拱桥最大跨径、高铁桥梁最大跨度等一系列世界纪录的创造者，标志着中国高铁桥梁建设所能达到的新高度。该桥于 2003 年荣获鲁班奖，2004 年荣获詹天佑土木工程大奖。

高速铁路桥梁在高铁建设中起到了至关重要的作用，其主要功能是为高速列车提供稳定、平顺的桥上线路。桥上线路与路基上、隧道中的线路不同，由于桥梁结构在列车活载通过时产生变形和振动，并在风力、温度变化、日照、制动、混凝土徐变等因素作用下产生各种变形，桥上线路平顺性也随之发生变化，因此，每座桥梁都是对线路平顺的干扰点，尤其是大跨度桥梁。为了保证高速列车的行车安全和乘坐舒适，高速铁路桥梁除了具备一般桥梁的功能，还要为列车高速通过提供平顺、稳定的桥上线路。

高速铁路桥梁可分为高架桥、谷架桥和跨越河流的一般桥梁。高速铁路桥梁与普通铁路桥梁相比，在数量、设计理念及方法、耐久性要求、养护维修等诸多方面都存在巨大差异。其特点归纳如下。

(1) 高架桥所占比例大。其主要原因是在平原、软土以及人口和建筑密集地区，通常采用高架桥通过。

(2) 大量采用简支箱梁结构形式。根据我国高速铁路建设规模、工期要求和技术特点，有关部门通过技术比较，确定以 32 m 简支箱梁为标准跨径，整孔预制架设施工。

(3) 大跨度桥梁多。据统计，在建与拟建客运专线中，100 m 以上跨度的高速铁路桥梁至少 200 座。其中，预应力混凝土连续梁桥最大跨度为 128 m，预应力混凝土刚构桥的最大跨径为 180 m。

(4) 桥梁刚度大，整体性好。为了保证列车高速、舒适、安全行驶，高速铁路桥梁必须具有足够大的竖向和横向刚度以及良好的整体性，以防止桥梁出现较大挠度和振幅。高速铁路还应严格控制由混凝土产生的徐变上拱和不均匀温差引起的结构变形，以保证轨道的高平顺性。

随着我国高速铁路建设的不断深入，高速铁路桥梁的设计建设经验将进一步丰富，并有望创造出更多适合高速铁路运行要求的桥梁结构形式。

1.2 桥梁组成和分类

1.2.1 桥梁组成

1. 名称术语

图 1.1 给出了常见的梁式桥中与桥梁布置和结构有关的主要尺寸及名称术语。

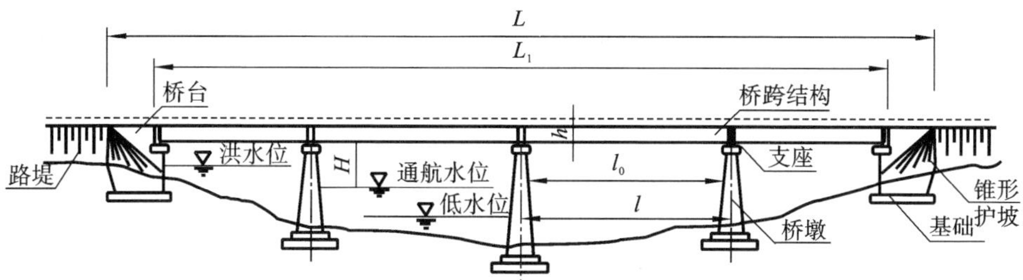

图 1.1　桥梁的基本组成

河流中的水位是变动的，在枯水季节的最低水位称为低水位（minimum water level）；洪峰季节河流中的最高水位称为高水位（maximum water level）。与设计流量相对应的水位称为设计水位（design water level）。对于通航的河流（各级航道），能保持船舶（队）正常航行时的最高水位和最低水位，称为通航水位（navigable water level）。

桥位（bridge site）：为建桥选择的位置。

桥梁全长（total length of bridge）：简称桥长，是桥梁两端两个桥台的侧墙或八字墙后端点之间的距离，以 L 表示。对于无桥台的桥梁，桥长即为桥面行车道的全长。桥长是一座桥的工程规模的一个重要指标。在一条线路中，桥梁和涵洞占总长的比重反映它们在整段线路建设中的重要程度。

多孔跨径总长（total length of spans）：也称总跨径，以 L_1 表示。梁式桥、板式桥涵的多孔跨径总长为多孔标准跨径的总长；拱式桥涵为两岸桥台内起拱线间的距离；其他形式桥梁为桥面系车道长度。

主桥（main bridge）：多孔桥梁的主要跨段，设计时根据宣泄设计流量、通航要求或结构构造等确定。

引桥（approach）：桥梁中连接主桥和路堤的部分。

跨径（span）：结构或构件支承间的水平距离。对于梁式桥、斜拉桥和悬索桥，它是指相邻两桥墩中线之间的距离，或墩中线至桥台台背前缘之间的距离；对于拱桥，则是指净跨径。

计算跨径（computed span）：对于具有支座的桥梁，是指桥跨结构所支承的相邻墩台上的支座中心之间的距离；不设支座的桥梁（如拱桥、刚构桥）为上、下部结构相交面中心间的水平距离，以 l 表示。

净跨径（clear span）：梁式桥的净跨径是指设计洪水位上相邻两个桥墩（或桥台）之间的净距，以 l_0 表示。

桥面净空(clearance above bridge floor):桥梁行车道、人行道上方应保持的空间界限。其中,净宽(clear width)指行车道、人行道有效的使用宽度。行车道净宽与车道数、行车速度有关。

桥梁高度(height of bridge):桥面与低水位之间的高度差,或桥面与桥下线路路面之间的距离。

桥下净空(clearance of span):为满足桥下通航(或行车、行人)的需要和保证桥梁安全而对上部结构底缘以下规定的空间限界。其中,桥下净空高度是设计洪水位或计算通航水位至桥跨结构最下缘之间的距离,以 H 表示。它应保证能安全排洪,并不得小于对该河流通航所规定的净空高度。对于跨线桥或立交桥,桥下净空对于保证所跨越线路的通行能力至关重要。

桥梁建筑高度(construction height of bridge):桥上行车路面(或轨顶)高程至桥跨结构最下缘之间的距离,以 h 表示。桥梁的建筑高度不得大于其容许建筑高度,否则就不能保证桥下的通航要求或其他交通的通行要求。

涵洞(culvert):用来宣泄路堤下水流的构造物,有时还起到灌溉、过人或车及过管线的作用。通常在建造涵洞处路堤不中断。我国公路桥梁中,凡是多孔跨径的全长不到 8 m 和单孔跨径不到 5 m 的结构物,均称为涵洞。

2. 桥梁结构

桥梁结构一般分为上部结构、下部结构、支座和附属设施。上部结构包括桥面铺装、承重结构以及联结部件;下部结构为桥墩、桥台和基础,有时仅含桥墩与桥台(合称墩台),将基础单列。桥梁上、下部结构之间常采用支座联结。桥梁附属设施包括桥面系、桥头搭板和锥形护坡等。表 1.1 给出了一座桥梁的组成部分及其作用。

表 1.1 桥梁的组成部分及其作用

<table>
<tr><th colspan="3">桥梁的组成部分</th><th>各组成部分的作用</th></tr>
<tr><td rowspan="3">上部结构</td><td>桥面铺装</td><td>公(铁)路面、人行道</td><td>车辆或行人行走部分</td></tr>
<tr><td>承重结构</td><td>主梁(或拱、索)</td><td>支承桥道结构,架立在支座上,将荷载传给支座</td></tr>
<tr><td>联结部件</td><td>纵向及横向</td><td>位于主梁之间,承受水平荷载</td></tr>
</table>

续表

<table>
<tr><th colspan="3">桥梁的组成部分</th><th>各组成部分的作用</th></tr>
<tr><td rowspan="2">下部结构</td><td>墩台</td><td>桥台(位于岸边)
桥墩(位于中间)</td><td>支承上部结构,将上部结构荷载
传至基础(桥台兼起挡墙作用)</td></tr>
<tr><td>基础</td><td>浅基础或深基础
(桩、沉井或沉箱)</td><td>将桥墩(桥台)传来的荷载
传给地基(土壤或基岩)</td></tr>
<tr><td colspan="2">支座</td><td>固定支座、活动支座
(或全约束支座、鞍座)</td><td>支承上部结构,将荷载传给墩台;将上部结构固定在墩台上;保证上部结构的伸缩、弯曲等变形</td></tr>
<tr><td colspan="2" rowspan="3">附属设施</td><td>桥面系</td><td>支承桥面,将荷载传给承重结构</td></tr>
<tr><td>桥头搭板</td><td>防止桥端连接部分的沉降</td></tr>
<tr><td>锥形护坡</td><td>保护路堤边坡不受冲刷</td></tr>
</table>

(1) 上部结构。

桥梁上部结构(或称桥跨结构、桥孔结构),是在线路遇到障碍(如河流、山谷或其他线路等)而中断时,跨越这类障碍的主要承载结构。

(2) 下部结构。

桥墩、桥台及其基础统称下部结构,它的主要作用是承受上部结构传来的荷载,并将它及本身的自重传给地基。

优秀的桥梁设计方案,往往注重展现下部结构的功能和造型,使上、下部结构协调一致,互为点缀,进而烘托出桥梁方案的整体效果。桥梁下部结构的发展方向是轻型、薄壁、造型美观等。桥梁下部结构的选型,也应遵循安全耐久、满足交通要求、造价低、维修养护少、预制施工方便、工期短、与周围环境协调等原则。

①墩台。

桥墩支承相邻的两孔桥跨,居于桥梁的中间部位。桥台居于全桥的两端,前端支承桥跨,后端与路基衔接,起着支挡台后路基填土并把桥跨与路基连接起来的作用。除承受上部结构的作用力外,桥墩还受到风力、流水压力及可能发生的冰压力、船只和漂流物的撞击力。桥台还承受台背填土及填土上车辆荷载产生的附加侧压力。因此,桥梁墩台不仅应具有足够的强度、刚度和稳定性,而且对地基的承载能力、沉降量、地基与基础之间的摩阻力等也都提出一定的要求。

桥梁墩台的结构形式多种多样。随着桥梁建设事业的发展,特别是高等级公路桥梁和城市桥梁的兴起,出现了许多造型新颖、轻巧美观的墩台结构形式。桥梁的墩台设计与结构受力有关,与土质构造和地质条件有关,与水文、流速及河床性质有关。因此桥梁墩台要置于稳定可靠的地基上，并通过设计和计算确定基础形式和埋置深度。

桥梁是一个整体，上、下部结构共同工作、互相影响，要重视下部结构与上部结构的合理组成，特别是在墩梁固结的连续刚构桥中。墩台的施工方法与结构形式有关，桥梁墩台的施工，主要有在桥位处就地施工与预制装配两种。就桥墩来说，目前较多采用滑动模板连续浇筑施工。它适用于高桥墩、薄壁直墩和无横隔板的空心墩。而装配式墩常在带有横隔板的空心墩、V形墩、Y形墩等形式中采用。在墩台施工中，应从实际情况出发，因地制宜地提高机械化程度，大力采用工业化、自动化和施加预应力的施工工艺，提高工程质量，加快施工速度。

②基础。

基础是使桥上全部荷载传至地基的结构部分。基础工程在整个桥梁工程施工中是比较困难的部位，而且经常需要在水中施工，因而遇到的问题也很复杂。

(3) 支座。

在桥跨结构与桥墩、桥台的支承处所设置的传力装置，称为支座。它不仅要传递很大的荷载，而且要保证桥跨结构能产生一定的变位。

(4) 附属设施。

桥梁附属设施包括桥面系、桥头搭板和锥形护坡等。桥面系包括桥面铺装(或称为行车道铺装)、排水系统、栏杆(或防撞栏杆)、灯光照明等。

1.2.2 桥梁分类

桥梁分类有多种形式。

按跨越的障碍类型，桥梁可分为跨河桥、跨谷桥、跨线桥(立交桥)、高架桥等。跨河桥(river-crossing bridge)是指跨越河流的桥梁，最为常见。跨谷桥(gorge-crossing bridge)是指跨越谷地的桥梁，对于较窄的河谷，可以采用一跨结构(如拱或斜腿刚架)作为正桥越过；对于较开阔的谷地，可采用多跨高墩梁式桥，此时的跨谷桥也是高架桥(viaduct)。当然，高架桥还常常用于城市多层道路之中。跨越其他线路(公路、铁路、城市道路)的桥梁称为跨线桥(overpass bridge)，当桥梁所在的线路还要与其他线路互通时，就形成立交桥(flyover bridge)。

按桥面(通道)与桥跨结构(承重结构)的相对位置，桥梁可分为上承式桥、下承式桥和中承式桥。桥面布置在桥跨结构上的，称为上承式桥(deck bridge)；桥面布置在桥跨结构下的称为下承式桥(through bridge)；而一部分桥面在桥跨结构上、另一部分桥面在桥跨结构下的，称为中承式桥(half-through bridge)。一般来说，混凝土梁桥为上承式，斜拉桥、悬索桥为下承式，钢桁梁桥上、下承式都有，拱桥上、中、下承式都很常用。

按平面形状，桥梁可分为正桥、斜桥和曲线桥。绝大部分桥梁为正桥(正交桥，right bridge)。斜桥(skew bridge)指桥轴线与桥台、桥墩或两者不呈直角相交的桥梁。桥梁轴线在平面上呈曲线的桥称为平面曲线桥，简称为曲线桥(curve bridge)。与曲线桥相对应的是直桥，指桥梁纵轴线是直线，包含了正桥与斜桥。在高等级公路中，为服从线路线形的需要，斜桥和曲线桥采用得较多，立交桥的匝道桥更是少不了曲线桥。斜桥与曲线桥的受力有其特殊之处。

此外，将桥面高程较低的桥梁修成可以开启一部分为通航的，称之为开启桥或活动桥(movable bridge)，相对的，一般意义上的桥梁就是固定桥。为军事目的而修的桥梁称为军用桥(military bridge)，而一般的桥称为民用桥。军用桥为了修建快速，常用船或浮箱浮在水面，代替桥墩，上面架设贝雷梁(bailey beam)成为浮桥或舟桥(floating bridge)。浮桥一般属于临时性桥梁。施工或特殊情况时，也常修建临时性桥梁，一旦短期内的任务完成，就拆除掉。相对于临时桥，一般的桥梁则为永久性桥(虽然也有服务年限)。

下面针对桥梁按用途、结构类型、材料分类，进行详细说明。

1. 按用途分类

桥梁按用途分类，可分为公路桥(highway bridge)、城市桥(municipal bridge)、铁路桥(railway bridge)、公铁两用桥(highway and railway bridges)、人行桥(pedestrain bridge;foot bridge)以及管道桥、水路桥、机场跑道桥等。

公路桥与城市桥均以通行汽车为主，与专供铁路列车行驶的铁路桥相比，活载相对较轻，桥的宽度相对较大(其中，城市桥的宽度相对较宽)。公铁两用桥指能同时承受公路和铁路荷载的桥梁，一般规模较大。它可做成双层桥面桥(double deck bridge)，如我国武汉长江大桥、南京长江大桥等；也可做成同一平面的，如澳大利亚的悉尼港钢拱桥。人行桥指专供行人通过的桥梁，活载较小、桥面较窄，结构造型较灵活，对美学要求较高，总造价也不高，因此常采用一些造型独特、新颖的结构。

我国的桥梁按其用途与所属管理部门主要分为公路桥、城市(市政)桥、铁路桥和其他专用桥。公路桥属于交通部门(交通系统)管理，城市桥属于市政部门(建设系统)管理，铁路桥属于铁道部门(铁道系统)管理，其他专用桥则根据其用途和业主分属于矿山、林业、港口等部门。不同用途桥梁的设计、施工、管理等规范、标准等也不同，主要有公路、市政与铁路三大体系。

2. 按结构类型分类

作为一种结构，对工程师来说，从力学的角度出发，桥梁的结构体系的划分在桥梁的分类中有着特别重要的意义。工程结构上的受力构件，总离不开拉、压和弯三种基本受力方式。由基本构件所组成的各种结构物，在力学上也可归结为梁式、拱式、悬吊式三种基本体系以及它们之间的各种组合。

梁桥、拱桥和吊桥是三种古老的桥梁结构形式。随着桥梁结构形式的发展，一些新的桥型不断出现。这些新桥型可以看作梁式、拱式和悬吊式的组合，比如斜拉桥和刚构桥。由于斜拉桥和刚构桥在近代得到很大的发展，目前常将这两种结构与梁式、拱式、悬吊式三种传统的桥梁形式并列，因此我国常将桥梁按结构划分为五种桥型，即梁桥、拱桥、刚构桥、悬索桥、斜拉桥等。在国外钢桁梁桥应用很多，桁梁常独立于梁桥之外作为一种桥型，桥梁结构就可分成六种，即桁桥、梁桥、拱桥、刚构桥、悬索桥、斜拉桥等。除这些基本桥型外，还有一些其他类型的组合体系桥梁，但由于数量不是很多，本书将不做特别介绍。

(1) 梁桥(beam bridge)。

梁式体系是古老的结构体系。梁桥是一种在竖向荷载作用下无水平反力、以受弯为主的结构。由于外力(恒载和活载)的作用方向与承重结构的轴线接近垂直，与同样跨径的其他结构体系相比，梁内产生的弯矩最大，通常需要抗弯能力强的材料(钢、木、钢筋混凝土等)来建造，跨越能力也比较有限。目前我国公路上应用最广的是预制装配式的钢筋混凝土和预应力混凝土简支桥梁。这种梁桥的结构简单，施工方便，对地基承载力的要求也不高，其常用跨径在50 m以下。当跨度较大时，为了达到经济省料的目的，可根据地质条件等修建悬臂式或连续式的梁桥。跨径很大或承受荷载很大的特大桥梁可建造成钢桥。

(2) 拱桥(arch bridge)。

拱桥的主要承重结构是拱圈或拱肋。这种结构在竖向荷载作用下，桥墩或桥台将承受水平推力。同时，这种水平推力将显著抵消荷载所引起在拱圈(或拱肋)内的弯矩作用。

因此，与同跨径的梁相比，拱的弯矩和挠度要小得多。鉴于拱桥的承重结构以受压为主，通常就可用抗压能力强的圬工材料(如砖石、混凝土)和钢筋混凝土等来建造。

拱桥的跨越能力很大,外形也较美观,在条件许可的情况下,修建圬工、钢筋混凝土或钢管混凝土拱桥往往是经济合理的。但为了确保拱桥能安全使用,下部结构和地基必须能经受住很大水平推力的作用。跨径很大时,可建造钢拱桥。拱桥由于主拱在合龙之前不能发挥拱的作用,其施工常需要其他辅助设施或构造,与其他桥型相比,拱桥的施工难度一般较大。

(3) 刚构桥(rigid frame bridge)。

刚构桥的主要承重结构是梁(或板)和立柱(或竖墙)整体结合在一起的刚架结构,梁和柱的连接处具有很大的刚性。在竖向荷载作用下,梁部主要受弯,而在柱脚处也具有水平反力,其受力状态介于梁桥与拱桥之间。斜腿刚构的受力特点与拱相近,直腿刚构则与梁相近。对于同样的跨径,在相同的荷载作用下,刚构桥的跨中正弯矩要比一般梁桥的小。根据这一特点,刚构桥跨中的建筑高度就可以做得较小。在城市中当遇到线路立体交叉或需要跨越通航江河时,采用这种桥型能尽量降低线路高程以改善纵坡并减少路堤土方量。当桥面高程已确定时,能增加桥下净空。

(4) 悬索桥(suspension bridge)。

现代悬索桥,通常由桥塔、锚碇、缆索、吊杆、加劲梁及索鞍等主要部分组成。主缆广泛采用高强度钢丝编制的钢缆,以充分发挥其优异的抗拉性能,因此结构自重较轻,能以较小的建筑高度跨越其他任何桥型所不能及的特大跨度,其经济跨径在 500 m 以上。悬索桥的另一特点是主缆可以通过细小的钢丝或钢丝束集合而成,桥梁所用的大直径缆索能够通过小型安装设备完成。主缆架设完成后,主缆是一个现成的悬吊式脚手架,因此同其他桥型所用的施工方法相比,风险较小。

桥塔承受缆索通过索鞍传来的垂直荷载和水平荷载以及加劲梁支承在塔身上的反力,并将各种荷载传递到下部的塔墩和基础。桥塔同时还受到风力与地震的作用。桥塔的高度主要由垂跨比确定。已建成的大跨度悬索桥中大多数桥塔采用钢结构,随着预应力技术和爬模技术的发展,造价经济的混凝土桥塔已有了较多的应用。

由于缆索是柔性结构,刚度较小,当活载作用时,缆索会改变几何形状,引起桥跨结构产生较大的挠曲变形,在风荷载、车辆冲击荷载等动荷载作用下容易产生振动。历史上悬索桥发生破坏的事故较多,但从 1940 年后开展桥梁抗风稳定性研究以来,暴风损毁桥梁的事故已可避免,但对于其动力响应(车振响应、风振及地震响应)方面则应继续开展研究。

(5) 斜拉桥(cable-stayed bridge)。

斜拉桥是由承压的塔、受拉的索与受压弯的梁体组合起来的一种结构体系。由于拉索将主梁吊住,主要承重的主梁变成多点弹性支承连梁工作,并承受拉索水平分力施加的压力作用,由此减小了主梁截面,增强了跨越能力。斜拉桥的跨越能力大于梁桥和拱桥,仅次于悬索桥。在技术可达的跨径范围内,一般来说斜拉桥的经济性能优于悬索桥。斜拉桥与悬索桥相比,是一种自锚体系,不需要造价昂贵的锚碇;防腐技术要求也低些,刚度大,钢束用量少。

斜拉桥构想起源于19世纪,限于材料水平,建成不久即被淘汰。20世纪中叶,由于出现了高强钢丝、正交异性钢板梁,加上计算机在结构分析中得到广泛应用,斜拉桥又蓬勃发展起来,结构形式越来越丰富、跨越能力也越来越强,成为当代世界大跨度桥梁的主要桥型。斜拉桥的最大跨径已达1104 m(俄罗斯的跨东博斯鲁斯海峡大桥)。

上述几种基本桥型还可以组合起来,形成新的桥型,如拱与梁的组合成为拱梁组合桥,连续梁与刚构的组合成为连续刚构桥等。

3. 按材料分类

桥梁也可以按上部结构的主要建造材料划分,如木桥、石桥、混凝土桥、钢桥等。这种划分并不意味着整座桥都用某一种材料建造,而是指其主要材料或主结构所用的材料。实际上一座桥经常是由不同的材料建成的,例如一座钢梁桥,其主梁是由钢材制成,但其墩台和桥面板可能用的是钢筋混凝土材料。

在现代桥梁中,钢和混凝土是两种最主要的建筑用材。在石材丰富的发展中国家,劳动力和原材料价格比较便宜,石材在现代也还被广泛应用于桥梁结构中,尤其是在桥梁的下部结构(墩台)中。此外,木材、铝材、不锈钢等也被用于现代桥梁的建造。后来,碳纤维等新型的高级组合材料在桥梁结构的维修中应用越来越广泛。

桥梁技术的进步与新材料在桥梁中的应用是分不开的。随着桥梁建筑材料从木、石、藤等天然的材料,到铁、钢和钢筋混凝土、预应力混凝土材料的发展,桥型不断丰富,跨径也不断突破。新材料的发展使得桥梁工程师可以建造更好、跨径更大、更牢固的桥梁。反过来,材料也将制约桥梁跨径的发展。

(1) 混凝土桥(concrete bridge)。

混凝土桥包括钢筋混凝土桥(reinforced concrete bridge,简称RC桥)和预应力混凝土桥(prestressed concrete bridge,简称 PC 桥)。它们将抗压性能好的混凝土和抗拉能力强的钢筋结合起来,所建造的桥梁具有能就地取材、施工工业化、耐久性好、养护费用低、适应性强、整体性好等特点。但它与钢桥相比,自重较大,跨径能力受到制约。对于预制的构件,架设难度大;对于现浇的混凝土桥施工周期长、支架和模板费用较高。

对于量大面广的中、小跨径桥梁,混凝土梁(板)桥在国内外都占有主导的地位。跨径小于 20 m 的桥梁,可以采用钢筋混凝土简支板桥或梁桥形式;跨径为 30～50 m 的桥梁,采用预应力混凝土简支梁桥形式;更大跨径的桥梁,则可以采用连续梁或连续刚构桥形式。大跨径的预应力混凝土梁桥通常采用箱形断面。

以受压为主的拱桥也经常采用钢筋混凝土来修建,跨径最大已达 420 m。斜拉桥也可以采用预应力混凝土主梁。

混凝土桥是目前应用最为广泛的桥梁,在中、小跨径中已逐步取代钢桥,在大跨度范围内也有较强的竞争力。

(2) 钢桥(steel bridge)。

钢材相对于混凝土来说虽然重度大,但其强度高,其重度与强度的比值比混凝土小很多,因此构件的自重轻,跨越能力强,是大跨径桥梁的理想材料。

钢材便于工厂化加工,运输、架设方便,施工速度快,因此,对于要求工期短、对现场干扰小、施工条件差的桥梁建设,钢桥常常是很好的选择。

钢材的主要缺点是易受腐蚀,养护费用高,尤其对于处于易腐蚀环境的桥梁。钢桥腐蚀、受拉疲劳、受压失稳是其破坏的主要原因。同时,与混凝土桥相比,钢桥的材料费用与加工费用高,虽然架设费用可能会低些,但总体来说往往还是高于混凝土桥,这在发展中国家更为突出。相对而言,发达国家钢桥应用较多。

用于桥梁的钢材主要是钢板、型钢和高强度钢索。常见的钢桥有钢板梁桥和钢桁梁桥。钢板梁桥通常是由主要受力的钢板主梁和支承于其上的钢筋混凝土桥面板组成。这种不考虑桥面板与主梁共同作用的钢板梁桥现在越来越多地被考虑两者相互作用的钢-混凝土组合梁桥所代替。钢桁梁桥的跨越能力比钢板梁桥大,在我国的公路桥中较少采用,主要应用于铁路桥中,如武汉长江大桥、南京长江大桥;跨径更大则可以以拱或索加劲,如九江长江大桥为柔拱钢桁梁桥、芜湖长江大桥为斜拉钢桁梁桥。

大跨度的钢桥,如悬索桥和斜拉桥,则可能是全钢结构,加劲梁用钢桁梁或钢箱梁。拱桥也可以用钢建造,它的跨径可以比混凝土拱桥大,但其造价较高。

(3) 组合桥与复合桥。

组合桥(composite bridge)是指主要受力构件的截面上由两种或两种以上材料组成的桥梁,常见的是钢-混凝土组合桥(steel-concrete composite bridge)。它能发挥钢与混凝土的各自优势,取得整体结构的合理性与经济性,组合材料应用是桥梁工程发展的一个重要方向。

组合桥中常见的是钢梁与钢筋混凝土桥面板组合成的组合梁桥(composite beam bridge)。这种组合梁也可以应用于大跨度的斜拉桥中,称为组合梁或叠合梁斜拉桥,如上海南浦大桥、杨浦大桥等。还有一种钢-混凝土组合梁是用波形钢腹板或钢(桁)腹杆代替预应力箱梁的混凝土腹板的组合梁,称为波形钢腹板预应力混凝土梁(PC girder with corrugated steel webs)和钢桁腹杆预应力混凝土梁(PC girder with steel truss webs)。

组合结构还被大量应用于以受压为主的桥墩和拱结构,如型钢混凝土柱(shape steel reinforced concrete column,简称 SRC 柱)、钢管混凝土柱(concrete filled steel tubular column,简称 CFST 柱)和钢管混凝土拱(CFST 拱)等。

除钢与混凝土组合外,长期在航空航天和国防领域应用的高级组合材料(advanced composite materials),现在也被开始应用于桥梁之中。这些材料包括加劲塑料(reinforced plastics,简称 RP)、纤维加劲塑料(fiberglass-reinforced plastics,简称 FRP)、碳纤维加劲塑料(carbon-fiber-reinforced plastics,简称 CFRP)和玻璃纤维加劲塑料(即玻璃钢,glass-fiber-rein-forced plastics,简称 GFRP)。目前这些材料主要用于旧桥的维修加固中,还未大量作为主要材料用于新建桥梁中。

复合桥(hybrid bridge),也称为混合结构桥(mixed structure bridge),是指桥梁主要受力构件在长度方向由两种或两种以上不同材料构成的截面组成的桥梁,如边跨混凝土梁、主跨钢梁的刚构桥或斜拉桥。它能增大主跨的跨径而保持主边跨的平衡、降低造价、施工方便等。复合结构还经常被用于桥梁塔柱上,如南京长江三桥的桥塔,下部为钢筋混凝土,上部为钢。

(4) 圬工桥(masonry bridge)。

圬工材料包括砖、石和素混凝土。它们被广泛应用于桥梁基础、墩台等工程中,但用于上部结构的情况则主要是应用于以受压为主的拱桥中。

圬工拱桥在历史上曾被大量地修建,在欧洲的铁路桥梁中约占 60%,在我国公路桥梁中也曾占主导地位,在我国的许多省份仍是地方道路中数量最多的桥型之一。它虽然材料费用低，但架设困难，人工费用和施工费用高，跨越能力弱，竞争能力越来越弱。现在除少量富有石材的山区和公园外，已极少修建圬工拱桥。

(5) 其他材料。

木材曾在桥梁中得到广泛的应用，大量的木桥(timber bridge)在过去被修建。然而如今木桥则多用于公园、临时性桥梁或木材极其丰富的山区，而且一般用的是胶合木而非原木。

铝合金具有质量轻、耐久性好、易于养护、容易加工等一系列特点。因此，桥梁中也有铝结构桥(简称铝桥，aluminum bridge)。用铝合金作为上部结构的铝桥极少。铝合金在桥梁工程中较多用于桥梁附属构造，如栏杆、防护栏、桥面板等局部受力构件。铝合金具有良好的耐腐性能，易于回收，有利于环保，但其造价较高。

此外，也有将不锈钢、特种玻璃、工程塑料、竹等材料用于建设桥梁的实例。但由于各种原因，对这些材料的应用较少，仍处于探索之中。

1.3　桥梁施工方法的分类与选择

1. 桥梁下部结构

1) 基础工程

在桥梁工程中，通常采用的基础有扩大基础、桩基础、沉井基础和地下连续墙等。桥梁基础分类等施工方法大致如下。

(1) 扩大基础。

扩大基础是将墩(台)及上部结构传来的荷载直接传递至较浅的支承地基的一种基础形式，一般采用明挖基坑的方法进行施工，故又称之为明挖扩大基础或浅基础。其主要特点如下。

①能在现场用眼睛确认支承地基的情况下进行施工，施工质量可靠。

②施工时的噪声、振动和对地下污染等建设公害较小。

③与其他类型的基础相比，施工所需的操作空间较小。

④在多数情况下，比其他类型的基础造价省、工期短。

⑤易受冻胀和冲刷产生的恶劣影响。

扩大基础施工的顺序是开挖基坑，对基底进行处理（当地基的承载力不满足设计要求时，需要对地基进行加固），然后砌筑圬工或立模，绑扎钢筋，浇筑混凝土。其中，开挖基坑是施工中的一项主要工作。而在开挖过程中，必须解决挡土与止水的问题。

扩大基础施工的难易程度与地下水处理的难易有关。当地下水位高于基础的设计底面标高时，施工时则须采取止水措施，如打钢板桩或考虑采用集水坑用水泵排水、深井排水及井点法等使地下水位降低至开挖面以下，以便开挖工作能在干燥的状态下进行。还可采用化学灌浆法及帷幕法进行止水或排水，但扩大基础的各种施工方法都有各自特有的制约条件，因此在选择时应特别注意。

（2）桩基础。

桩是深入土层的柱形构件，其作用是将作用于桩顶以上的荷载传递到土体的较深处。根据不同情况，桩可以有不同的分类法。这里我们按成桩方法对桩进行如下分类。

①沉入桩。沉入桩是将预制桩用锤击打或振动法沉入地层至设计要求标高。预制桩包括木桩、混凝土桩和钢桩，一般有如下特点。

a. 因是在预制场内制造，故桩身质量易于控制，可靠。

b. 沉入时的施工工序简单，工效高，能保证质量。

c. 易于在水上施工。

d. 多数情况下施工噪声和振动的公害大，污染环境。

e. 受运输、起吊设备能力等条件的限制，且存在现场接桩，接头工艺复杂。

f. 超越较坚硬的土层时需要较多的辅助施工手段。

②灌注桩。灌注桩是在现场采用钻孔机械（或人工）将地层钻挖成预定孔径和深度的孔后，将预制成一定形状的钢筋骨架放入孔内，然后在孔内灌入流动的混凝土而形成桩基。水下混凝土多采用垂直导管法灌注。灌注桩特点如下。

a. 与沉入桩中的锤击法和振动法相比，施工噪声和振动要小得多。

b. 能修建比预制桩的直径大得多的桩。

c. 与地基的土质无关，在各种地基上均可使用。

d. 施工上应特别注意对钻孔时的孔壁坍塌及桩尖处地基的流砂、孔底沉淀等的处理，施工质量的好坏对桩的承载力影响很大。

e. 混凝土是在泥水中灌注的，因此混凝土质量较难控制。

③大直径桩。一般认为，直径 2.5 m 以上的桩可称为大直径桩，目前，最大桩径已达 6 m。近年来，大直径桩在桥梁基础中得到广泛应用，结构形式也越来

越多样化，除实心桩外，还发展了空心桩。根据桩的受力特点，大直径桩多做成变截面的形式。大直径桩与普通桩在施工上的区别主要反映在钻机选型、钻孔泥浆及施工工艺等方面。

(3) 沉井基础。

沉井基础是一种断面和刚度均比桩大得多的筒状结构，施工时在现场重复交替进行构筑和开挖井内土方，使之沉落到预定支承地基上。

在岸滩或浅水中建造沉井时，可采用“筑岛法”施工；在深水中建造时，则可采用浮式沉井，先将其浮运至预定位置，再进行下沉施工。按材料、形状和用途的不同，可将沉井分成很多种类型，但各种沉井基础有如下的共同特点。

①沉井基础的适宜下沉深度一般为 10～40 m。

②与其他基础形式相比，沉井基础的抗水平推力作用的能力及竖向支承力均较大。

③由于刚度大，其变位较小。

沉井基础施工的难点在于沉井的下沉，主要是通过从井孔内除土，清除刃脚正面阻力及沉井内壁摩阻力后，依靠其自重下沉；沉井下沉的方法可分为排水开挖下沉和不排水开挖下沉，但其基本施工方法应为不排水开挖下沉，只有在稳定的土层中，而且渗水量不大时，才采用排水开挖法下沉；另外，还有压重、高压射水、炮震(必要时)、通过降低井内水位减小浮力以增加沉井自重、采用泥浆润滑套或空气幕等一些沉井下沉的辅助施工方法。

(4) 地下连续墙。

地下连续墙是用膨润土泥浆进行护壁，在防止开挖壁面坍塌的同时在设计位置开挖出一条狭长端圆的深槽，然后将钢筋骨架放入槽内并灌注水下混凝土，从而在地下形成连续墙体的一种基础形式。目前国内还多将其用于临时支挡设施，国外已有将其作为永久基础的实例。地下连续墙有墙式和排柱式之分，但一般多用墙式。地下连续墙的特点如下。

①施工时的噪声、振动小。

②墙体刚度大且截水性能优异，对周边地基无扰动。

③获得的支承力大，可用作刚性基础，对墙体进行适当的组合后可用以代替桩基础和沉井基础。

④可用于逆筑法施工，并适用于多种地基条件。

⑤在挖槽时因采用泥浆护壁，如管理不当，有槽壁坍塌的问题。

2) 承台

位于旱地、浅水河中采用土石筑岛施工桩基的桥梁，其承台的施工方法与扩大基础的施工方法相似，可采取明挖基坑、简易板桩围堰后开挖基坑等方法进行施工。

对深水中的承台，可供选择的施工方法通常有钢板桩围堰、钢管桩围堰、双壁钢围堰及套箱围堰等。不论何种围堰，其目的都是止水，以实现承台的干处施工。钢板桩和钢管桩围堰实际上是同一类型的围堰形式，只不过所用材料不同；双壁钢围堰通常是将桩基和承台的施工一并考虑，即先在堰顶设钻孔平台，桩基施工结束后拆除平台，在堰内进行承台施工；套箱现多采用钢材制作，分有底和无底两种类型，根据受力情况不同又可设计成单壁或双壁。

3）墩（台）身

墩（台）身的施工方法根据结构形式而异。对结构形式较简单、高度不高的中、小桥墩（台）身，通常采取传统的方法，立模（一次或几次）现浇施工；但对高墩及斜拉桥、悬索桥的索塔，则有较多的可供选择的方法。而施工方法的多样化主要反映在模板结构形式的不同。近年来，滑升模板、爬升模板和翻升模板等在高墩及索塔上应用较多，其共同的特点是：将墩身分成若干节段，从下至上逐段进行施工。

采用滑升模板（简称滑模）施工，对结构物外形尺寸的控制较准确，施工进度平稳，安全，机械化程度较高，但因多采用液压装置实现滑升，故成本较高，所需的机具设备亦较多；爬升模板（简称爬模）一般要在模板外侧设置爬架，因此这种模板相对而言需要耗用较多的材料，体积亦较庞大，但无须设置另外的提升设备；翻升模板（简称翻模）结构较简单，施工亦较方便，不过须设置专门用于提升的起吊设备。

高墩的施工，应根据现场的实际情况，进行综合比较后选择适宜的施工方案。中、小桥中，有的设计为石砌墩（台）身，其施工工艺虽较简单，但必须严格控制砌石工程的质量。

2. 桥梁上部结构

桥梁上部结构的形式是多种多样的，其施工方法的种类也较多，但除一些比较特殊的施工方法之外，大致可分为预制安装法、现浇法和转体施工法。

（1）预制安装法。

预制安装可分为预制梁安装和预制节段式块件拼装两种类型。前者主要指装配式的简支梁板，如空心板梁、T 形梁、I 形梁及小跨径箱梁等的安装，然后进行横向联结或施工桥面板而使之成为桥梁整体；后者则将梁体（一般为箱梁）沿桥轴向分段预制成节段式块件，运至现场进行拼装，其拼装方法一般多采用悬臂法。连续梁、T构、刚构和斜拉桥都可应用这种方法进行施工。

下面简要介绍几种常用的预制安装施工方法的特点及适用场合。

①自行式吊车吊装法。这种吊装法多采用汽车吊、履带吊和轮胎吊等机械，有单吊和双吊之分。此法一般适用于跨径在30 m以内的简支梁板的安装作业。在现场吊装孔跨内或引道上应有足够设置吊车的场地，同时应确保运梁道路的畅通，吊车的选定应充分考虑梁体的重量和作业半径。

②跨墩龙门安装法。在墩台两侧顺桥向设置轨道，在其上安置跨墩的龙门吊，将梁体在吊起状态下运至架设地点而安装在预定位置。此法一般可将梁的预制场地安排在桥头引道，以缩短运梁距离。其优点是：施工作业简单、迅速，可快速施工，容易保证施工安全；但要求架设地点的地形应平坦且良好，梁体应能沿顺桥向搬运，桥墩不能太高。因设备的费用较高，架设安装的孔跨数不能太少。

③架桥机安装法。这是预制梁的典型架设安装方法。在孔跨内设置安装导梁，以此作为支承梁来架设梁体，这种作为支承梁的安装梁结构称为架桥机。目前架桥机的种类甚多，按形式的不同分为单导梁、双导梁、斜拉式和悬吊式等。悬臂拼装和逐跨拼装的节段式桥梁也经常采用专用的架桥机设备进行施工。其特点是：不受架设孔跨的桥墩高度影响，亦不受梁下条件的影响；架设速度快，作业安全度高，对于跨数较多的长大桥梁更具优越性。

④浮吊架设法。这种方法一般适用于河口、海上长大桥梁的架设安装，包括整孔架设和节段式块件的悬臂拼装。采用此法工期较短，但梁体的补强、趸船的补强及趸船、大型吊具、架设用的卡具等设备均较大型化，浮吊所需费用较高，且易受气象、海象和地理条件的影响。梁体安装就位时，浮力的减少会引起浮吊和趸船移动，伴随而来的是会使梁体摇动，因此应充分考虑其倾覆问题。

⑤浮运整孔架设法。浮运整孔架设法是将梁体用趸船载运至架设地点后进行架设安装的方法，可采用两种方式：第一种方式是用两套卷扬机（或液压千斤顶装置）组合提升吊装就位；第二种方式是利用趸船的吃水落差将整孔梁体安装就位。

⑥逐孔拼装法。逐孔拼装法一般适用于节段式预应力混凝土连续梁的施工。在施工的孔跨内搭设落地式支架或采用悬吊式支架，将节段预制块件按顺序吊放在支架上，然后在预留孔道内穿入预应力筋，对梁施加预应力使其成为整体。这种方法形象的通俗名称为“穿糖葫芦”。

⑦悬臂拼装法。悬臂拼装法现多用于预应力混凝土梁体的施工，其他类型的桥梁亦可选用。这是一种将梁体分节段预制，墩顶附近的块件用其他架设机械安装或现浇，然后以桥墩为对称点，将预制块件沿桥跨方向对称起吊、安装就位后，张拉预应力筋，使悬臂不断接长，直至合龙的施工方法。悬臂拼装法施工速度快，桥梁上、下部结构可平行作业，预制块件的施工质量易控制，但预制节段所需的场地较大，且拼装精度在大跨桥梁的施工中要求较高。这种施工方法可不用或少用支架，施工时不影响通航或桥下交通，宜在跨深水、山谷和海上等情况时进行施工，并适用于变截面预应力混凝土梁桥。

(2) 现浇法。

①固定支架法。这是在桥跨间设置支架，安装模板，绑扎钢筋，现场浇筑混凝土的施工方法，特别适用于旱地上的钢筋混凝土和预应力混凝土中、小跨径连续梁桥的施工。支架按其构造的不同可分为满布式、柱式、梁式和梁柱式等类型，所用材料有门式支架、扣件式支架、碗扣式支架、贝雷桁片、万能杆件及各种型钢组合构件等。固定支架法施工的特点是：梁的整体性好，施工平稳、可靠，不需要大型起重设备；施工中无体系转换的问题；需要大量施工支架，并需要有较大的施工场地。

②逐孔现浇法。逐孔现浇法分为在支架上逐孔现浇和移动模架逐孔现浇，目前多采用后者。移动模架逐孔现浇是使用不着地的移动式支架和装配式模板进行连续逐孔现浇施工。此法自 20 世纪 50 年代末开始使用以来，得到了较广泛的应用，特别对于多跨长桥(如高架桥、海湾桥)而言，使用十分方便，施工快速，安全可靠，机械化程度高，节省人力，减轻劳动强度，少占施工场地，不会受桥下各种条件的影响。但因其模架设备的投资较大，拼装与拆除都较复杂，所以此法一般适用于跨径 20～50 m 的预应力混凝土连续梁桥施工，且桥长至少应为 500 m。

③悬臂浇筑法。这种方法常用的是采用挂篮悬臂浇筑施工，在桥墩两侧对称逐段就地浇筑混凝土，待混凝土达到一定强度后张拉预应力筋，移动挂篮继续进行施工，使悬臂不断接长，直至合龙。挂篮的构造形式很多，通常由承重梁、悬吊模板、锚固装置、行走系统和工作平台等部分组成，挂篮的功能是支撑梁段模板，调整位置，吊运材料机具，浇筑混凝土，拆模和在挂篮上进行预应力张拉工作。

悬臂浇筑法无须在跨间设置支架，使用少量施工机具设备，便可以跨越深谷和河流，适用于大跨径连续梁桥的施工；同时，根据施工受力特点，悬臂施工一般宜在变截面梁中使用。

④顶推法。顶推施工是在桥台的后方设置施工场地，分节段浇筑梁体，并用纵向预应力筋将浇筑节段与已完成的梁体连成整体。在梁体前端安装长度为顶推跨径 70%左右的钢导梁，然后通过水平千斤顶施力，将梁体向前方顶推出施工场地，重复这些工序即可完成全部梁体的施工。顶推法特点是：由于作业场所限定在一定范围内，可设置制作顶棚而使施工不受天气影响，全天候施工。连续梁的顶推跨径以 30～50 m 最为经济有利，若竣工跨径大于此值，则需要有临时墩等辅助手段。逐段顶推施工宜在等截面的预应力混凝土连续梁桥中使用，也可在结合梁和斜拉桥的主梁上使用。

(3) 转体施工法。

转体施工法多用于拱桥的施工，亦可用于斜拉桥和刚构桥。转体施工法是在岸边立支架(或利用地形)预制半跨桥梁的上部结构，然后借助上、下转轴偏心值产生的分力使两岸半跨桥梁上部结构向桥跨转动，用风缆控制其转速，最后就位合龙。该法适用于峡谷、水深流急、通航河道和跨线桥等地形特殊的情况，具有工艺简单、操作安全、所需设备少、成本低、速度快等特点。

3. 桥梁施工方法的选择原则

施工方法的分类是一种权宜的办法，在实际施工中不太可能仅采用分类中某一种施工方法，多数情况下是将几种方法组合起来应用的。桥梁的施工方法很多，即使在同一种方法中也有不同的情况，所需的机具、人力、施工的步骤和施工期限也不一样。因此，在确定桥梁施工方法时应根据桥梁的设计要求，施工的现场、环境、设备和经验等各种因素综合分析考虑，以合理选择最佳的施工方法。

桥梁施工方法的选择原则有以下几点。

(1) 桥梁的结构形式和规模。

(2) 桥位处的地形、自然环境和社会环境。

(3) 施工机械和施工管理的制约。

(4) 以往的施工经验。

(5) 安全性和经济性等。

第 2 章　桥梁工程施工测量

2.1　施工测量概述

工程建(构)筑物在施工阶段所进行的测量工作,统称为施工测量,其主要内容是施工放样(测设)。施工放样(测设)是将图纸上设计的建筑物的平面位置、形状和高程在实地标定出来,使工程严格按照设计的要求进行建设。

1. 施工测量的任务

施工测量的内容包括施工控制网的建立、施工放样(测设)、竣工测量及变形监测。

施工阶段主要使用测量的手段,将设计好的建(构)筑物的平面位置和高程,按设计的要求测设到实地。在施工工程中,随时给出建(构)筑物的施工方向、高程和平面位置;同时,还要检查建(构)筑物的施工是否符合设计要求,随时给予修正。在建筑设备和工业设备安装阶段还要根据工艺和设计要求给出安装的空间位置和方向。由此可见,施工测量贯穿施工的全过程。当施工结束后,还要编绘建筑工程的竣工图,以备今后管理、维修、改建、扩建时使用。特别是对于隐蔽工程(地下建筑、管道、电缆、光缆等),在施工过程中要及时地进行测量,以便为竣工时编绘竣工图提供资料。

2. 施工测量的特点及精度要求

(1) 施工测量的特点。

①目的不同。测绘地形图是将地面上的地物、地貌测绘在图纸上。施工放样则和它相反,是将设计图纸上的建(构)筑物按其设计位置测设到相应的地面上。

②精度要求不同。施工测量的精度并非按照比例尺大小而决定,而是根据建(构)筑物的大小,所用材料、用途的不同确定测设精度。一般测设精度高于地形测量精度,特别是高层建筑物和特种建筑工程,其测设精度要求更高。

③测量工序与施工工序相关。施工测量是将设计的建(构)筑物的位置测设于地面,它与测绘地形图的工序相反。施工测量贯穿施工的全过程,要时刻处处满足施工进程的要求、为保证施工质量服务。

④施工场地复杂,受施工干扰。施工现场工种多,交叉作业频繁,车流、人流复杂,对测量工作影响较大。各种测量标志必须稳定,应置于不易破坏处,否则难以保存。

(2) 施工测量的精度要求。

施工测量的精度随建筑材料、施工方法等因素而改变。按建筑材料分,施工测量的精度要求从高到低依次为钢结构、钢筋混凝土结构、毛石混凝土结构、土石方工程。按施工方法分,预制件装配式较现场浇筑的精度要求高一些,钢结构用高强度螺栓连接的比用电焊连接的精度要求高。现在多数建筑工程以水泥为主要建筑材料。混凝土柱、梁、墙的施工总误差允许值为 10～30 mm。高层建筑物轴线的倾斜度要求为 1/2000～1/1000。钢结构施工的总误差随施工方法不同而略有差异,一般允许误差为 1～8 mm,但土石方的施工允许误差可达 10 cm。

测量仪器与方法已发展得相当完善,一般来说能提供相当高的精度为建筑施工服务。但测量工作的时间和成本会随精度要求的提高而增加。在多数工地上,测量工作的成本很低,所以恰当地规定精度要求的目的不是降低测量工作的成本,而是提高工作效率。关于具体工程的具体精度要求,如果施工规范中有规定,则参照执行,如果没有规定,则由设计、测量、施工以及构件制作多方人员合作,共同协商决定误差分配。

2.2　桥梁施工控制测量

1. 平面控制测量

桥梁平面控制以桥轴线控制为主,并保证全桥与线路连接的整体性,同时为墩台定位提供测量控制点。为确保桥轴线长度和墩台定位的精度,对于大桥、特大桥,不能使用勘测阶段建立的测量控制网来进行施工放样,必须布设专用的施工平面控制网。

布设控制网时,可利用桥址地形图拟订布网方案,并在仔细研究桥梁设计图及施工组织计划的基础上,结合当地情况进行踏勘选点。点位布设应满足以下要求。

(1) 图形应尽量简单,并能利用布设的点,采用前方交会法,以足够的精度对桥墩进行放样。

(2) 控制网一般布设成三角网、边角网和精密导线网。其边长与河宽有关,一般在50%~150%河宽的范围内变动。

(3) 为使桥轴线与控制网紧密联系,在布网时应将河流两岸轴线上的两个点作为控制点,两点连线作为控制网的一条边。当桥梁位于直线上时,该边即为桥轴线。控制点与墩台的设计位置相距不应太远,以方便墩台的施工放样。

当桥梁位于曲线上时,应把交点桩、主点尽量纳入网中。当这些点不能作为主网的控制点时,应把它们作为附网的控制点,其目的是使控制网与线路紧密联系在一起,从而以比较高的精度获取曲线要素,为精确放样墩台做准备。

(4) 为便于观测和保存,所有控制点应避免位于淹没地区和土壤松软地区,并尽量避开施工区、堆放材料及干扰交通的地方。

在布网方法上,桥梁平面控制网可以按常规地面测量方法布设,也可以应用全球定位系统(global positioning system,GPS)技术布网。

桥梁平面控制网按常规方法布设时,基本网形是三角形和四边形,并以跨江正桥部分为主。应用较多的有双三角形、大地四边形、双大地四边形以及三角形与四边形结合的多边形。根据观测要素的不同,桥梁控制网可布设成三角网、测边网和边角网、精密导线网、引桥控制网,现分述如下。

(1) 三角网。桥梁控制网中若观测要素仅为水平角,控制网就成为测角网。由于测角网中至少应有一条起算边,为了检核,通常应高精度地测量两条边,每岸各一条,称为基线。基线丈量可采用高精度的测距仪。

(2) 测边网和边角网。由于全站仪既能量边,又能测角,在使用中等精度的全站仪观测时,布设测边网的情况是很少的。同时,由于测边网多余观测数很少,可靠性也低,使用全站仪布设边角网是适宜的。测量全网所有边长或测量部分边长时,一般应观测三条或三条以上的边长,其中一条是桥轴线,另外在两岸各布设一条边。

(3) 精密导线网。由于高精度测距仪的应用,桥梁控制网除采用三角网和边角网的形式外,还可选择布设精密导线的方案。如图2.1所示,在河流两岸的桥轴线上各设立一个控制点,分别记为A和B,并在桥轴线上、下游沿岸布设最有利交会桥墩的精密导线点。这种布网形式的图形简单,可避免远点交会桥墩时交会精度差的缺陷,因此简化了桥梁控制网的测量工作。

(4) 引桥控制网。大桥、特大桥正桥两端一般都通过引桥与线路衔接,因此

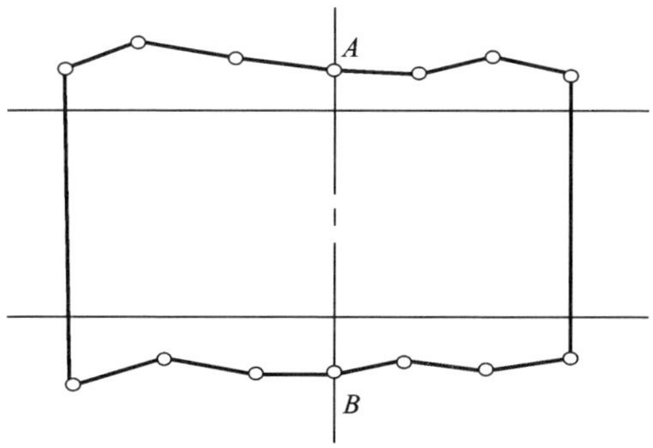

图 2.1　精密导线网

在正桥控制网下应布设引桥控制网(附网)。其布设形式可采用三角锁网、精密导线网或两者的混合形式,并与布设主网同时布设。布设时路线交点必须是附网中的一个控制点,其余曲线主点最好也纳入网中。

在布设三角网后,需要进行外业测量和内业计算两部分工作。桥梁三角网的外业主要包括角度测量和边长测量。外业测量应根据桥梁等级及精度要求,按照角度测量和距离丈量的方法施测。目前一般采用全站仪进行测角和量边。在进行测角和量边之前,必须把全站仪送到专门的检定机构进行检验,检验全站仪的电子经纬仪的结构性能、测角精度及其测距仪的加乘常数、周期误差、内符合精度及综合精度。各项检验结果符合要求后方可用于测角、量边等外业工作。

2. 高程控制测量

桥梁工程中,高程控制测量主要有两个作用:①将与本桥有关的高程基准统一于一个基准面上;②在桥址附近设立一系列基本高程控制点和施工高程控制点,以满足施工中高程放样的需要,同时还要满足桥梁建成后监测桥梁墩台垂直变形的需要。建立高程控制网的常用方法是水准测量和测距三角高程测量。

(1) 高程控制网的布设形式及技术要求。

高程控制网的主要形式是水准网。按工程测量技术规范规定,水准测量分为一、二、三等。桥梁本身的施工水准网要求比较高的精度施测,因为它直接影响桥梁各部分高程放样的精度。当桥长在 300 m 以下时,可采用三等水准测量的精度;当桥长为 300～1000 m 时,应采用二等水准测量的精度;当桥长在 1000 m 以上时,应采用一等水准测量的精度。桥梁水准点还要与线路水准点联测成一个系统。

桥梁高程控制点由基本水准点组成。基本水准点既为桥梁高程施工放样使用，也为桥梁墩台变形观测使用。因此，基本水准点应选在地质条件好、地基稳定之处。当引桥长于 1 km 时，在引桥的始端或终端应建立基本水准点，基本水准点的标识应力求坚实稳定。

为了方便桥墩台高程放样，在距基本水准点较远（一般大于 1 km）的情况下，应增设施工水准点。施工水准点可布设成附合水准路线。在精度要求低于三等时，施工高程控制点也可用测距三角高程来建立。

（2）精密水准测量。

基本水准点的联测采用精密水准测量方法进行，施工水准路线一般按三、四等水准测量方法进行。精密水准测量应使用精密水准仪施测。精密水准测量应注意以下事项。

①仪器前、后视距应尽量相等。其差值应小于规定的限值，以消除或减弱与距离有关的各种误差对观测高差的影响。

②在相邻测站上，按奇、偶数观测的顺序进行观测，即分别按“后→前→前→后”和“前→后→后→前”的观测程序在相邻测站上交叉进行，以消除或减弱与时间成比例均匀变化的误差对观测高差的影响。

③在一测段水准路线上，应进行往、返观测，以消除或减弱性质相同、符号也相同的误差的影响，如水准标尺垂直位移的影响等。同时，测站数应为偶数，以消除或减弱两水准标尺零点差和交叉误差的影响。

④一个测段的水准测量路线的往、返观测应在相同气象条件下进行（如上午或下午），观测应在成像稳定、清晰的条件下进行。

3. 桥轴线长度测量

桥梁的中心线称为桥轴线。桥轴线两岸桥位控制桩之间的水平距离称为桥轴线长度。桥轴线长度是设计与测设墩台位置的依据，因此必须保证桥轴线长度的测量精度。下面给出桥轴线长度的测量方法。

（1）直接丈量法。

当桥梁位于干涸、浅水或河面较窄的河段，有良好的丈量条件时，宜采用直接丈量法测量桥轴线长度。这种方法设备简单，精度可靠、直观。由于桥轴线长度的精度要求较高，一般采用精密丈量的方法。

（2）光电测距法。

光电测距法具有作业精度高、速度快、操作和计算简便等优点，且不受地形条件限制。目前公路工程多使用中、短程红外测距仪和全站仪，测程可达 3 km，使用红外测距仪和全站仪能直接测定桥轴线长度。

在实测之前，应按规范中规定的检验项目对测距仪进行检验，以确保观测的质量。观测应选在大气稳定、透明度好时进行。测距时应同时测定温度、气压及竖直角，用来对测得的斜距进行气象改正和倾斜改正。每一条边均应进行往返观测。如果反射棱镜常数不为零，还要进行修正。

2.3　桥梁施工测量

1. 桥梁施工测量工作内容

(1) 桥梁施工测量的准备工作。

根据桥梁施工的特点分析，很多因素和条件都会影响测量的精确度。测量的精确度不仅会受到施工环境的影响，还会受到施工技术和施工设计的影响，以及测量设备和施工人员的操作等影响。

很多桥梁项目施工所处的位置较为复杂，并且桥梁的结构也相对复杂，这就导致桥梁测量的工作难度较大，会受到周边环境和工程负荷的影响。另外，当桥梁的基础强度相对较弱时，施工会导致桥梁出现沉降，对桥梁的整体质量影响较大。桥梁建筑的精确度和施工的质量存在较大的关系。在桥梁施工前期，测量得到的数据精确度及误差都会影响后期的施工，并且会对桥梁的基本功能产生相应的影响。因而，测量人员进行测量时，必须确保测量的精确度，对桥梁施工的质量进行严格把控，确保施工的可行性。

由于桥梁施工的特殊性，在施工时经常会面临高空作业，施工环境相对恶劣，高空架设备难度相对较大。在桥梁施工前，应该做好相应的准备工作，对桥梁墩台进行精准测量，并且测量出承台和桩基的数值等，做好详细的记录。施工人员要熟知施工的图纸，充分了解设计师的意图，每次测量前，要对设备进行检查，确保设备的电源和性能处于良好的状态，对设备的回光信号、电压参数等进行检查，确保其符合标准规范；并且要确保待测区域不能有频率较高的电磁场，同时不能存在具有较高反光性的物品，避开高压输电线路。在对桥梁墩台进行测量时，要注意测量的先后顺序，从中心位置进行放线，运用极坐标法对墩台的重点进行有效控制。在精准测量之后，即可对墩台横纵的十字距离进行测量。

(2) 对桥梁下部结构进行测量。

桥梁放样可以分为平面位置的放样和高程位置的放样。平面位置的放样采用全站仪坐标法，在观测站和后视位置均选择固定区域，以此来减少误差，确保其精确度，并且对存在的偏差进行合理有效的调整。高程位置的放样采用的是水平仪，针对桥墩中心位置的测量，配合钢尺水平仪，在传递结束之后，再使用三角高程的往返测量检测数据。对施工控制网，应采用全站测量仪的极坐标方法进行有效放样，并且对获取的数据进行有效检验，确保其误差在规范的合理范围内，方可继续操作。

在埋设护桩施工时，要仔细检查埋桩的位置，并及时发现和纠正问题，才能够确保护桩埋设的规范性。调整桥梁墩身模板后，要及时检查结构和尺寸，以承台和底口的十字线为基础，使用钢尺进行有效测量。随后依据桥梁墩身的尺寸，进行合理浇筑施工，在此期间要确保工艺的一致性和统一性。在桥梁墩身完成以后，要对竣工后的墩身再次测量，针对桥墩中心之间的距离和高度进行观测，以此确保施工数据和标准一致，保障桥梁的质量和行人的安全。

(3) 对桥梁上部结构进行测量。

针对桥梁上部结构进行测量，其中包括纵轴线测量、对箱梁的放样、高程的放样等。在对模板测量进行相应的检查时，模板安装完成后，就需要对桥梁结构的大小和外观进行多次检查和检验，对形状的平顺性进行检测，要确保平顺，查看对桥梁整体的外形是否有影响。

(4) 对桥梁施工完成后进行测量。

桥梁施工完成后，要对桥梁的结构进行相应测量。测量的过程中，由于项目内容太多，可以采用抽样的方式进行检查，如果有变更的项目，必须根据实际情况，合理有效地检测。当桥梁施工完成后，对其进行测量的方法和相应的标准应该和施工前保持一致。进行全面测量后，要及时整理测量结果，完成竣工报告，并且做好存档工作，为以后的查找提供便利。

2. 桥梁施工测量工作流程

(1) 设计交桩。

当项目部收到设计单位的设计文件后，必须在开工前办理测绘资料的移交手续，并会同设计单位、监理单位一起到现场点交测量桩橛，办理相应的手续。

需要注意的问题：①测绘资料指控制点的平面和高程数据及说明，并由设计或测绘单位盖章和负责人签字，以免出现问题时依据不充分；②现场交桩时一定要亲自查验控制点的实地位置，了解控制点的埋设深度和构造情况，控制点周边的交通地形情况，各控制点之间的通视情况，控制点与施工现场的大致距离及相对方位。

(2) 测量仪器鉴定、检查。

对工程中应用的测量仪器进行鉴定、检查，保证测量仪器能正常使用，仪器的精度可以满足施工测量的需要。根据工程量的大小确定使用仪器的数量。一般的桥梁工程施工单位只需要配备一台全站仪、一台水准仪。其他测量配套设备的准备包括对中杆、反光镜、水准尺、塔尺、钢尺、米尺、对讲机等。但是要求每个分包队伍最少应有一台水准仪，有条件的应配备经纬仪。

(3) 复测设计交验的控制点。

测量控制点的复测应遵循相关标准规范。一般情况下以设计单位的控制资料同精度进行复测。

甲方提交的控制点是 GPS 点。施工单位复测一般使用全站仪进行相邻两点的边长检核，GPS 点的点位误差较大，全站仪检核后的边长相对中误差较大，但一般都在规范要求限差之内，也可以作为加密控制测量的首级控制点。如果发现边长相对中误差超出规范，应上报监理或设计单位，要求重新提供控制点数据。

控制点复测工作完成以后，要及时整理复测报告上报专业测量监理工程师，因为不同的测量监理要求可能不一样，要和监理工程师及时沟通才能保证后续工作的顺利进行。

(4) 施工测量控制点加密。

完成复测工作后，在控制测量的精度满足设计文件及测量规范的情况下，要尽快完成导线点、水准点的加密工作。加密导线成果测量精度应与复测精度一致，之后将控制测量成果交给各施工队并签认，由各施工队负责保护好所管辖的控制桩橛、测量标志等。

施工控制网有测角网、测边网、导线网等，工程测量中常用的是导线网。施工测量中平面导线点的布设问题是重点，要求：①导线点选在视线开阔、地势较高、具有较大控制范围的安全地点；②导线点选在土质坚实处，便于保存标志和安置仪器；③相邻导线点通视良好，便于测角和量距；④导线点应有足够的密度和均匀性；⑤线路控制测量中，导线应尽可能靠近线路位置(按线路边线的 20～50 m 控制)，关键点或特征点处加设导线点。

(5) 施工图纸审核。

在开工之前要对施工图纸进行全面系统的查看，检查图纸中有关测量方面的数据是否正确，如发现图纸中有疑义的地方及时报告给技术总工，由设计单位解决。

主要审核内容:①图纸提供的施工坐标和高程与设计单位提供的控制点测量坐标和高程是否属于一个系统,有的是相对坐标和相对高程,要进行坐标和高程转换;②道路设计线的线性及平面和高程位置是否正确,尤其是曲线部分,图纸提供的曲线(圆曲线、缓和曲线、竖曲线)的计算元素是否齐全;③要对每个灌注桩平面坐标进行核对检查;④了解现状地面高程和设计桩顶或承台顶高程位置关系;⑤高程正反推算,每个轴线位置从桥面铺装推算到桩顶和桩尖高程,再从桩尖高程推算到桥面铺装高程是否吻合。

(6) 放样数据准备。

接到测量放线通知后,对施工过程中的测量放线的数据要认真仔细地计算检查,确认设计的平面坐标及高程数据准确无误后才可以到施工现场进行测量放线,放线工作完成后要进行各种检查,确认无误后报测量监理工程师验收,监理验收合格后方可进行下一道工序的施工。

在此需要特别强调的是,施工方的测量通知方式,以往习惯以口头或电话形式通知,有个别时候是提前一天,多数时候是当天早晨或者要求随叫随到。分析原因可能是,施工员不了解现场施工进度,施工员和分包队对测量工作模式不了解、不熟悉。对此,建议施工方加强沟通,尽量以书面的形式提前通知,通知单可以作为测量放线的依据。

(7) 施工现场测量放样。

利用现场测量控制点,在施工现场把图纸设计的建筑物的平面位置及高程按照规范要求标定出来,以便下一步施工。现场测量放样结果及时整理成资料上报监理工程师,待监理工程师审核验收合格后方可进行下一道工序施工。

要求现场施工人员一定要配合测量工作,尽量避免以下问题。

①放样经常受现场施工环境干扰,如土方、建筑物、大型机械等遮挡视线;场地泥泞或者石块多导致点位不好钉桩或者不好做标识记号,如灌注桩、垫层、承台放样。

②放样好的点位难以保护,施工人员保护点位的意识差或者根本没有意识,不知道该点位对于指导施工的作用。

③附属工程中施工人员忽略位置控制。

④施工人员要求在不正确的位置放样点位。

(8) 定期复测施工测量控制点。

在整个施工过程中要做好对控制点的复测工作,防止控制点的平面位移和沉降,使控制点的精度能满足工程建设的精度要求。

随着工程进度的发展，建筑物越来越高，桥梁施工到上部结构等，原有的测量控制点有的被破坏，有的不能满足施工放样，要根据现有情况重新考虑布设控制点。例如，在承台或墩柱上布设高程控制点，在铺装前的箱梁面布设平面控制点。根据现场实际情况合理布设点位，控制点切忌随意布设，也不是越多越好，保证够用足矣。

（9）对已完工程的检查。

在验工计价前，应及时组织对已完工程的位置、尺寸、标高、限界等控制项目进行实地检查，并对工程数量予以核定，完成对大型建筑物交工使用前的沉降、位移观测工作，做好观测记录。

（10）竣工测量、资料报验。

施工控制测量外业完成后，进行平差计算及其内业资料整理，并及时将测量成果呈报业主和监理工程师验收。验收审批后的报验资料作为工程定位放样和高程测量的依据。施工中对所有施工测量工作进行记录并整理成资料，每项工程完成后的测量记录及成果资料均报送监理工程师核查，并交给监理工程师备案，留有的测量记录及成果将作为竣工归档资料。工程竣工后，所有测量资料（含竣工测量资料）、图纸和计算成果，按工程项目分类装册，作为工程竣工验收资料文件。

3. 桥梁施工测量具体实施方法

桥梁施工测量建立在平面控制测量基础之上，主要包括桥梁墩台定位，桥梁墩台纵、横轴线的测设，桥梁基础的施工放样以及桥梁墩台高程测设等。下面以直线桥梁为例，分别讲述它们的具体实施方法。

（1）桥梁墩台定位。

在桥梁施工测量中，测设墩台中心位置的工作称为桥梁墩台定位。

桥梁中线长度测定后，即可根据设计桥位的桩号在中线上测设出桥梁墩台的中心位置，再根据墩台的设计尺寸测设出各部分的位置。直线桥梁墩台定位所依据的资料为桥轴线控制桩的里程和墩台中心的设计里程，根据里程可算出它们之间的距离，按照这些距离即可定出墩台中心的位置；曲线桥所依据的资料，除控制桩及墩台中心的里程外，还有桥梁偏角、偏距及墩距。

墩台定位的方法，可视河宽、河深及墩台位置等具体情况而定。根据条件可采用钢尺量距直接测设、光电测距测设及角度交会法等方法进行测设。

①钢尺量距直接测设。

当桥梁墩台位于无水河滩上或水面较窄的河段，用钢尺可以跨越丈量时，可采用钢尺量距直接测设。测设所使用的钢尺必须经过检定，测设的方法与前述方法相同。

为保证测设精度，丈量时施加的拉力应与检定钢尺时的拉力相同，同时丈量的方向亦不应偏离桥轴线的方向。在测设出的点位上要用大木桩进行标定，在桩顶钉一小钉，以准确标出点位。

测设墩台顺序最好从一端到另一端，并在终端与桥轴线的控制桩进行校核，也可从中间向两端测设。按照这种顺序，可以保证桥梁每一跨都满足精度要求。只有在不得已时，才从桥轴线两端的控制桩向中间测设，因为这样容易将误差积累到中间衔接的一跨上。直接测设定出墩台位置后，应反复丈量其距离，将此过程作为校核。当校核结果证明定位误差不超过 1.5 mm 时，可以认为满足要求。

②光电测距测设。

用全站仪进行直线桥梁墩台定位，简便、快速、精确。只要墩台中心处可以安置反射棱镜，而且仪器与棱镜能够通视，即使其间有水流障碍亦可采用此方法。

测设时最好将仪器置于桥轴线的一个控制桩上，瞄准另一控制桩。此时，望远镜所指方向为桥轴线方向，在此方向上移动棱镜，通过测距以定出各墩台中心。这样的测设可有效控制横向误差。如在桥轴线控制桩上的测设遇有障碍，也可将仪器置于任何一个施工控制点上，利用墩台中心的坐标进行测设。为确保测设点位的准确，测设后应将仪器迁移至另一个控制点上再测设一次进行校核。

值得注意的是，在测设前应将所使用的棱镜常数和当时的气象参数(即温度和气压)输入仪器，仪器会自动对所测距离进行修正。

③角度交会法。

如果桥墩所处位置的河水较深，无法直接丈量，也不便架设反射棱镜，可采用角度交会法测设桥墩中心。

用角度交会法测设桥墩中心的方法如图 2.2(a)所示。控制点 A、C、D 和桥墩中心 P_i 的设计坐标已知，故可计算出用于测设的角 α_i、β_i。

将经纬仪分别置于 C 点和 D 点上，测设出 α_i、β_i 后，两个方向交会点即为桥墩中心位置。

为了保证墩位精度，交会角应接近 90°。但各个桥墩位置有远有近，因此交会时不能将仪器始终固定在两个控制点上，而有必要对控制点进行选择。如图 2.2(a)所示的桥墩 P_1，宜选用节点 1、节点 2 进行交会。为了获得好的交会角，

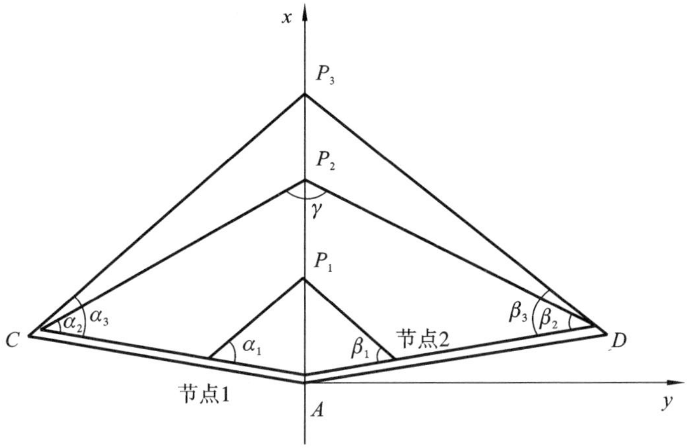

(a) 角度交会法测设墩台1

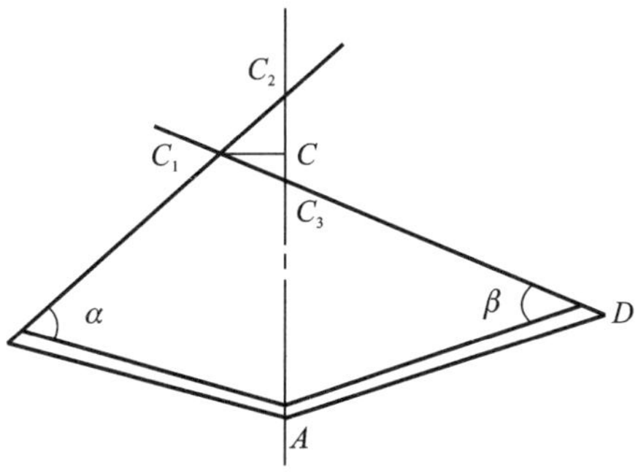

(b) 角度交会法测设墩台2

图 2.2　角度交会法测设墩台

γ—交会线夹角

不一定要在同岸交会,应充分利用两岸的控制点,选择最为有利的观测条件,必要时也可以在控制网上增设插点,以满足测设要求。

为了防止发生错误和检查交会的精度,实际上常用三个方向交会,并且为了保证桥墩中心位于桥轴线方向上,其中一个方向应是桥轴线方向。

由于测量误差的存在,三个方向交会可能形成示误三角形,如图 2.2(b)所示。如果示误三角形在桥轴线方向上的边长 C_2C_3 不大于限差(墩底定位为 25 mm,墩顶定位为 15 mm),则取 C_1 在桥轴线上的投影位置 C 作为桥墩中心的位置。

在桥墩的施工过程中,随着工程的进展,需要反复多次地交会桥墩中心的位置。为了简化工作,可把交会的方向延长到对岸,并用觇牌进行固定。这样,在以后的交会中，就不必重新测设角度，用仪器直接瞄准对岸的觇牌即可。为了避免混淆，应在相应的觇牌上标明桥墩的编号。

位于直线上的桥梁墩台的定位可用上述三种方法，而位于曲线上的桥梁墩台的定位应根据设计图纸提供的资料，参照公路曲线测设方法和上述三种方法灵活处理。

（2）桥梁墩台纵、横轴线的测设。

在直线桥上，墩台的横轴线与桥轴线相重合，且与各墩台一致。因而就可以利用桥轴线两端的控制桩代表横轴线的方向，一般不再另行测设。

墩台的纵轴线与横轴线垂直，在测设纵轴线时，在墩台中心点上安置经纬仪，以桥轴线方向为准测设 90°角，即为纵轴线方向。在施工过程中经常需要恢复桥墩台的纵、横轴线的位置，因此需要用标志桩将其准确地标定在地面上，这些标志桩称为护桩。

为了消除仪器轴系误差的影响，应该用盘左、盘右方式测设两次而取其平均位置。在测设出的轴线方向上，应于桥轴线两侧各设置两三个护桩，这样在个别护桩丢失、损坏后也能及时恢复纵轴线，并且在墩台施工到一定高度影响两侧护桩通视时，也能利用同一侧的护桩恢复轴线。护桩的位置应选在离施工场地一定距离，通视良好、地质稳定的地方。护桩视具体情况可采用木桩、水泥包桩或混凝土桩。

位于水中的桥墩，由于不能安置仪器，也不能设护桩，可在初步定出的墩位处筑岛或建围堰，然后用交会或其他方法精确测设墩位并设置轴线于围堰上。如果是在深水大河上修建桥墩，一般采用沉井、围囹管柱基础，此时往往采用前方交会进行定位。在沉井、围囹落入河床之前，要不断地进行观测，以确保沉井、围囹位于设计位置上。当采用光电测距仪进行测设时，亦可采用极坐标法进行定位。

（3）桥梁基础的施工放样。

①明挖基础的施工放样。

明挖基础多在地面无水的地基上施工，先挖基坑，在基坑内砌筑基础或浇筑混凝土基础。如为浅基础，可连同承台一次砌筑或浇筑。如果在水上明挖基础，则要先建立围堰，将水排除后再进行。

在基础开挖之前，应根据墩台的中心点及纵、横轴线，按设计的平面形状测设出基础轮廓线的控制点。如果基础形状为矩形，则基础轮廓线的控制点应为 4 个角点及 4 条边与纵、横轴线的交点；如果基础形状为圆形，则基础轮廓线的控制点为基础轮廓线与纵、横轴线的交点，必要时可加设轮廓线与纵、横轴线成45°的交点。控制点距桥墩中心点或纵、横轴线的距离应略大于基础设计的底面尺寸，一般可大于 0.3 m，以保证能正确安装基础模板为原则。如果地基土质稳定，不易坍塌，坑壁可垂直开挖，不设模板，可贴靠坑壁直接砌筑基础和浇筑基础混凝土，此时可不增大开挖尺寸，但应保证基础尺寸偏差在规定容许范围之内。

如果根据地基土质情况，开挖基坑时坑壁需要具有一定的坡度，则应测设基坑的开挖边界线。此时，可先在基坑开挖范围内测量地面高程，然后根据地面高程与坑底设计高程之差，以及根据坑壁坡度计算出边坡桩至墩台中心的距离。

如图 2.3 所示，边坡桩至桥梁墩台中心的水平距离 d 见式(2.1)。

$$d = \frac{b}{2} + hm \tag{2.1}$$

式中：b 为坑底的长度或宽度；h 为地面高程与坑底设计高程之差，即基坑开挖深度；m 为坑壁坡度(以 $1:m$ 表示)的分母。

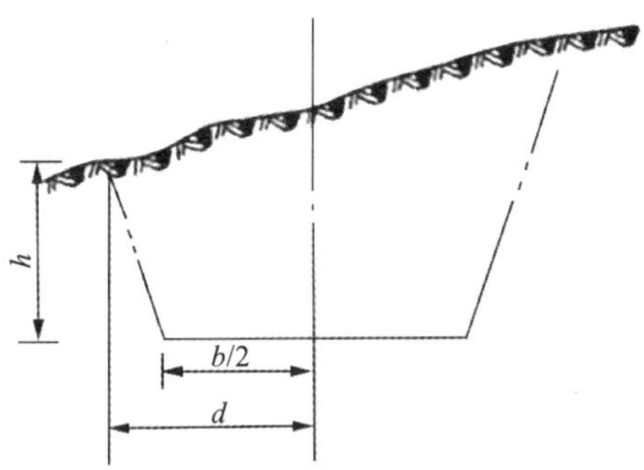

图 2.3　边坡桩测设示意

在测设边界桩时，自桥梁墩台中心点和纵、横轴线，用钢尺丈量水平距离 d，在地面上测设出边坡桩，再根据边坡桩画出灰线，即可依此灰线进行施工开挖。

当基坑开挖至坑底的设计高程时，应对坑底进行平整清理，然后安装模板，浇筑基础及墩身。在进行基础及墩身的模板放样时，可将经纬仪安置在墩台中心线上的一个护桩上。以另一较远的护桩定向，这时仪器的视线即为中心线方向。安装模板使模板中心与视线重合，即为模板的正确位置。当模板的高度低于地面时，可用仪器在临时基坑的位置放出中心线上的两点，在这两点上挂线并用锤球指挥模板的安装工作。在模板建成后，应检验模板内壁长、宽及与纵、横轴线之间的关系尺寸以及模板内壁的垂直度等。

②桩基础的施工放样。

桩基础是目前常用的一种基础类型。根据施工方法的不同,可分为打(压)入桩和钻(挖)孔桩。打(压)入桩是预先将桩制好,按设计的位置及深度打(压)入地下;钻(挖)孔桩是在基础的设计位置上钻(挖)好桩孔,然后在桩孔内放入钢筋笼,并浇筑混凝土成桩。在桩基础完成后,在其上浇筑承台,使桩与承台连成一个整体,再在承台上修筑墩身。

在无水的情况下,桩基础的每一根桩的中心点,可按其在以桥梁墩台纵、横轴线为坐标轴的坐标系中的设计坐标,用支距法进行测设。如果各桩为圆周形布置,则各桩也可以其与墩台纵、横轴线的偏角和至墩台中心点的距离,用极坐标法进行测设。一个墩台的全部桩位宜在场地平整后一次设出,并以木桩标定,以便桩基础的施工。

如果桩基础位于水中,则可用前方交会法直接将每一个桩位定出,也可用交会法测设出其中一行或一列桩位,然后用大型三角尺测设出其他的桩位。

桩位的测设也可以采用设置专用测量平台的方法,即在桥墩附近打支撑桩,在其上搭设测量平台的方法。如图 2.4 所示,先在平台上测定两条与桥梁中心线平行的直线 AB、$A'B'$,然后按各桩之间的设计尺寸定出各桩位放样线 1—1′、2—2′、3—3′等,沿此方向测距即可测设出各桩的中心位置。

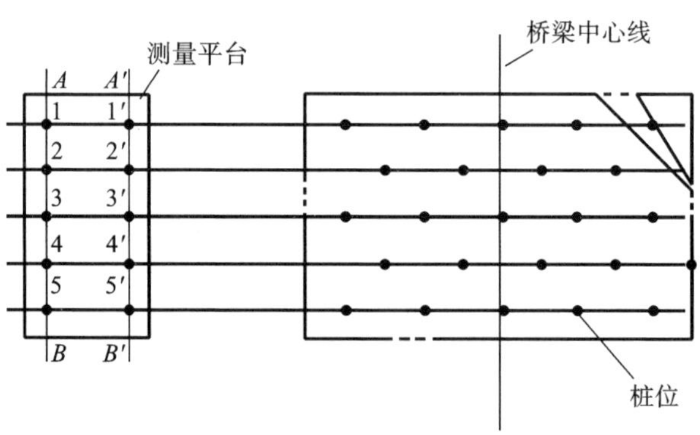

图 2.4 测量平台

在测设出各桩的中心位置后,应对其进行检核,与设计的中心位置偏差不能大于限差的要求。在钻(挖)孔桩浇筑完成后,修筑承台以前,应对各桩的中心位置再进行一次测定,将其作为竣工资料使用。

每个钻(挖)孔的深度可用线绳吊以重锤测定,打(压)入深度则可根据桩的长度来推算。测定桩的倾斜度时，在钻孔时为了防止孔壁坍塌，孔内灌满了泥浆，因而倾斜度的测定无法在孔内直接进行，只能在钻孔过程中测定钻孔导杆的倾斜度，并利用钻孔机上的调整设备进行校正。钻孔机导杆以及打入桩的倾斜度可用靠尺法测定。

靠尺法所使用的工具称为靠尺。靠尺由木板制成，有一个直边，在尺的一端于直边一侧钉一小钉，其上挂一锤球。在尺的另一端，自与小钉至直边距离相等处开始，绘制一条垂直于直边的直线，量出该直线至小钉的距离 S，然后按 $S:1000$的比例在该直线上刻出分划线并标注。使用时将靠尺直边靠在钻孔机导杆或桩上，则锤球线在分划线上的读数即为以千分数表示的倾斜率。

(4) 桥梁墩台高程测设。

在开挖基坑、砌筑桥墩的高程放样中，均要进行高程传递。

基础和墩身模板的高程一般用水准测量的方法放样，但当模板低于或高于地面过多，无法用水准尺直接放样时，则可用水准仪在某一适当位置先设一高程点，然后再用钢尺垂直丈量定出放样的高程位置。

当高程向下传递时，如图 2.5 所示，可在基坑上下各安置一台水准仪，上面的水准仪后视已知点 A，下面的水准仪前视待求点 D，然后视基坑深度悬挂一根钢尺，使钢尺的零端向下，下面吊一个 10 kg 的重锤。当钢尺稳定后，上下水准仪可同时读取钢尺上的读数 b 和 c，则 A、D 两点间的高差见式(2.2)。

$$H_{AD} = (a-b)+(c-d) = a-(b-c)-d \tag{2.2}$$

式中：a 为后视 A 点读数；d 为前视 D 点读数。

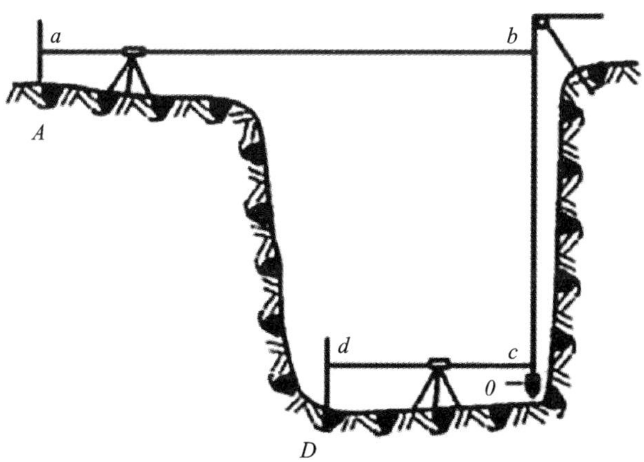

图 2.5　高程向下传递

当高程向上传递时，如图 2.6 所示，可在桥墩上倒挂一根钢尺，使零端向下，则 AD 的高差仍然按式(2.2)计算。

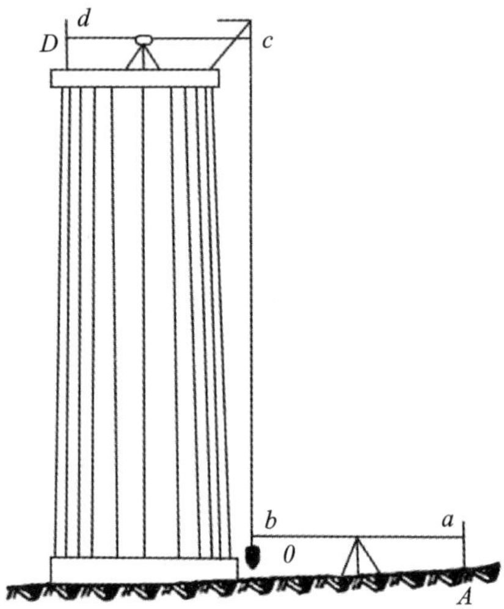

图 2.6　高程向上传递

第3章 桥梁基础施工

3.1 桥梁基础施工概述

桥梁基础通常可分为浅基础和深基础两大类。不同类型施工方法有明显的差异。浅基础往往采用放坡开挖的方式施工,因而也称为明挖基础;为了提高地基承载力,一般将浅基础分层设置,逐层扩大,所以也称为扩大基础。深基础的施工,往往需要特殊的施工方法和专用的机具设备,如需要打桩或钻孔设备等。

3.1.1 桥梁基础特点及分类

1. 桥梁基础特点

桥梁基础起着支承桥跨结构、保持体系稳定的作用。它把上部结构、墩台自重及车辆荷载传递给地基,是桥梁结构物的一个重要组成部分。地基即基础下面的地层。作为整个桥梁的载体,地基承受基础传来的荷载。为了保证结构物的安全和正常使用,要求地基必须有足够的强度和稳定性;同时,变形也应在容许范围之内。对于浅基础而言,从地基的层次和位置来看,它有持力层和下卧层之分:持力层即与浅基础底面相接触的那部分地层,直接承受基底压应力作用;持力层以下的地层称为下卧层。

要保证建筑物的质量,首先必须保证有可靠的地基与基础;否则,整个建筑物就可能遭到损坏或影响正常使用。从实践来看,建筑工程质量事故往往是地基与基础的失稳、破坏造成的:一方面,从客观上看,地基和基础属于隐蔽工程,施工条件差,并且一旦出现问题很难发现,也很难处理、修复;另一方面,地基与基础在地下或水下,往往导致主观上的忽视。地基和基础所占造价比重较大,因此,要求充分重视地基和基础的设计、施工质量,严格执行现行公路桥涵设计、施工相关技术规范、标准。

2. 桥梁基础分类

地基可分为天然地基和人工地基。直接在其上修筑基础的地层称为天然地基。如天然地层土质过于软弱或有不良工程地质问题,则需要经过人工加固或处理后才能修筑基础,这种地基称为人工地基。在一般情况下,应尽量采用天然地基。

基础可按刚度、埋置深度、构造形式、施工方法及材料来分类。分类目的在于了解各种类型基础的特点,以便在设计时根据具体情况合理地选用。

(1) 按刚度分类。

根据受力后的变形情况,基础可分为刚性基础和柔性基础。

受力后,不发生挠曲变形的基础称为刚性基础,一般可用抗弯拉强度较差的圬工材料(如浆砌块石、片石混凝土等)做成。这种基础不需要钢材,造价较低,但圬土体积较大,且支承面积受一定限制。容许发生较大挠曲变形的基础称为柔性基础或弹性基础,通常需要用钢筋混凝土。由于钢筋可以承受较大的弯拉应力和剪应力,当地基承载力较小时,采用这种基础可以有较大的支承面积。在桥梁工程中,一般情况下多数采用刚性基础。

(2) 按埋置深度分类。

按埋置深度不同,基础可分为浅基础(5 m 以内)和深基础。

当浅层地基承载力较大时,可采用埋深较小的浅基础。浅基础施工方便,通常用明挖法从地面开挖基坑后,直接在基坑底面砌筑或浇筑基础,是桥梁基础首选方案。如果浅层土质不良,需要将基础埋置于较深的良好土层中,则这种基础称为深基础。深基础设计和施工较复杂,但具有良好的适应性和抗震性。因此,目前高等级公路普遍应用深基础,常见的形式有桩基础、沉井基础等。

(3) 按构造形式分类。

对桥梁来说,基础可归纳为实体式和桩柱式两类。当整个基础都由圬工材料筑成时,称为实体式基础。其特点是基础整体性好,自重较大,所以对地基承载力要求也较高。由多根基桩或小型管桩组成,并用承台连接成为整体的基础称为桩柱式基础。这种基础较实体式基础圬工体积小,自重轻,对地基强度的要求相对较低,桩柱本身一般由钢筋混凝土制成。

(4) 按施工方法分类。

按施工方法不同,基础可分为明挖法、沉井、沉箱、沉桩、沉管灌注桩、就地钻(挖)孔灌注桩等。明挖法最为简单,但只适用于浅基础。其他方法均用于深基础。

(5) 按材料分类。

我国公路构造物基础大多采用混凝土结构或钢筋混凝土结构，少部分采用钢结构。在石料丰富的地区，按照因地制宜、就地取材的原则，也常用砌石基础。只有在特殊情况下(如抢修、林区便桥)，才采用临时的木结构。

3.1.2　桥梁基础构造

1. 刚性浅基础构造

浅基础埋入地层深度较浅，施工一般采用敞开挖基坑修筑基础的方法，故有时称按此法施工的基础为明挖基础。浅基础在设计计算时可以忽略基础侧面土体对基础的影响，基础结构形式和施工方法也较简单。深基础埋入地层较深，结构形式和施工方法较浅基础复杂，在设计计算时需要考虑基础侧面土体的影响。

浅基础根据材料可分为砖基础、毛石基础、灰土基础、三合土基础、混凝土基础、钢筋混凝土基础；根据受力条件及构造可分为刚性基础和柔性基础两大类。

刚性浅基础即无筋扩展基础，指由砖、毛石、灰土、三合土、混凝土或毛石混凝土等材料组成的墙下条形基础或柱下独立基础。这类基础材料抗拉强度低，不能受较大的弯矩作用，稍有弯曲变形，即产生裂缝，而且裂缝发展很快，使基础不能正常工作。因此，通常采取构造措施，控制基础的外伸宽度 b_2 和基础高度 H_0 的比值不能超过表 3.1 规定的允许宽高比 $\left[\frac{b_2}{H_0}\right]$ 范围，基础高度及台阶形基础每阶的宽高比应符合式(3.1)要求：

$$\frac{b_2}{H_0} \leqslant \left[\frac{b_2}{H_0}\right] = \tan\alpha \tag{3.1}$$

式中：$\left[\frac{b_2}{H_0}\right]$ 为无筋扩展基础台阶宽高比的允许值，可查表 3.1；α 为基础的刚性角。

表 3.1　无筋扩展基础台阶宽高比的允许值

基础材料	质量要求	台阶宽高比的允许值($\tan\alpha$)		
		$p_k \leqslant 100$	$100 < p_k \leqslant 200$	$200 < p_k \leqslant 300$
砖基础	砖不低于 MU10、砂浆不低于 M5	1∶1.50	1∶1.50	1∶1.50
毛石基础	砂浆不低于 M5	1∶1.25	1∶1.50	—

续表

基础材料	质量要求	台阶宽高比的允许值(tanα)		
		$p_k \leqslant 100$	$100 < p_k \leqslant 200$	$200 < p_k \leqslant 300$
灰土基础	体积比为 3∶7 或 2∶8 的灰土,其最小干密度:粉土 1.55 t/m³;粉质黏土 1.50 t/m³;黏土 1.45 t/m³	1∶1.25	1∶1.50	—
三合土基础	体积比为 1∶2∶4 或 1∶3∶6 或 1∶4∶8(石灰∶砂∶骨料),每层约虚铺 220 mm,夯至 150 mm	1∶1.50	1∶2.00	—
混凝土基础	C15 混凝土	1∶1.00	1∶1.00	1∶1.25
毛石混凝土基础	C15 混凝土	1∶1.00	1∶1.25	1∶1.50

注:①p_k 为荷载效应标准组合时基础底面处的平均压力值(kPa)。

②阶梯形毛石基础的每阶伸出宽度,宜不大于 200 mm。

③当基础由不同材料叠合组成时,应对接触部分做局部受压承载力计算。

④$p_k > 300$ kPa 的混凝土基础,应进行抗剪验算。

按基础台阶宽高比允许值设计的基础,一般都具有较大的整体刚度,其抗拉、抗剪强度都能够满足要求,可不必验算。

刚性基础的特点是稳定性好、施工简便、能承受较大的荷载,所以只要地基强度能满足要求,刚性基础是首先考虑的基础形式。刚性基础的主要缺点是自重大,并且当持力层为软弱土时,由于扩大基础面积有一定限制,需要对地基进行处理或加固后才能采用,否则会因所受的荷载压力超过地基强度而影响结构物的正常使用。所以对于荷载大或上部结构对沉降差较敏感的结构物,当持力层的土质较差又较厚时,刚性基础作为浅基础是不适宜的。

2. 桩基础构造

根据承台与地面相对位置的高低,桩基础可分为低承台桩基础和高承台桩基础。

低承台桩基础的承台底面位于地面以下。其受力性能好,具有较强的抵抗水平荷载的能力。工业与民用建筑几乎都使用低承台桩基础,而且大多采用竖直桩。

高承台桩基的承台底面位于地面以上，且常处于水下，水平受力性能差，但可避免水下施工及节省基础材料，多用于桥梁及港口工程，且较多采用斜桩，以承受较大的水平荷载。

承台下只有一根桩的桩基础称为单桩基础；而承台下有两根或两根以上的桩组成的桩基础称为群桩基础，群桩基础中的单桩称为基桩。

1）桩基础类型

（1）按施工方法分类。

根据施工方法的不同，桩可分为预制桩和灌注桩两大类。

①预制桩。

根据所用材料的不同，预制桩可分为混凝土预制桩、钢桩和木桩三类。现木桩在工程中已很少使用，这里主要介绍混凝土预制桩和钢桩。

a. 混凝土预制桩。混凝土预制桩多为钢筋混凝土预制桩。其横截面有矩形、圆形等多种形状，一般普通实心方桩的截面边长为 300～500 mm。混凝土预制桩可以在工厂加工，也可以在现场预制。现场预制桩的长度一般为 25～30 m；工厂预制时分节长度一般不超过 12 m，沉桩时在现场连接到所需桩长。分节接头应保证质量以满足桩身承受轴力、弯矩和剪力的要求，通常可用钢板、角钢焊接，并涂以沥青以防腐蚀；也可采用钢板垂直插头加水平销连接，施工快捷，不影响桩的强度和承载力。

混凝土预制桩的配筋主要受起吊、运输、吊立和沉桩等各阶段的应力控制，其用钢量较大。为了减少混凝土预制桩的钢筋用量、提高桩的承载力和抗裂性，可采用预应力混凝土管桩。

预应力混凝土管桩采用先张法预应力工艺和离心成型法制作。经高压蒸汽养护生产的为预应力高强度混凝土管桩（the prestressed high-intensity concrete，PHC 桩），桩身混凝土强度等级不小于 C80；未经高压蒸汽养护生产的为预应力混凝土管桩（prestressed concrete pile，PC 桩），桩身混凝土强度等级为 C60～C80。建筑工程中常用的 PHC 桩与 PC 桩的外径为 300～600 mm，分节长度为 7～13 m，沉桩时桩节处通过焊接端头板接长，桩的下端设置十字形桩尖、圆锥形桩尖或开口形桩尖。

b. 钢桩。工程中常用的钢桩有 H 形钢桩以及下端开口或闭口的钢管桩等。H 形钢桩的横截面大都是正方形，截面尺寸为 200 mm×200 mm～360 mm×410 mm，翼缘和腹板的厚度为 9～20 mm。H 形钢桩贯入各种土层的能力强，对桩周土的扰动也较小，但其横截面较小，桩端阻力不高。钢管桩的直径一般为

400～3000 mm，壁厚 6～50 mm。端部开口的钢管桩易于打入（沉桩困难时，可在管内取土以助沉），但桩端阻力比闭口的钢管桩小。

钢管的穿透能力强、自重轻、锤击沉桩的效果好、承载力高，无论起吊、运输还是沉桩、接桩都很方便。但钢桩耗钢量大，成本高，抗腐蚀性能较差，需要做表面防腐蚀处理，只在少数重要工程中使用，如上海宝钢工程就采用了直径 914.4 mm、壁厚 16 mm、长 61 m 规格的钢管桩。

预制桩的沉桩方法主要有锤击法、振动法和静压法等。

a. 锤击法沉桩。锤击法沉桩是用桩锤（或辅以高压射水）将桩击入地基中的施工方法，适用于松散的碎石土（不含大卵石或漂石）、砂土、粉土以及可塑状态的黏性土地基。锤击法沉桩噪声大，且存在振动和地层扰动等问题，在城市建设中应考虑其对环境的影响。

b. 振动法沉桩。振动法沉桩是采用振动锤进行沉桩的施工方法，适用于砂土和可塑状态的黏性土地基，对受振动时土的抗剪强度大大降低的砂土地基和自重不大的钢桩，沉桩效果更好。

c. 静压法沉桩。静压法沉桩是采用静力压桩机将桩压入地基中的施工方法。静压法沉桩具有无噪声、无振动、无冲击力、施工应力小、桩顶不易损坏和沉桩精度较高等优点。但较长桩分节压入时，接头较多会影响压桩的效果。

②灌注桩。

灌注桩是直接在所设计桩位处成孔，然后在孔内加放钢筋笼（也有直接插筋或省去钢筋的），再浇筑混凝土而成的桩。灌注桩横截面为圆形，可以做成大直径扩底桩，保证灌注桩承载力的关键在于桩身的成型及混凝土质量。灌注桩适用于各类地基土，通常可分为以下几种类型。

a. 沉管灌注桩。利用锤击或振动等方法沉管成孔，然后浇筑混凝土，拔出套管。

利用锤击或振动等方法沉管成孔一般可分为单打、复打（浇筑混凝土并拔管后，立即在原位再次沉管及浇筑混凝土）和反插法（灌满混凝土后，先振动再拔管，一般拔 0.5～1.0 m，再反插 0.3～0.5 m）三种。复打后的桩横截面增大，承载力提高，但其造价也相应提高。

振动沉管灌注桩的钢管底端带有活瓣桩尖（沉管时桩尖闭合，拔管时活瓣张开以便浇筑混凝土），或套上预制混凝土桩尖。桩径一般为 400～500 mm，常用振动锤的振动力为 70 kN、100 kN 和 160 kN。在黏性土中，其沉管穿透能力比锤击沉管灌注桩稍差，承载力也比锤击沉管灌注桩低。

锤击沉管灌注桩的常用桩径(预制桩尖的直径)为 300～500 mm,桩长常在 20 m 以内,可打至硬塑黏土层或中、粗砂层。其优点是设备简单、打桩进度快、成本低。但在软、硬土层交界处或软弱土层处易发生缩径(桩身截面局部缩小)现象,此时通常可放慢拔管速度,加大灌注管内混凝土量。此外,邻桩挤压或其他振动作用等各种原因可能使土体上隆,引起桩身受拉而出现断桩现象;或出现局部夹土、混凝土离析及强度不足等质量事故。

b. 钻(冲)孔灌注桩。钻(冲)孔灌注桩用钻(冲)孔机具(如螺旋钻、振动钻、冲抓锥钻、旋转水冲钻等)钻土成孔,然后清除孔底残渣,安放钢筋笼,浇筑混凝土。钻孔灌注桩的施工设备简单,操作方便,适用于各种黏性土、砂性土,也适用于碎石、卵石类土和岩层。有的钻机成孔后,可撑开钻头的扩孔刀刃使之旋转切土扩大桩孔,浇筑混凝土后在底端形成扩大桩端,但扩底直径宜不大于 3 倍桩身直径。

钻(冲)孔灌注桩的最大优点是入土深,能进入岩层,刚度大,承载力高,桩身变形小,并可方便地进行水下施工。钻孔灌注桩在我国公路桥梁的设计与施工中的应用十分广泛。国内钻孔灌注桩多用泥浆护壁,施工时泥浆水面应高出地下水面 1 m 以上,清孔后在水下浇筑混凝土。

c. 挖孔桩。挖孔桩是采用人工或机械挖掘成孔,逐段边开挖边支护,达到所需深度后再进行扩孔、安装钢筋笼及浇筑混凝土而成。挖孔桩一般内径应不小于 800 mm,开挖直径不小于 1000 mm,护壁厚不小于 100 mm;为防止塌孔,每挖约 1 m 深,制作一节混凝土护壁,护壁呈斜阶形,每节高 500～1000 mm,可用混凝土浇筑或砖砌筑。挖孔桩身长度宜限制在 40 m 以内。挖孔桩端部分可以形成扩大头,以提高承载能力,但限制扩头端直径与桩身直径之比 $D/d\leqslant 3.0$。

扩底变径尺寸一般按 $b/h=1/3\sim1/2$(砂土取 1/3,粉土、黏性土和岩层取 1/2)的要求进行控制。扩底部分可分为平底和弧底两种,平底加宽部分的直壁段高(h_1)宜为 300～500 mm,且($h+h_1$)>1000 mm;弧底的矢高 h_1 取(0.10～0.15)D(D 为扩头端直径),如图 3.1 所示。

挖孔桩的优点是可直接观察地层情况,孔底易清除干净,设备简单,噪声小,场区内各桩可同时施工,且桩径大、适应性强,比较经济。缺点是桩孔内空间狭小、劳动条件差,可能遇到流砂、塌孔、缺氧、有害气体、触电等危险,易造成安全事故。因此,施工时应严格按照有关安全操作的规定执行。

(2) 按荷载传递方式分类。

桩按荷载传递方式可分为端承型桩和摩擦型桩两大类。

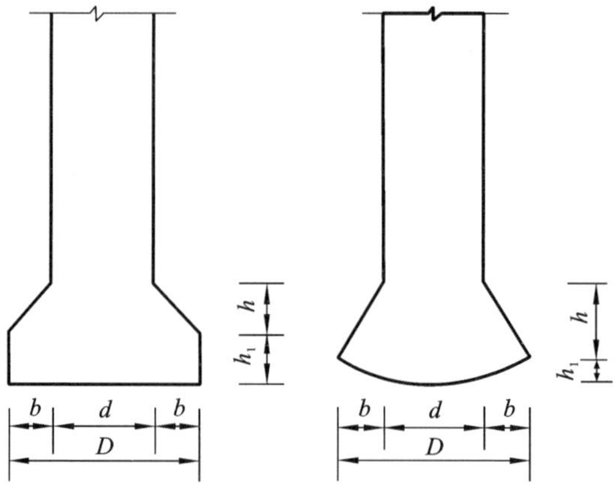

图 3.1　扩底桩构造

b—扩头端半径与桩身半径之差；d—桩身直径；h—扩大段斜边高度

①端承型桩。

端承型桩是指桩顶竖向荷载全部或主要由桩端阻力承受的桩。根据桩端阻力分担荷载的比例，端承型桩又可分为端承桩和摩擦端承桩两类。

a. 端承桩。端承桩是指桩顶竖向荷载绝大部分由桩端阻力承担，桩侧阻力可忽略不计的桩。当桩的长径比较小（一般 $l/d \leqslant 10$，l 为桩的高度，d 为桩径），桩身穿越软弱土层，桩端设置在密实砂类、碎石类土层中或位于中等风化、微风化及新鲜岩石顶面（即入岩深度 $h_r \leqslant 0.5d$），桩顶竖向荷载绝大部分由桩端阻力承担，桩侧阻力可忽略不计。

b. 摩擦端承桩。摩擦端承桩是指桩顶竖向荷载由桩侧阻力和桩端阻力共同承担，但桩端阻力分担荷载较大的桩。通常桩端进入中密以上的砂类、碎石类土层，或位于中等风化、微风化及新鲜基岩顶面。这类桩的桩侧阻力虽属次要，但不可忽略，属于摩擦端承桩。

此外，当桩端嵌入完整和较完整的中等风化、微风化及新鲜硬质岩石一定深度以上（$h_r > 0.5d$）时，称为嵌岩桩。对于嵌岩桩，桩侧和桩端分担荷载的比例与孔底沉渣及进入基岩深度有关，桩的长径比不是制约荷载分担的唯一因素。

②摩擦型桩。

摩擦型桩是指桩顶竖向荷载全部或主要由桩侧阻力承受的桩。根据桩侧阻力分担荷载的比例，摩擦型桩又分为摩擦桩和端承摩擦桩两类。

a. 摩擦桩。摩擦桩是指桩顶竖向荷载绝大部分由桩侧阻力承担，桩端阻力可忽略不计的桩。例如，桩长径比很大，桩顶荷载只通过桩身压缩产生的桩侧阻力传递给桩周土，桩端土层分担荷载很小；桩端下无较坚实的持力层；桩底残留虚土或沉渣的灌注桩；桩端出现脱空的打入桩等。

b. 端承摩擦桩。端承摩擦桩是指桩顶竖向荷载由桩侧阻力和桩端阻力共同承担，但桩侧阻力分担荷载较大的桩。当桩的长径比不大，桩端持力层为较坚实的黏性土、粉土和砂类土时，除桩侧阻力外，还有一定的桩端阻力。这类桩所占比例很大。

(3) 按设置效应分类。

桩的设置方法(打入或钻孔成桩等)不同，桩周土受到的排挤作用也不同。排挤作用将使土的天然结构、应力状态和性质发生很大变化，从而影响桩的承载力。这些影响统称为桩的设置效应。根据设置效应，桩可分为挤土桩、部分挤土桩和非挤土桩三大类。

①挤土桩。挤土桩是指桩在设置过程中对桩周土体有明显排挤作用的桩，如实心的预制桩、下端封闭的管桩、木桩以及沉管灌注桩等打入桩。它们在锤击、振动贯入或压入过程中，将桩位处的土大量排挤开来，使桩周附近土的结构严重扰动破坏，对土的强度和变形性质影响较大。因此，对于挤土桩应采用原状土扰动后再恢复的强度指标来估算桩的承载力。

②部分挤土桩。部分挤土桩是指桩在设置过程中对桩周土体稍有排挤作用的桩，如开口的钢管桩、H 形钢桩和开口的预应力混凝土管桩。它们在设置过程中都对桩周土体稍有排挤作用，但土的强度和变形性质变化不大，一般可用原状土测得的强度指标估算桩的承载力。

③非挤土桩。非挤土桩是指桩在设置过程中对桩周土体无排挤作用的桩，如钻(冲或挖)孔灌注桩及先钻孔后打入的预制桩。它们在设置过程中都将与桩体积相同的土体挖出，因而设桩时桩周土不但没有受到排挤，相反可能因桩周土向桩孔内移动而使土的抗剪强度降低，桩的侧阻力也会有所降低。

2) 桩在平面上的布置

桩的平面布置可采用对称式、梅花式、行列式和环状排列。为了使桩基在其承受较大弯矩的方向上有较大的抵抗矩，也可采用不等距排列。此时，对柱下单独桩基和整片式的桩基，宜采用外密内疏的布置方式。为了使桩基中各桩受力比较均匀，群桩横截面的重心应与竖向永久荷载合力的作用点重合或接近。布置桩位时，桩的中心距一般采用 3～4 倍桩径，桩的最小中心距应符合表 3.2 的规定。对于大面积桩群，尤其是挤土桩，桩的最小中心距宜适当加大。灌注桩扩底端最小中心距除应符合表 3.2 的要求外，还应满足表 3.3 的规定。

表 3.2 桩的最小中心距

土类与成桩工艺		排数不少于3排且桩数不少于9根的摩擦型桩基	其他情况
非挤土和小量挤土灌注桩		$3.0d$	$2.5d$
挤土灌注桩	穿越非饱和土	$3.5d$	$3.0d$
	穿越饱和软土	$4.0d$	$3.5d$
挤土预制桩		$3.0d$	$3.0d$
打入式敞口管桩和H形钢桩		$3.5d$	$3.0d$

注：d 为桩径。

表 3.3 灌注桩扩底端最小中心距

成桩方法	最小中心距
钻(挖)孔灌注桩	$1.5d_b$ 或 d_b+1 m(当 $d_b>2$ m时)
沉管扩底灌注桩	$2.0d_b$

注：d_b 为扩大端设计直径。

工程实践中，桩群的常用平面布置形式为：柱下桩基多采用对称多边形，墙下桩基采用梅花式或行列式，筏形或箱形基础下宜尽量沿柱网、肋梁或隔墙的轴线设置。

3）承台的构造要求

承台的最小宽度应不小于500 mm。为满足桩顶嵌固及抗冲切的需要，边桩中心至承台边缘的距离宜不小于桩的直径或边长，且桩的外边缘至承台边缘的距离不小于150 mm。对于墙下条形承台，考虑到墙体与条形承台的相互作用可增强结构的整体刚度，并不至于产生桩顶对承台的冲切破坏，桩的外边缘至承台边缘的距离不小于75 mm。为满足承台的基本刚度、桩与承台的连接等构造需要，条形承台和柱下独立承台的最小厚度为300 mm，最小埋深为500 mm。

筏板、箱形承台板的厚度应满足整体刚度、施工条件及防水要求。对于桩布置于墙下或基础梁下的情况，承台板厚度宜不小于250 mm，且板厚与计算区段最小跨度之比宜不小于1/20。

承台混凝土强度等级应不低于C20，纵向钢筋的混凝土保护层厚度应不小于70 mm。当有混凝土垫层时，纵向钢筋的混凝土保护层厚度应不小于40 mm。

对于矩形承台，其钢筋应按双向均匀通长布置，钢筋直径宜不小于10 mm，间距宜不大于 200 mm；对于三桩承台，钢筋应按三向板带均匀布置，且最里面的三根钢筋围成的三角形应在柱截面范围内。承台梁的主筋除满足计算要求外，尚应符合《混凝土结构设计规范（2015 年版）》（GB 50010—2010）关于最小配筋率的规定，主筋直径宜不小于 12 mm，架立筋宜不小于 10 mm，箍筋直径宜不小于 6 mm。

筏形和箱形承台顶、底板的配筋与筏、箱基的要求相同。

桩顶嵌入承台的长度对于大直径桩，宜不小于 100 mm；对于中等直径桩宜不小于 50 mm。混凝土桩的桩顶主筋应伸入承台内，其锚固长度宜不小于钢筋直径的 30 倍（HPB235 级钢筋）或 35 倍（HRB335 和 HRB400 级钢筋），对于抗拔桩基应不小于钢筋直径的 40 倍。预应力混凝土桩可采用钢筋与桩头钢板焊接的连接方法。钢桩可采用在桩头加焊钢筋的连接方法。

3. 沉井基础构造

沉井通常是用钢筋混凝土或砖石、混凝土等材料制成的井筒状结构物，一般分数节制作。施工时，先在场地上整平地面铺设砂垫层，设支承枕木，制作第一节沉井，然后在井筒内挖土（或水力吸泥），使沉井失去支承下沉，边挖边排边下沉，再逐节接长井筒。当井筒下沉达设计标高后，用素混凝土封底，最后浇筑钢筋混凝土底板，构成地下结构物，或在井筒内用素混凝土或砂砾石填充，构成深基础。

沉井主要由井壁、刃脚、凹槽、隔墙、封底和盖板等部分组成。井壁是沉井的主要部分，施工完毕后也是建筑物的基础部分。在下沉过程中，井壁须挡土、挡水，承受各种最不利荷载组合产生的内力，因此应有足够的强度；同时井壁还需要有足够的厚度和重量（一般壁厚 0.5～1.8 m），以便在自重作用下克服侧壁摩阻力下沉至设计标高。刃脚位于井壁的最下端，作用是使沉井易于切土下沉，并防止土层中的障碍物损坏井壁。刃脚应有足够的强度，以免挠曲或破坏。靠刃脚处应设置 0.15～0.25 m 深、1.0 m 高的凹槽，使封底混凝土嵌入井壁形成整体结构。需要时，井筒内可设置隔墙以减少外壁的净跨距，加强沉井的刚度，同时把沉井分成若干个取土小间，施工时便于掌握挖土位置以控制沉降和纠偏。当沉井下沉到达设计标高后，在井底用混凝土封底，以防止地下水渗入井内。封底混凝土标号一般不低于 C15。当井孔内不填料或填以砂砾等时，还应在井顶浇筑钢筋混凝土盖板。

沉井的横截面形状,根据使用要求可做成矩形、圆形、椭圆形等多种。井筒内的井孔有单孔、单排多孔及多孔等。当沉井下沉困难时,其立面也可做成台阶形。

沉井的优点是占地面积小,井筒在施工过程中可作为支承围护,不需要另外的挡土结构,技术上操作简便,无须放坡,挖土量少,节约投资,施工稳妥可靠。沉井通常适用于地基深层土的承载力大,而上部土层比较松软、易于开挖的地层;或由于建筑物的使用要求,基础埋深很大的情况;或因施工原因,例如,在已有浅基础邻近修建埋深较大的设备基础时,为了避免基坑开挖对已有基础产生影响的情况。

沉井在下沉过程中常会发生各种问题:如遇到大块石、残留基础或大树根等障碍物阻碍下沉;穿过地下水位以下的细、粉砂层时,大量砂土涌入井内,使沉井倾斜。这些都会对施工造成很大困难,甚至无法正常进行工作。因此,对于准备用沉井法施工的场地,必须事先做好地基勘探工作,并对可能发生的问题事先加以预防。当问题发生时,要及时采取措施进行处理。

3.2 桥梁基础施工技术

3.2.1 明挖基础施工

明挖基础(亦称扩大基础)是将基础设在直接承载的地基上,来自上部结构的荷载通过基础直接传递给地基。其施工通常是采用明挖的方式进行的。明挖基础施工的主要内容包括基础的定位放样、基坑开挖、基坑排水、基底处理、浇筑基础结构物、基坑回填等。

1. 定位放样

为基础施工而开挖的临时性坑井称为基坑。基坑属于临时性工程,作用是提供一个空间使基础的砌筑(浇筑)作业得以按照设计所指定的位置进行。

在基坑开挖前,先进行基础的定位放样工作,以便将设计图上的基础位置准确地设置到桥址上。放样工作先根据桥梁中心线与墩台的纵、横轴线,推算出基础边线的定位点,再放线画出基坑的开挖范围。

2. 基坑开挖

1) 陆地基坑开挖

基坑尺寸应满足基础施工要求，对有渗水土质的基坑坑底开挖尺寸，需要按基坑排水设计(包括排水沟、集水井、排水管网等)和基础模板设计而定，一般基底应比基础的平面尺寸各边增宽：无水土质基坑不小于 50 cm；有水基坑底面不小于 80 cm。

基坑可采用垂直开挖、放坡开挖、支撑加固或其他加固的开挖方法，具体开挖方法应根据地质条件、基坑深度、施工期限与经验，以及有无地表水或地下水等现场因素来确定。

(1) 坑壁无支撑的基坑。

对于干涸无水的河滩、河沟或虽有水，但经改河(或筑堤)能排除地表水的河沟，当地下水位低于基底，或渗透量少，不影响坑壁稳定以及基础埋置不深，施工期较短时，为不影响邻近建筑物安全的施工场所，可考虑选用坑壁无支撑的基坑。

①基坑的形式。

a. 垂直坑壁基坑。黏性土在半干硬或硬塑状态，基坑顶缘无动载，稍松土质基坑深度不超过 0.5 m；中等密度(锹挖)土质基坑深度不超过 1.25 m；密实(镐挖)土质基坑深度不超过 2 m，均可采用垂直坑壁基坑。

b. 斜坡坑壁基坑(阶梯坑壁基坑)。基坑深度在 5 m 以内，土的湿度正常时，基坑可采用斜坡坑壁开挖或按坡度比值挖成阶梯形坑壁，每梯高度以 0.5～1.0 m 为宜，可作为人工运土出坑的台阶。

如土的湿度有可能使坑壁不稳定而引起坍塌，基坑坑壁坡度应缓于该湿度下的天然坡度。

当基坑的上层土质适合敞口斜坡坑壁条件，下层土质为密实黏性土或岩石可用垂直坑壁开挖时，在坑壁坡度变换处，应保留有至少为 0.5 m 的平台。当基坑有地下水时，地下水位以上部分可以放坡开挖，地下水位以下部分，若土质易坍塌或水位在基坑底以上较深，应加固开挖。

②无水基坑的开挖方法。

对于一般小桥涵的基础，基坑工程量不大，可用人工开挖；大、中桥基础工程，基坑深，基坑平面尺寸较大，挖方量多，可用机械开挖。

③基坑施工过程中的注意事项。

a. 基坑顶面应设置防止地面水流入基坑的设施，如在基坑顶缘四周适当距离处设置截水沟，并防止水沟渗水，以避免地表水冲刷坑壁，影响坑壁稳定性。

b. 坑顶有动荷载时，坑顶边与动荷载之间应留有不小于 1 m 宽的护道，如动荷载过大，宜加宽护道；如工程地质和水文地质不良，应采取加固措施。

c. 应经常注意观察坑边缘顶面有无裂缝，坑壁有无松散塌落现象发生，以确保安全施工。

d. 挖基施工宜安排在枯水或少雨季节进行，开工前应做好计划和施工准备工作，开挖后应连续快速施工。

e. 用机械开挖基坑，挖至坑底时，应保留不小于 30 cm 厚度的底层，在基础浇筑圬工前，用人工挖至基底高程，应避免超挖。

(2) 坑壁有支撑的基坑。

当基坑壁坡不易稳定并有地下水影响，或放坡开挖场地受到限制，或基坑较深、放坡开挖工程数量较大，不符合技术经济要求时，应根据设计要求设置支撑。当设计无要求时，施工单位应结合实际情况选择适宜的支撑形式。

①常用的坑壁支撑形式。

常用的坑壁支撑形式包括直衬板式坑壁支撑、横衬板式坑壁支撑、框架式支撑及其他形式的支撑(如锚桩式、斜撑式、锚杆式等)。

坑壁有支撑的施工，按土质情况不同，可一次挖成或分段开挖，每次开挖深度宜不超过 1.5 m。

②混凝土护壁的施工方法。

混凝土护壁适用于除流砂及呈流塑状态的黏土外的各类土的开挖防护，对较大直径、较深基坑的圆形或椭圆形土质基坑更宜采用。

a. 喷射混凝土护壁。根据经验，一般喷护厚度为 5～8 cm，一次喷护 1～2 h。一次喷护如达不到设计厚度，应等第一次喷层终凝后再补喷，直至达到要求厚度为止。喷护的基坑深度应按地质条件决定，一般宜不超过 10 m。

b. 现浇混凝土护壁。基坑开挖视地质稳定情况，一般挖深 1.0～1.8 m，即应立模浇筑混凝土。拆模时间应根据速凝剂掺量、温度、混凝土强度等来确定，通常 24 h 以上便可拆模。挖一节浇一节直至基底。每次安装模板时，在上下节之间留有高 0.2 m 的浇筑口，最后用混凝土堵塞；浇筑护壁厚度视基坑大小及土质条件而定，一般厚度取 8～15 cm，必要时可采用钢筋混凝土护壁。对于圆形基坑，开挖面应均匀分布，对称施工，及时灌注，无支撑总长度不得超过 1/2 周长。

2) 水中基坑开挖

桥梁墩台基础大多位于地表水位以下，有时水流流速还比较大。桥梁水中基础最常用的施工方法是围堰法。围堰的作用主要是防水和围水，有时还起着支撑施工平台和基坑坑壁的作用。

(1) 基本要求。

围堰的结构形式和材料要根据水深、流速、地质情况、基础形式以及通航要求等条件进行选择。任何形式和材料的围堰，均必须满足下列要求。

①围堰高度应高出施工期间可能出现的最高水位(包括浪高)0.5 m。

②围堰外形应考虑河流断面被压缩后，流速增大引起水流对围堰河床的集中冲刷及影响通航、导流等因素，并应满足堰身强度和稳定的要求，使基坑开挖后，围堰不致发生破裂、滑动或倾覆。

③堰内平面尺寸应满足基础施工的需要，并留有适当的工作面。

④围堰要求防水严密，应尽量采取措施防止或减少渗漏，以减轻排水工作。对围堰外围边坡的冲刷和筑围堰后引起河床的冲刷均应有防护措施。

(2) 常用围堰形式。

①土围堰。

水深 2 m 以内、水流流速 0.3 m/s 以内，河床土质渗水较小时，可筑土围堰。

土围堰的断面一般为梯形，堰顶宽度应不小于 1.5 m，当采用机械挖基时，应视机械的种类确定，但宜不小于 3 m。堰外边坡迎水流冲刷的一侧，边坡坡度不陡于 1∶2(宜为 1∶3～1∶2)，背水冲刷的一侧的边坡坡度不陡于 1∶1(宜在 1∶2 之内)，堰内边坡坡度宜为 1∶1.5～1∶1，内坡脚与基坑的距离根据河床土质及基坑开挖深度而定，但不得小于 1 m。

筑堰材料宜用黏性土或砂夹黏土。填出水面之后应进行夯实。填土应自上游开始至下游合龙。

在筑堰之前，必须将堰底下河床底的树根、石块及杂物清除干净。

因筑堰引起流速增大而使堰外坡面有受冲刷的危险时，可在外坡面用草皮、柴排、片石、草袋或土工织物等加以防护。

②土袋围堰。

水深在 3 m 以内，流速在 1.5 m/s 以内，河床土质渗水性较小时，可筑土袋围堰。

围堰中心部分可填筑黏土及黏性土芯墙。堰外边坡坡度为 1∶1～1∶0.5，堰内边坡坡度为 1∶0.5～1∶0.2，坡脚与基坑顶边缘的距离、堰顶的宽度、堰底河床处理、堆码方向同土围堰。堆码的土袋的上下层和内外层应相互错缝，尽量堆码密实平整。

③钢板桩围堰。

钢板桩本身强度大，防水性能好，打入土层时穿透能力强，不但能穿过砾石、卵石层，也能切入软岩层内，因此钢板桩的适用范围相当广。10～30 m 深的围堰，用钢板桩是适当的。

钢板桩是碾压成型的，断面形式多种多样。我国常用的是德国拉森式槽型钢板桩。钢板桩之间用锁口连接。锁口既能加强连接，又能防渗，还可做适当的转动以适应弧形围堰的需要。

在施打钢板桩前，应在围堰上下游一定距离及两岸陆地设置经纬仪观测点，用以控制围堰长、短边方向的钢板桩的施打定位。施打前，钢板桩的锁口应用止水材料(黄油、沥青、干锯末、干黏土粉按 1∶1∶1∶0.5 的质量比混合)捻缝，以防漏水。插打钢板桩时必须备有可靠的导向设备，以保证钢板桩的垂直沉入。一般先将全部钢板桩逐根或逐组插打到稳定深度，然后依次打入至设计深度。插打的顺序一般为自上游分两头插向下游合龙。

钢板桩顶达到设计高程时的平面位置偏差，在水上打桩时不得大于 20 cm，在陆地打桩时不得大于 10 cm。在插打过程中，应随时检查其平面位置是否正确，桩身是否垂直，发现倾斜应立即纠正或拔起重插。

当水深较大时，常用围囹(以钢或钢木构成的框架)作为钢板桩的定位和支撑，即先在岸上或驳船上拼装围囹，运至墩位定位后，在围囹内插打定位桩，把围囹固定在定位桩上，然后在围囹四周的导框内插打钢板桩。

桥梁墩台施工完毕后，可将钢板桩拔出。拔桩前，宜向堰内灌水使内外水位持平，从下游侧开始拔，拔桩时宜用射水、锤击等松动措施，并尽可能采用振动拔桩法。拔出来的钢板桩应进行检修涂油，堆码保存。

④竹、铅丝笼围堰。

竹、铅丝笼围堰适用于流速较大而水深为 1.5～4 m 的情况。

竹笼用竹片编成长圆形，直径为 80～100 cm，笼长视围堰高度而定。笼内用十字对拉铁丝拉紧，以防竹片变形。缺乏适用的竹片时，也可采用 8 号铅丝编成铅丝笼代替竹笼。笼的构造、形式及尺寸应适应水深、流速、基坑大小及防渗要求，可以用单层或双层：采用单层时在围堰内填土袋，在外侧堆土袋；采用双层时在两层之间填土，防止渗漏。竹、铅丝笼的宽度为水深的 1.5～1.8 倍。

竹、铅丝笼可用浮运、吊装或滑移就位，就位后填石(装土)下沉，在堰底外围堆土袋，以防堰底渗漏。

此外，对于黏性土、砂类土及碎石类河床，可以采用钢筋混凝土板桩；对于埋置不深的水中基础，可以采用套箱围堰，深水基础施工可采用双壁钢围堰。

3. 基坑排水

基坑坑底一般位于地下水位以下，地下水会经常渗进坑内，因此必须设法把坑内的水排除，以便施工。要排除坑内渗水，首先要估算涌水量，方能选用相当的排水设备。

常用基坑排水方法有以下两种。

(1) 集水坑排水法(亦称汇水井排水法)。

除严重流砂外，一般情况下均可适用。集水坑(沟)的大小，主要根据渗水量的大小而定，排水沟底宽不小于 0.3 m，纵坡坡度为 1%～5%。如排水时间较长或土质较差，沟壁可用木板或荆笆支撑防护。集水坑一般设在下游位置，坑深应大于进水龙头高度，并用荆笆、竹篾、编筐或木笼围护，以防止泥沙阻塞吸水龙头。排水设备的能力宜大于总渗水量的 2 倍。

(2) 井点降水法。

井点降水法适用于粉砂、细砂、地下水位较高、有承压水、挖基较深、坑壁不易稳定的土质基坑，在无砂的黏质土中不宜使用。井点类别的选择，宜按照土壤的渗透系数、要求降低地下水位的深度及工程特点等，选择适宜的井点降水法和所需设备。

应尽可能将过滤管埋设在透水性较好的土层中；在水位降低的范围内，设置水位观测孔；对整个井点系统应加强维修和检查，以保证不间断地进行抽水；还应考虑到水位降低区域构筑物受其影响而可能产生的沉降。为此要做好沉降观测，必要时应采取防护措施。

井点降水法因需要设备较多，施工布置较复杂，费用较高，应进行技术经济比较后采用。

4. 基底处理

(1) 地基处理。

明挖基础是直接靠地基土来承担荷载的，故地基土状态的好坏，对基础及墩台、上部结构的影响极大。不能仅检查其名称与容许承载力大小，还应为地基土更有效地承担荷载创造条件，因此要进行基底处理工作。地基处理的范围应至少宽出基础 0.5 m。基底处理方法视基底土质而异。表 3.4 汇总了一般的地基处理方法,可供参考。

表 3.4 地基处理方法

基底地质	处理办法
岩层	①未风化的岩层基底,应清除岩面碎石、石块、淤泥、苔藓等;②风化的岩层基底,开挖基坑尺寸要少留或不留富余量,浇筑基础圬工时,同时将坑底填满,封闭岩层;③岩层倾斜时,应将岩面凿平或凿成台阶,使承重面与重力线垂直,以免滑动;④砌筑前,岩层表面用水冲洗干净
碎石及砂类土壤	承重面应修理平整夯实,砌筑前铺一层 2 cm 厚的浓稠水泥砂浆
黏土层	①铲平坑底时,不能扰动土壤天然结构,不得用土回填;②必要时,加砌一层 10 cm 厚的夯填碎石,碎石面不得高出基底设计高程;③基坑挖完处理后,应在最短时间内砌筑基础,防止暴露过久土质变差
湿陷性黄土	①基底必须有防水措施;②根据土质条件,使用重锤夯实、换填、挤密桩等措施进行加固,改善土层性质;③基础回填不得使用砂、砾石等透水土壤,应用原土加夯封闭
软土层	①基底软土深度小于 2 m 时,可将软土层全部挖除,换以中砂、粗砂、砾石、碎石等力学性质较好的填料,分层夯实;②软土层深度较大时,应布置砂桩(或砂井)穿过软土层,上层铺砂垫层
冻土层	①冻土基础开挖宜用天然或人工冻结法施工,并应保持基底冻层不融化;②基底设计高程以下,铺设一层 10～30 cm 粗砂或 10 cm 的贫混凝土垫层作为隔热层
溶洞	①暴露的溶洞应用浆砌片石、混凝土填充,或填砂、砾石后,压水泥浆充实加固;②检查有无隐蔽溶洞,在一定深度内钻孔检查;③有较深的溶沟时,也可用钢筋混凝土盖板或梁跨越,亦可改变跨径避开
泉眼	①插入钢管,引出泉水使其与圬工隔离,以后用水下混凝土填实;②在坑底凿成暗沟,上放盖板,将水引出至基础以外的汇水井中抽出,圬工硬化后,停止抽水

(2) 地基检验。

基础是隐蔽工程。基坑施工是否符合设计要求,在基础浇筑前应按规定进行检验。检验的目的在于确定地基的容许承载力大小、基坑位置与高程是否与设计文件相符，以确保基础的强度和稳定性，不致发生滑移等病害。

①基底检验的主要内容。

检查基底平面位置、尺寸大小，基底高程；检查基底土质均匀性，地基稳定性及承载力等；检查基底处理和排水情况；检查施工日志及有关试验资料，等等。按《公路桥涵施工技术规范》(JTG/T 3650—2020)的要求，应保证基底平面周线位置不小于设计要求，基底高程允许偏差为：土质－50～50 mm；石质－200～50 mm。

②基底检验的主要方法。

基底检验根据桥涵大小、地基土质复杂情况（如溶洞、断层、软弱夹层、易熔岩等）及结构对地基有无特殊要求等，按以下方法进行。

a. 小桥涵的地基，一般采用直观或触探方法，必要时进行土质试验。

b. 大、中桥和地基土质复杂、结构对地基有特殊要求的地基检验，一般采用触探和钻探（钻深至少 4 m）取样做土工试验，或按设计的特殊要求进行荷载试验。

c. 特大桥按设计要求处理。

5. 浇筑基础结构物

明挖基坑中的基础施工，有的基坑渗漏很小，易于排水施工；有的渗漏严重，不易将水排干。为了方便施工和保证施工质量，应尽可能地使基底处于无水的情况下浇筑基础。

通常的基础施工可分为无水浇筑、排水浇砌及水下灌注三种情况。基础结构物的用料应在挖基完成前准备好，以保证及时浇筑基础，避免基底土质变差。

排水浇砌的施工要点：禁止带水作业及用混凝土将水赶出模板的灌注方法；基础边缘部分应严密隔水；水下部分圬工必须待水泥砂浆或混凝土终凝后才允许浸水。

水下灌注混凝土一般只有在排水困难时采用。基础圬工的水下灌注分为水下封底和水下直接灌注基础两种。前者封底后仍要排水再砌筑基础，封底只是起封闭渗水的作用，其混凝土只作为地基而不作为基础本身，适用于板桩围堰开挖的基坑。

6. 基坑回填

基础混凝土施工完成并达到规定强度后，进行人工回填。回填土必须分层夯实，回填土质必须符合规定要求。

3.2.2 钻(挖)孔灌注桩施工

桩基础按承受荷载的工作原理不同分为摩擦桩、柱桩，按施工方法不同又可分为钻孔灌注桩、挖孔灌注桩等。这里就桩基础的两种常见类型进行详细的介绍。

1. 钻孔灌注桩施工

钻孔灌注桩由于其施工速度快，质量稳定，受气候、环境影响小，因而被普遍采用。

钻孔灌注桩的施工程序：施工准备工作（平整场地、测定桩位、埋设护筒、泥浆制备及制作钢筋骨架等）→钻孔→清孔→钢筋骨架加工与吊放→水下混凝土灌注。

1) 施工准备工作

为了确保施工顺利进行，应做好施工前的准备工作。

(1) 平整场地，测定桩位。

施工前先对桥址处的场地进行平整，用全站仪准确放出各桩位中心，用骑马桩固定位置，用水准仪测量地面高程，确定钻孔深度。

(2) 埋设护筒。

可以采用钢护筒，也可以采用现场预制的钢筋混凝土护筒。在放好样的桩位处，开挖基坑将护筒打入。护筒应坚实，不漏水，护筒内径应比桩径大 20～40 cm。

①护筒的作用。

a. 固定桩位：护筒的圆心即为钻孔桩的中心。

b. 钻头导向：开孔阶段，钻头全靠护筒导向，并限制其活动范围，以免开孔过大或方向不正。

c. 保护孔口：施工中，钻机振动、孔口积水或钻头等影响，容易使孔口坍塌，护筒对保护孔口有明显的作用。

d. 防止孔壁坍塌：埋设护筒可以保持钻孔内水位，增加孔内静水压力，有利于防止孔壁坍塌。

②护筒埋置规定。

护筒顶宜高出施工水位或地下水位 2.0 m，并高出施工地面 0.5 m，其高度应满足孔内泥浆面高度的要求。

护筒埋置深度应符合下列规定。

a. 在岸滩上，黏性土、粉土不小于 1 m，砂类土不小于 2 m，当表面土层松软时，宜将护筒埋置在较坚硬密实的土层中至少 0.5 m。

b. 水中筑岛，护筒宜埋入河床面以下 1.0 m。在水中平台上设置护筒，可根据施工最高水位、流速、冲刷及地质条件等因素确定。必要时打入不透水层。

c. 在岸滩上埋设护筒，应在护筒四周回填黏土，并分层夯实。可用锤击、加压、振动等方法下沉护筒。

在水中平台上下沉护筒，应有足够高度的导向设备，控制护筒位置。

d. 护筒允许偏差：护筒顶面中心与设计桩位偏差不得大于 5 cm，倾斜度不得大于 1%。

(3) 制备泥浆。

泥浆由水、黏土（或膨润土）和添加剂组成。在砂类土、碎石类土或黏土砂土夹层中，钻孔应用泥浆护壁。

开工前应准备数量充足和性能合格的黏土（或膨润土）。调制泥浆时，先将土加水浸透，然后用搅拌机或人工拌制，按不同地层情况严格控制泥浆浓度，正确选用正、反循环转机钻孔。为了回收泥浆原料和减少环境污染，应设置泥浆循环净化系统。

在钻孔桩施工过程中，对沉淀池中沉渣及浇筑混凝土时溢出的废弃泥浆随时清理，严防泥浆溢流，并用汽车弃运至指定地点倾倒，禁止就地弃渣，污染周围环境。

钻进过程中随时捞取钻渣，判断土层性质并检验泥浆指标；根据土层变化情况，采用不同钻速、钻压；适时调整泥浆性能，并始终保持孔内液面高于孔外水位 1.5～2.0 m；加强护壁，保持孔壁稳定。

在黏性土中钻孔，当塑性指数大于 15，浮渣能力能满足施工要求时，可利用孔内原土造浆护壁。

冲击钻机钻孔，可将黏土加工后投入孔中，利用钻头冲击造浆。

泥浆在钻孔中的作用如下。

①固壁作用：泥浆在钻头冲击或挤压下，渗入孔壁四周形成一层泥浆保护层，隔断孔内外水流，防止孔壁受冲刷而坍塌。且泥浆密度大于水，孔内泥浆浆位又高于孔外水位，故在孔内有一向外的压力，也有利于防止孔壁坍塌。

②浮渣作用：因泥浆密度大，与钻渣混合一起，可使钻渣悬浮起来，便于出渣。

③冷却钻头:使钻头保持一定硬度,减少钻头磨损。

(4) 钢筋骨架制作。

在钻孔之前或者钻孔的同时要制作好钢筋骨架(现场亦称钢筋笼),以便清孔后尽快灌注混凝土,防止塌孔事故发生。

钢筋骨架应按图纸尺寸要求,按吊装和钢筋单根定长确定下料长度,将每根桩的钢筋骨架按设计长度分节并编号,保证相邻节段可在胎架上对应配对绑扎。注意主筋在 50 cm 范围内接头数量不得超过截面主筋根数总数的 50%,加强筋直径要准确。

箍筋要预先调直,布置在主筋外侧,通常采用螺旋筋形式;定位筋应均匀对称地焊接在主筋外侧。下钢筋骨架前应对其进行质量检查,保证钢筋根数、位置、净距、保护层厚度等满足要求。

声测管的安装,除在底节钢筋骨架安装时焊接在钢筋骨架上外,其余各节均预先绑扎在钢筋骨架内。

钢筋骨架吊装时配备专用托架,平板车运至现场,在孔口利用汽车吊吊放。下放前检查钢筋骨架垂直度,确保上、下节钢筋骨架对接时中心线保持一致,主筋对位后采用搭接焊连接。为防止混凝土浇筑过程中钢筋骨架上浮,可在钢筋骨架安装就位后,将其中 4 根加长主筋与钢护筒顶部焊接固定。

2) 钻孔

(1) 一般要求。

①钻孔就位前,应对钻孔的各项准备工作进行检查,包括场地与钻机坐落处的平整和加固,主要机具的检查与安装。

②必须及时填写施工记录表,交接班时应交代钻进情况及下一班应注意事项。

③钻机底座和顶端要平稳,在钻进中不应产生位移和沉陷。回转钻机顶部的起吊滑轮缘、转盘中心和桩位中心应在同一铅垂线上,偏差不超过 2 cm。

④钻孔作业应分班连续进行,经常对钻孔泥浆性能指标进行检验,不符合要求时要及时改正。

⑤群(排)桩钻孔时采用跳桩法施工,即等到已浇筑钻孔桩的混凝土强度达到 2.5 MPa 时,方可对周围邻近桩位进行钻孔。

(2) 常用钻孔方法。

①冲抓钻孔。

冲抓锥是一种最简单的钻孔机械,由三脚立架、钻头、卷扬机 3 部分组成。

施工时使三脚立架固定滑轮，绕过滑轮的钢丝绳下端吊着由 3 块钢锥片组成的钻头，钻头张开的最大外围尺寸与桩孔直径相同。钻头对准桩孔中心。放开制动，钻头在自重作用下下落，打入孔内土层中，卷扬机将其向上提升时，通过拉索使钻头合龙，砂土被封闭在锥体内并被提升至井外。等锥体提升至孔口以上时，工人及时在井口放置一块钢盖板，将手推车或其他运输工具放于其上。打开钻头控制栓，使钻头张开，土体落入运输车中运走。移走钢板，即进行下一轮冲抓作业，如此循环钻进。

该方法的优点是所需机械简单，成本较低；但施工自动化程度低，需要人工操作，清运渣土，劳动强度大，施工速度较慢。该方法适用于砂砾石和砂土地层。

注意：应以小冲程稳而准地开孔，待锥具全部进入护筒后，再松锥进行正常冲抓。提锥应缓慢，冲击高度一般为 1.0～2.5 m。

②冲击钻孔。

设备由冲击钻头、三脚立架、卷扬机三部分组成。该方法适用于砂砾石和岩石地层。其工作原理是用卷扬机钢丝绳通过三脚立架上的滑轮将钻头提起，然后放开卷扬机，使钻头自然下落，钻头的冲击作用将砂砾石或岩石砸成碎末、细渣，靠泥浆将其悬浮起来排出孔外。锥体一般为圆柱形，用钢材制成，钻头为十字形，利于破碎岩石。

一般可先用直径为 60～80 cm 的细钻头钻进，然后再用大钻头扩孔至设计孔径。这样既可以保证孔壁稳定，防止塌孔，又可以提高工效。卷扬机可以人工操作，也可以选用自动操作设备，因而该方法节省人力。可以 24 h 连续作业，施工效率较高，在工程中普遍适用。

施工时应注意以小冲程开孔，使初成孔坚实、竖直、圆顺并起向导作用。钻进深度超过钻锥全冲程后才能施行正常冲击。若遇坚硬漂石（卵石）层，可采用中、大冲程，但最大冲程宜不超过 4 m，钻进过程中及时排除钻渣，并添加黏土造浆，防止塌孔和沉积，使钻锥经常冲击新鲜地层。冲击表面不平整的漂石、硬岩时，应先投入黏土夹小片石，将表面垫平后再钻进，防止出现偏孔、斜孔。

③旋转钻孔。

a. 正循环钻孔。正循环钻孔时，泥浆及渣土自孔口溢出，依靠重力流入沉淀池；也可借助泥浆泵，将就近池内的泥浆泵送至更远的沉淀池内。重新稀释后的泥浆再注入孔内，以维持孔内泥浆面的高程。即用钻头旋转切削土体钻进，泥浆泵将泥浆压进钻杆顶部泥浆龙头，通过钻杆中心从钻头喷入钻孔内，泥浆携带钻渣沿钻孔上升。

该方法适用于淤泥、黏性土、砂土以及砾石(卵石)粒径小于 10 cm,含量少于 20%的碎石土。其优点是钻进与排渣同时连续进行,在适合的土层中钻进速度较快,但需要设置泥浆槽、沉淀池等,施工占地较多且机具设备较复杂。

b. 反循环钻孔。泥浆从孔壁与钻杆间的孔隙注入,带渣土的泥浆由泵经钻杆排出孔外,直至沉淀池,废浆经处理后,重新注入孔内使用,即与正循环法不同,泥浆输入钻孔内,然后从钻头的钻杆下口吸进,通过钻杆中心排出至沉淀池内。该方法适用于黏性土、砂土以及砾卵石粒径小于钻杆内径 2/3,含量小于 20%的碎石土或软岩。其钻进与排渣效率较高,但接长钻杆时装卸麻烦,钻渣容易堵塞管路。另外,因泥浆是从下向上流动,孔壁坍塌的可能性较正循环法大,为此需要用较高质量的泥浆。

采用正反循环回转法或其他方法钻孔时,均应设置泥浆循环净化使用系统。

3) 清孔

当钻孔深度达到设计要求时,应立即用探孔器和测绳对孔径、孔形、孔深和孔底沉渣量进行检查。确认满足设计要求后,报请监理工程师批准。监理工程师认可后,立即进行清孔。在清孔的同时,将附着于护筒壁的泥浆清洗干净。

常用的清孔方法包括抽渣法(掏渣法)、吸泥法、换浆法等。

(1) 抽渣法(掏渣法)。用抽渣筒掏孔底沉渣,边抽边加水,保持一定的水头高度。抽渣后,用一根水管插到孔底注水,使水流从孔口溢出。在溢水过程中,孔内的泥浆相对密度逐渐降低,达到所要求的标准后停止。此法适用于冲抓、冲击成孔的各类土质摩擦桩的初步清孔。

(2) 吸泥法。吸泥法清孔用吸泥机或简易吸泥机进行,清孔时由风管将高压空气输进排泥管,使泥浆形成密度较小的泥浆空气混合物,在水柱压力下沿排泥管向外排出泥浆和孔底沉渣,同时向孔内注水,保持孔内水位不变,直至喷出的泥浆指标符合规定。此法适用于不易坍塌的柱桩和摩擦桩清孔。

(3) 换浆法。正循环旋转钻孔在终孔后,停止进尺,保持泥浆正常循环,以中速压入符合规定标准的泥浆,把孔内相对密度大的泥浆换出,使含砂率逐步减少,最后换成纯净的稠泥浆。这种泥浆短时间不会沉淀,使孔底沉淀层在允许范围内。

4) 钢筋骨架加工与吊放

(1) 钢筋骨架。

钢筋骨架由主筋、加强筋、螺旋箍筋、定位筋 4 部分组成。其构造应满足设计要求，经检查合格后，用吊车吊起垂直放入孔内，相邻节端应焊接牢靠，定位准确。下到设计位置后应在顶部采取相应措施反压并固定其位置，防止在混凝土灌注过程中上浮。

(2) 导管。

导管是灌注水下混凝土的重要工具，一般选用刚性导管。刚性导管用钢管制成，内径一般为 20～35 cm，用端头法兰盘螺栓连接，接头间夹有橡胶垫防止泌水。导管上口一般设置储料槽和漏斗，导管使用前应进行必要的水密承压和接头抗拉等试验。吊装前应进行试拼，接口连接应严密、牢固。吊装时，导管应位于井孔中央，并在混凝土灌注前进行升降试验。

5) 水下混凝土灌注

灌注混凝土之前，应先探测孔底泥浆沉淀厚度。如果大于规定，要再次清孔，但应注意孔壁的稳定，防止塌孔。运至桩位的混凝土应检查均匀性和坍落度，如不符合要求，应进行第二次拌和。第二次拌和仍达不到要求时不能使用。

(1) 首批灌注混凝土的一般要求。

①导管下口至孔底的距离一般为 25～40 cm。

②导管埋入混凝土中的深度宜不小于 1 m，并宜不大于 3 m。首批灌注混凝土的数量应能满足导管初次埋置深度(≥1.0 m)和填充导管底部间隙的需要，并按式(3.2)进行计算。

$$V \geqslant \pi d^2 h_1/4 + \pi D^2 H_c/4 \tag{3.2}$$

式中：V 为首批混凝土所需数量(m^3)；h_1 为井孔混凝土高度达到 H_c 时，导管内混凝土柱需要的高度(m)，$h_1 \geqslant H_w\gamma_w/\gamma_c$；$H_c$ 为灌注首批混凝土所需井孔内混凝土面至孔底的高度(m)，$H_c = h_2 + h_3$；D 为井孔直径(m)；d 为导管内径(m)；H_w 为井孔内混凝土面以上水或泥浆深度(m)；γ_w 为井孔内水或泥浆的重度(kN/m^3)；γ_c 为混凝土拌和物的重度(kN/m^3)；h_2 为导管初次埋置深度，$h_2 \geqslant 1.0$ m；h_3 为导管底端至钻孔底间隙，约为 0.4 m。

(2) 灌注方法。

当钢筋骨架就位，导管下至设计深度，首批混凝土已拌和完毕运送至桩位处时，即可开始灌注混凝土(俗称灌桩)。

首批灌注时应在导管漏斗底口处设置可靠的防水设施(一般放置一个直径与管内孔完全吻合的木球)。混凝土倒入漏斗，压住木球向下运动，导管中水从管底压出，从井口逐渐排向井外，混凝土靠自重和向下冲力压至孔底。随着混凝土不断灌入，孔内混凝土面逐渐升高，井内积水不断上升，直至混凝土灌满全孔，水全部被排出。

(3) 注意事项。

①首批灌注混凝土的初凝时间不得早于灌注桩全部混凝土灌注完成时间，必要时加入缓凝剂。每灌一段时间，就要及时抽拔导管，且导管埋入混凝土中的深度不能大于6 m，但也不能小于2 m，要根据混凝土的灌入量计算灌注高度，从而确定提升导管时间。导管提升太快，若超过已灌混凝土表面，就会形成断桩；若抽拔不及时，埋入过深，则有可能混凝土初凝，使导管不能拔除，造成工程事故。因此必须严格控制导管提升时间。

②灌注开始后，必须连续进行，无论白天黑夜、刮风下雨都必须连续作业，提升拆除导管的时间要尽可能缩短。在灌注过程中，应将井孔内溢出的泥浆引流至适当位置，防止污染环境。

③灌注的桩顶高程应比设计高程高出0.5～1.0 m，目的是将孔内泥浆全部排除，待开挖基坑浇筑承台时凿除(俗称破桩头)，保证桩体成桩质量。

④混凝土灌完后要拔除护筒，处于地面及桩顶以下的井口整体式刚性护筒，应在灌注完混凝土后立即拆除；处于地面以上，能拆卸的护筒，须待混凝土抗压强度达到5 MPa后才能拆除。

6) 事故处理

由于地质构造的复杂性和施工期间各种因素的影响，钻孔事故常发生。及时确认事故类型，采取补救措施，才能减少损失，保证质量。

(1) 塌孔。

遇钻孔坍塌时，应仔细分析，查明原因和位置，然后再进行处理。

塌孔不严重时，可回填至塌孔位置以上，采取改善泥浆性能、加高水头、埋深护筒等措施继续钻进。

若塌孔严重，应立即将钻孔全部用砂或小砾石夹黏土回填，暂停一段时间使其性能稳定后，再采取相应措施(加大泥浆浓度快速钻进等)重钻。

(2) 孔身偏斜、弯曲。

一般可在偏斜处吊挂钻锥反复扫孔，使钻孔正直。偏斜严重时应回填黏性土到偏斜处，待沉淀密实后再重钻。

(3) 扩孔、缩孔。

孔径过大称为扩孔，孔径过小称为缩孔。遇此情况要采取防止塌孔和防止钻锥摆动过大的措施。缩孔是钻锥磨损过大、焊补不及时或地层中有遇水膨胀的软土、黏土泥岩造成的。前者应及时补焊钻锥，后者则应选用失水率小的优质泥浆护壁。

(4) 钻孔漏浆。

若发现护筒内水头不能保持,水位下降,证明有漏浆现象。宜采用将护筒周围填土筑实,增加护筒埋置深度,适当减小水头高度或采取加稠泥浆、加入黏土、慢速转动等措施。用冲击法钻孔时,还可填入片石、碎卵石土,反复冲击以增强护壁。

(5) 梅花孔或十字槽孔。

梅花孔或十字槽孔多见于冲击钻孔,因钻锥的转向装置失灵,泥浆太稠,钻锥旋转阻力过大或冲程太小,钻锥来不及旋转而形成的。应采用片石或卵石与黏土的混合物回填钻孔,重新冲击钻进。

(6) 糊钻、埋钻。

糊钻、埋钻常出现于正反循环回转钻进和冲击钻进中,遇此情况应对泥浆稠度、钻渣进出口、钻杆内径大小、排渣设备进行检查计算,并控制适当进尺。若已严重糊钻,应停钻提出钻锥,清除钻渣。遇到塌方或其他原因造成埋钻时,应使用空气吸泥机吸走埋钻的泥沙,提出钻锥。

(7) 卡钻。

卡钻常发生在冲击钻孔时。卡钻后不能强提,只宜轻提。轻提不动时,可以用小冲击锥或用冲、吸的方法将钻锥周围的钻渣松动后再提出。

掉钻或落物时,宜迅速用打捞叉、钩、绳套等工具打捞。若落体已被泥沙埋住,应先清除泥沙,使打捞工具接触落体后再进行打捞。应特别注意的是,在任何情况下,严禁施工人员进入没有护筒或其他防护设施的钻孔中处理故障。当人员必须下入护筒或其他防护设施的钻孔时,应检查孔内有无有害气体,并备齐防毒、防溺、防塌埋等安全设施后,才能行动。

2. 挖孔灌注桩施工

挖孔灌注桩多用人工开挖和小型爆破配合小型机具成孔,采用与钻孔灌注桩相同的方法灌注混凝土,形成桩基础。挖孔灌注桩适用于无水或极少水的较密实的各类土层,桩径不小于 1.2 m,孔深宜不大于 15 m。其特点是设备投入少、成本低,成孔后可直观检查孔内土质状况,桩基础质量有可靠保证,缺点是施工速度较慢。

位于无水地层的桩基,埋好护筒后,可人工直接开挖,遇岩石采用浅层小药量电雷管爆破,人工清渣掘进,用辘轳将渣石吊运出井,用手推车运送弃渣。位于有水地基时要边开挖边用水泵排水。在过深的井孔中作业时，要用鼓风机通过传风管向孔底吹入新鲜空气，保障施工安全。

在孔壁可能坍塌、有渗水的情况下，应及时增加护壁。护壁方法有安装木框架、竹篱、柳条、荆笆、预制混凝土井圈或钢井圈支护、现浇或喷射混凝土护壁等，应根据实际情况慎重选用。

夜间停工时，要在井口设置标志或覆盖物，防止人员不慎坠入。无水空气中灌注的桩，如为摩擦桩，应在灌注过程中逐步由下至上拆除支护；井中有水时，要采用水中灌桩法先向孔中灌水，至少与地下水位相同，用导管灌注混凝土。随着灌注混凝土升高，孔内水位上升时逐层拆除支护。当为柱桩时，混凝土护壁可以不拆除。

3. 施工检验内容

桩基础属隐蔽工程，对其质量检验标准必须严格掌握。

钻(挖)孔桩在终孔和清孔后应使用仪具对成孔的孔位、孔深、孔形、孔径、竖直度、泥浆相对密度、孔底沉淀厚度、有无缩孔、是否坍塌等进行检验，应满足各项技术指标。

钻(挖)孔桩水下混凝土的质量应符合以下要求。

(1) 强度不低于设计强度。除用预留试块测试抗压强度外，还应凿平桩头，并取桩头试块做抗压试验。

(2) 桩身混凝土不能有断层或夹层。应仔细检查分析混凝土记录，并用无破损方法检验桩身，对质量可疑的桩，要钻芯取样进行试验。

(3) 桩头凿除预留部分时，不能有残余松散层和薄弱混凝土层。嵌入承台或盖梁内的桩头及锚固钢筋长度要符合规范要求。

3.2.3 承台施工

1. 承台施工工艺

(1) 放线、准备工作。

①承台施工前应进行钻孔桩位置、高程等的复测，由监理工程师签认后，方可进行承台的施工。

②复核基坑中心线、方向、高程，按地质水文资料结合现场情况，决定开挖坡度和支挡方案。如承台埋深较大，可根据实际情况提高坡度，并制订支挡措施，

做好地面防排水工作。

(2) 支护。

承台开挖必须要有可靠的基坑支护措施,并且有安全防护和降水措施。

(3) 基坑开挖与基坑排水。

①基坑开挖。

常用挖掘机开挖,人工配合,并加强坑内的排水。挖掘时注意抽水,挖至距承台底设计高程约 30 cm 厚的最后一层土,采用人工挖除修整,以保证土结构不受破坏。

在开挖过程中根据拟定基坑支护措施,边开挖边进行支护,并随时观察地下水和边坡情况,及时采取加固和应急措施,防止泡槽和边坡坍塌。

②基坑排水。

一般采用汇水井排水,在基坑内承台范围外低处挖汇水井,并在周围挖边沟,使其低于基坑底面 30～40 cm。汇水井井壁要加以支护,井底铺一层粗砂,抽水采用抽水机。抽水时需有专人负责汇水井的清理工作。当承台底面位于细砂土层时,可采用井点法降低地下水位,在基坑周围一定距离处打入或沉入井管,周围填以砂石作过滤层,上用黏土填封,地面上通过总管与抽吸设备相连。井点降水时应注意开始后不宜中途停止,否则易造成过滤管堵塞。

(4) 桩头处理、桩基检测。

钻孔桩采用人工凿除桩头,先由人工将桩头上的钢筋凿出,并沿桩顶设计高程凿出一个槽子,再用风镐将桩头除去。凿除桩头后将破除杂物全部清除,对基坑底面进行平整。随即进行桩基检测,合格后方可进行下一道工序施工。若不合格,应立即上报,及时采取措施处理。

(5) 验槽、浇筑混凝土垫层。

检查桩顶高程和预留钢筋能否满足设计要求;检查基坑的开挖尺寸、基底高程是否符合要求,即验槽。根据控制桩定出承台垫层边线,并支立模板。基坑验收合格后,浇筑承台混凝土垫层。

(6) 钢筋加工和绑扎、立模板。

①钢筋加工和绑扎。钢筋加工应严格按照施工图纸和规范要求进行。特别注意预埋钢筋的位置及加固,防止浇筑混凝土时移位。底部设置的钢筋网,在越过桩顶处不得截断。

承台钢筋绑扎时,应调整好其主筋与钻孔桩主筋的位置,在钢筋外侧绑扎与混凝土同级别的砂浆垫块,以确保保护层厚度满足要求。钢筋绑扎按顺序进行,从下而上，从内向外，逐根安装到位，避免混乱。若采用点焊固定，不得烧伤主筋。安装成型的钢筋应做到整体性好，尺寸、位置、高程符合验收标准。同时还应避免混凝土施工过程中踩踏钢筋。

②立模板。承台模板常采用竹胶板和定型钢模板两种形式。机械配合人工安装，并加固。

(7) 混凝土浇筑。

混凝土采用搅拌站集中拌和，混凝土输送车运输，用滑槽、串筒送混凝土至灌筑部位。

为确保施工质量，采用斜向水平推进法或分层浇筑法施工。从承台一侧按等宽搭设滑槽，混凝土自由下落高度不得超过 2 m，保持水平分层，且分层厚度不超过 30 cm。

采用插入式振捣棒振捣，应插入下层混凝土 8 cm，插入间隔小于其 1.5 倍作用半径，不得漏振和重振。每一层应边振动边逐渐提高振捣棒，并避免碰撞模板。

浇筑过程中，应设专人负责检查支架、模板及钢筋和墩柱预埋钢筋的稳定情况，发现问题，立即处理。

浇筑至设计高程后，振捣时观察到混凝土不再下沉，表面泛浆、水平、有光泽，即可缓慢抽出振捣棒，以防止混凝土内产生空洞。

(8) 拆模和养生。

混凝土浇筑完成后，对承台顶面进行修整。抹平定浆后，再一次收面压光（墩位处应拉毛），表面用草袋覆盖，进行养护。

当混凝土达到拆模强度要求后方可拆模。

(9) 基坑土方回填、拆除支护设施。

承台施工完毕，模板拆除后，采用原土及时、对称、分部回填基坑，用冲击夯实机械进行分层夯实。

回填完成后，当基坑周围有钢板桩时，采用拔桩机将钢板桩拔出。为避免对周围土层产生扰动，应严格控制拔桩速度，严禁将土层带出，拔出一根立即用素土回填桩孔，夯实后再拔下一根钢板桩。

(10) 沉降观测。

承台施工完成后，设沉降观测点观测承台的初始高程，然后随着施工进程，观测不同施工阶段、不同加载条件下承台的沉降，并做好详细记录。

2. 钢板桩围堰施工

钢围堰主要有钢套箱围堰、钢管桩围堰、钢板桩围堰等。钢套箱围堰主要用于深水基础施工，防水效果比较好，但其施工周期较长。钢管桩围堰的自身强度较高，可以节省围堰内支撑，但其防水性能较差，合龙对接不易，施工难度大，完工后钢管桩不容易拔除。而钢板桩围堰的防水效果好，施工简单，拔桩容易，施工周期短。

下面介绍某桥钢板桩围堰的施工方法。

钢板桩为拉森Ⅳ型，单根长度 12 m，采用双根拼接，长度为 24 m。定位桩采用 2 工 40a 型钢(2 个 40a 工字型钢)。围堰为圆形。

(1) 钢板桩整理、校正、接长。

钢板桩首先在加工场内整理、校正、接长，使其截面尺寸和垂直度满足要求。由于该桥钢板桩定尺为 12 m，接长时，除断面全焊接外，按等强度原则贴焊钢板进行加强。

(2) 钢板桩插打。

钢板桩插打之前，利用已有的施工平台，先打定位桩。安置时，根据测量定位，边插打边检测，把定位桩准确地安置在钢围堰内侧，然后于定位桩外围焊接导围框，保证钢板桩围堰的平面位置和垂直度。

施工注意事项如下。

①导向桩打好之后，以槽钢焊接牢固，确保导向桩不晃动，以便打桩时提高精确度。

②板桩插打，钢板桩起吊后人力将桩插入锁口，动作缓慢，防止损坏锁口，插入后可稍松吊绳，使桩凭自重滑入。

③钢板桩振动插打到设计高程以上 40 cm 时，小心施工，防止超深发生。

④封口时，精确计算异形钢板桩的尺寸，确保止水质量。

(3) 围堰抽水与支撑。

钢板桩围堰封闭后进行抽水，抽水过程中应严格控制抽水速度和抽水高度，并在围堰顶端设置一道安全支撑。

当抽水达到预定的深度后，应及时加支撑防护。钢板桩全部牢固焊接到导向槽钢上。内部利用型钢做成骨架进行支撑，以保证安全。考虑到有 1.5 m 厚封底混凝土，故内部支撑共分 4 层，以确保钢板桩围堰的稳定性。两端采用双拼 136 工字钢做成斜撑。

(4) 清淤。

在抽水及进行内部支撑的过程中用泥浆泵配合高压射水将围堰内的淤泥清除。清除过程中同时使用抽水机对围堰内进行清淤补水,保证内外水头差不大于 50 cm,以保证围堰安全。

清淤时及时测量坑底高程,如达到设计底高程,停止高压射水。如果抽水后发现清淤不到位,用人工清除剩余淤泥。

(5) 混凝土封底浇筑。

由于采用水下封底可能造成钢板桩无法拔出,采用先抽水、支撑,后封底。当清淤达到要求后,即可按常规进行干封底施工。封底时在钢板桩围堰内侧支模,封底混凝土强度等级采用 C20,厚度计算校核后方可实施。

(6) 防渗与堵漏。

钢板桩打入之前一般应在锁口内涂以黄油、锯末等混合物。当锁口不紧密漏水时,用棉絮等在内侧嵌塞,外侧包裹一层防水彩条布,起到防水和减小水压力的双重效果。抽水时同时在外侧水中漏缝处撒大量木屑或谷糠和炉渣的混合物,使其由水夹带至漏水处自行堵塞。在桩脚漏水处,采用局部混凝土封底等措施。若漏水严重,堵漏困难,可在钢板桩外侧补打木桩围堰,在木桩围堰内侧铺设彩条布,在彩条布与钢板桩围堰间填筑黏土进行封堵。

3.3 桥梁基础施工实践——以官新 11 标围堰专项施工为例

1. 工程概况

(1) 工程简介。

G59 湖南省官庄至新化高速公路项目起点位于沅陵县官庄镇沐濯铺,对接 G59 张家界至官庄高速公路,并设枢纽互通接常吉高速,经桃源县西安镇、安化县马路镇、安化县柘溪镇、南金乡、古楼乡、平口镇,止于新化县琅塘镇水口坑,路线全长 76.595 km。

平口资水大桥位于安化县平口镇移民新村境内。桥梁轴线走向方位角为 90°,桥梁分左右线设置,全长 839 m。左线桥梁中心桩号为 ZK64+105.4,设计桥孔和跨径(孔×m)为 7×30+(56+2×90+56)+11×30;右线桥梁中心桩号为 K64+117.4,设计桥孔和跨径(孔×m)为 7×30+(56+2×90+56)+11×

30;本桥上部结构采用连续刚构＋预应力混凝土 T 梁。

8＃、9＃、10＃主墩承台为矩形承台,尺寸均为 12.6 m×8.5 m×3.2 m,承台基础均采用 2×3 根直径为 200 cm 的桩。8＃墩承台采用承台施工平台＋模板施工,9＃、10＃墩承台施工采用双壁钢围堰作为挡水结构,围堰顶标高均设为 160～166.5 m(围堰分为 4 段,先拼装 2 段,即顶标高 160 m,根据现场主墩桩基施工进度及 2021 年具体水位情况选择性加高),围堰内轮廓尺寸为在承台尺寸的基础上各边外扩 5 cm,为 12.7 m×8.6 m,壁厚 1.35 m。

(2) 自然条件。

①地形地貌。

平口资水大桥横跨资江(柘溪水库),属于丘陵河谷地貌,地貌形态以重丘地貌为主。桥位区域内总体地势南低北高,紧邻(15 m)已建成 S225 资水大桥。北岸(右岸)地势为较陡的丘陵,山丘连绵起伏,山顶标高为 230～462 m,山上植被发育,但多为灌木及小树,山脚沿河岸边有少量民房和菜地。南岸(左岸)为平口镇,地势相对平缓,为民房和街道,高程为 169～171 m,但桥址处及上游山坡陡峻,各山丘下游少量民房,桥址附件基础山顶标高为 200～202 m。桥址处靠近南岸水深较浅,最枯水季节冲局部河滩露出水面;靠近北岸水较深,主航道河中偏右(北岸)。

根据设计河床断面及河床断面扫描,8＃墩位于斜坡河床上,8＃墩承台小桩号侧河床标高为 152.677 m,大桩号侧河床标高为 149.13 m,高差达 3.547 m,承台纵向长度为 8.5 m,纵向坡度达 42%。

②地质条件。

桥位区两岸为丘陵,表层为黏土夹碎岩块,少量角砾,中下层为强风化砂泥质页岩泥灰岩和中强风化砂泥质页岩泥灰岩,局部夹薄状层灰岩夹层。根据设计钻孔地质岩性描述,主墩 8＃、9＃、10＃桩基附近的岩层主要分为 4 层,从上往下主要为淤泥质土、卵石、强风化泥灰岩、中风化泥灰岩。

③水文条件。

桥位地区地表水发育,受大气降雨、地下水补给及下游水库调容的影响较大,水面高程变化幅度较大。地下水类型主要为孔隙潜水、基岩裂隙水及岩溶水。孔隙水主要分布在河谷中的河床、漫滩中,水量较丰富,河岸两侧水量较小,主要接受大气降水及地表径流补给,季节性变化明显,河谷中地下水与地表水为互补互排关系。基岩裂隙水主要赋存于基岩层面裂隙及构造裂隙中,无稳定地下水位,水量不大但随季节性变化较大,主要接受大气降水补给。

桥位处航道等级为Ⅳ级，主河道水面宽度约 550 m，河道断面为 U 形断面，所处河段较为顺直，但上、下游约 1 km 处均有较大弯道，水文情况较为复杂。

桥位下游约 55 km 为柘溪水电站大坝，资江(柘溪水库)每年枯水期为 3—5 月，最小水深约 7.7 m，最大水深约为 12 m，盈水期一般为 6—9 月，最大水深达 28 m，水位落差极大。根据设计图纸，常水位为 166.12 m，水深约 25 m，最低通航水位为 149.7 m，最高通航水位为 168.23 m，设计洪水位为 169.23 m，水深约 28 m。

根据柘溪水库(原资江)2016—2020 年逐月水位统计资料，水库水位起伏较大，为 149～166.68 m。枯水期基本维持在 3—5 月，其间整体水位基本保持在 149～157.7 m。因此平台施工及围堰拼装时施工最高水位控制在 158 m 以下。

④气象条件。

桥位区位于湖南中部，属亚热带季风性湿润气候区，雨量充沛，光能、热能充足。春湿早而多低温阴雨，夏秋多高温，雨量前多后少，天气复杂多变，暴雨、大风、冰雹、雷击等强烈天气时有发生，“三寒”天气(倒春寒、五月低温、寒露风)出现较频繁。

气候对沿线施工有影响的主要是雨季，地区全年降水量为 1200～1900 mm。4—6 月为雨季，占全年总降水量 39%～49%；7—9 月次之，占 23%～28%；1—3 月又次之，占 15%～18%；10—12 月最少，只有 10%～16%，平均年降水日 162 d。多年平均气温为 14～18 ℃，最低可达到－12 ℃。冰雪霜冻期多出现在 11 月下旬至来年 3 月上旬。

(3) 工程特点及难点。

①9＃、10＃主墩承台施工采用钢吊箱作为挡水结构，且该桥位于柘溪水库，受柘溪大坝影响，大型驳船与浮吊无法进入，拟采用“先桩后围”的方式，将桩基钢护筒作为悬吊系统，现场进行围堰焊接拼装与下放。

②8＃墩位于斜坡河床上，8＃墩承台小桩号侧河床标高为 152.677 m，比承台底标高(151.8 m)高约 1 m，大桩号侧河床标高为 149.13 m，高差达 3.547 m，承台纵向长度为 8.5 m，纵向坡度达 42%；同时，根据 8＃墩地质柱状图显示及钢栈桥钢管桩打设，该处覆盖层较浅，厚度仅为 2 m，因此施工前需要对河床进行清理。

③柘溪水库每年枯水期只有 3—5 月。为降低施工风险，节约工期，8＃、9＃、10＃左右幅共 6 个主墩需要在枯水期完成水下部分的施工，需要在 3 月底前完成吊箱下放并抽水。其中 9＃、10＃墩左右幅共 4 个钢吊箱要同时下放，人员、

设备和材料投入大,施工组织难度大。

④本项目位于柘溪水库龙湾湿地公园保护区,环水保要求高。

⑤本桥横跨资江,为四级航道,过往船只较多,通航安全风险较高。

2. 钢吊箱围堰施工工艺

官新 11 标平口资水大桥 9＃、10＃墩承台底高于河床面,因此 9＃、10＃左右幅一共 4 个承台采用有底钢吊箱围堰施工,即采用双壁钢吊箱作为形成干施工环境的临时围堰结构物,同时作为承台混凝土浇筑时的侧面模板。

钢吊箱围堰采用后场加工制造,利用平板车或运输船将制造好的围堰单元块运至拼装平台,现场组拼成型,再通过在护筒顶口设置下放装置,整体下放钢吊箱就位,堵塞钢吊箱底板与钢护筒间缝隙,最后采用多点导管法浇筑水下混凝土封底形成防水围堰。承台及水下部分墩柱浇筑完毕后即可进行拆除钢吊箱围堰施工,钢吊箱围堰采用水下气割及拉杆连接分块吊出墩位。

(1) 围堰加工制作。

钢围堰加工制作总体工艺采取先进行散件下料加工,在场内按设计分块制作成块件,再将块件运抵施工现场进行组拼焊接的流程。

钢围堰单元块制造的主要施工内容包括底板块单元制作、侧板分块制造、内支撑制造、限位制造等。

围堰分块应遵循以下原则。

①块件能满足现场设备起吊需求。

②制作场地及出运条件应满足要求。

③平板车能运输每个块件。

④运输船舶能转运每个块件。

⑤壁板分块尽量避开隔仓板,满足隔仓注水要求。

⑥在满足以上条件的前提下尽量减少分块数量,以减少现场块件拼装工程量,加快块件拼装进度。

(2) 现场准备。

①改装钻孔平台。

拆除钻孔平台影响钢吊箱拼装的中间部分,留下便于钢吊箱拼装的两侧部分。

②钢护筒外围周边情况探测及清除。

为保证钢吊箱能顺利下放就位,应对钢护筒外围周边情况进行探测,以检查是否还存在妨碍钢吊箱下沉的障碍物。探测内容包括钢护筒的外壁及钢吊箱沉放范围内的水下情况。

钢护筒外壁探测方法采用圆钢加工成内径较钢护筒直径大 5 cm 的钢圈，套入钢护筒，保持水平下放，检查钢护筒、钢管桩周围有无影响钢吊箱的障碍物。沉放范围内的水下情况则主要由潜水工探摸。

探测到有妨碍钢吊箱下沉的障碍物则及时清除。

现场通过吊锤测得 9＃墩、10＃墩河床标高如表 3.5 所示。

表 3.5　墩河床标高

单位：m

序　号	位　　置	桩 基 编 号	淤泥面标高	备　　注
1	9＃左幅	9a-0	142.6	平均值 142.8
2	9＃左幅	9b-0	142.3	
3	9＃左幅	9a-1	142.5	
4	9＃左幅	9b-1	143.1	
5	9＃左幅	9a-2	143.5	
6	9＃左幅	9b-2	142.7	
7	9＃右幅	9a-0	142.4	平均值 142.4
8	9＃右幅	9b-0	142.5	
9	9＃右幅	9a-1	142.3	
10	9＃右幅	9b-1	142.1	
11	9＃右幅	9a-2	142.6	
12	9＃右幅	9b-2	142.3	
13	10＃左幅	10a-0	144.8	平均值 145.2
14	10＃左幅	10b-0	145.4	
15	10＃左幅	10a-1	145.0	
16	10＃左幅	10b-1	145.2	
17	10＃左幅	10a-2	145.1	
18	10＃左幅	10b-2	145.4	
19	10＃右幅	10a-0	144.9	平均值 145.2
20	10＃右幅	10b-0	145.4	
21	10＃右幅	10a-1	145.0	
22	10＃右幅	10b-1	145.3	
23	10＃右幅	10a-2	145.5	
24	10＃右幅	10b-2	144.9	

由表 3.5 可得出 9＃墩河床淤泥顶标高左幅为 142.8 m，右幅为 142.4 m，根据护筒沉放深度，9＃墩淤泥层厚约 10 m；10＃墩河床淤泥顶标高左幅为 145.2 m，右幅为 145.2 m，根据护筒沉放深度，10＃墩淤泥层厚约 11 m。

钢吊箱围堰底标高为 143.9 m，9＃墩河床面低于围堰底标高，可不做处理。10＃墩河床面高于围堰底标高，因此在吊箱施工前应对 10＃墩吊箱位置淤泥进行清理。

河床淤泥采用抓斗配合吸泥泵清理。先用抓斗将大范围淤泥抓离吊箱位置，然后用高压水枪配合吸泥泵清理护筒根部和不平整河床，潜水员配合确认清理程度。10＃墩每个承台预计清理 2 m 深 400 m^3 淤泥，清理淤泥用泥浆车运往弃土场弃置。

③测量定位。

准确测量钢护筒的坐标、椭圆度、倾斜度及倾斜方向，根据测量结果调整吊箱底板上的预留孔，方法步骤如下。

开孔前对每根钢护筒进行精确测量，计算确定护筒顶口标高处圆心（O_1）位置和钢吊箱底板标高处对应护筒中心（O_2）位置。

在钢吊箱底板上测放出 O_1 和 O_2 位置，分别以 O_1 和 O_2 为圆心，以护筒半径 $R+10$ mm 为放样半径画出两个圆，两圆相切包络图为底板开孔包络线，按包络线进行开孔。

④试验检测。

验收钢吊箱制作质量，重点是控制钢吊箱侧板质量，钢吊箱侧板出厂前必须进行预拼，面板需要做煤油渗透试验，经检查合格后才可运往现场。

（3）钢吊箱拼装和下放。

①底板拼装支承牛腿及吊挂分配梁下支承牛腿安装。

施工平台拆除后，在外侧护筒上焊接围堰拼接平台，平台斜撑采用双拼 I25b 型钢，平台牛腿采用双拼 I32b 工字钢。

②钢吊箱底板的安装。

底板龙骨分两块在栈桥平台上进行拼装，再利用 90 t 履带吊分两次进行吊装，在牛腿上进行组装。

底板龙骨拼装完成后在对应位置焊接吊挂分配梁，吊挂分配梁分为下放吊点分配梁和封底吊点分配梁，下放吊点分配梁由 H500 mm×200 mm×10 mm×16 mm 双拼组成，吊点处设加劲板和锚垫板。

封底吊点由双拼 I32a 工字钢组成，吊点处增设加劲板。

在龙骨上测量放出承台的纵横向中心线。以纵横中心线为基准，按先中央后周边、自中间向两侧顺序对称铺设底板，面板之间预留 2 mm 间隙，控制面板平整度不低于 10 mm；面板铺设完毕后，面板之间用塞焊焊接牢靠；将底板周边面板(A_1 板、B 正反板)的加劲肋与龙骨接触的地方焊接，其余各板只需要在面板接触的地方焊牢即可；在一块底板安装完成后、下一块底板安装前应及时将该块底板配有的钢绞线和精轧螺纹钢吊杆及时装上，要求底板表面必须上锚头和螺帽固定吊杆，精轧螺纹钢下端伸出锚固螺帽的长度不小于 10 cm、钢绞线伸出锚头不小于 50 cm。

③拼装吊箱侧板。

在底板上测量放出侧板边界线，并用红漆标记，根据位置线预先焊接限位钢板，后续侧壁接高时，同样在下节壁体两侧焊接限位钢板。限位钢板尺寸为 300 mm×120 mm，厚 12 mm，采用双面角焊缝，焊缝长 150 mm，焊脚尺寸 10 mm，厚 12 mm，采用双面角焊缝，焊缝长 150 mm，焊脚尺寸 10 mm。以此控制钢围堰下口线的平面位置，在底板地龙骨外侧焊接作业通道及临边防护措施。

履带吊将壁板块件吊起至安装位置，下口通过定位码板就位后，与定位码板临时焊接加以固定，上部用型钢和护筒临时焊接，通过测量仪器校检平面位置和垂直度。达到要求后，壁板与底板、壁板间进行连接。采用两台 90 t 履带吊分别在主栈桥和支栈桥按照编号顺序交叉对称拼装，确保拼装过程受力均衡。侧板拼接完成后按照设计要求进行对应位置的内支撑安装。

侧板安装完后，将与固定好的侧板块段相邻的加劲梁用履带吊吊至大致位置处，人工用手拉葫芦辅助将加劲梁插入侧板内外壁的夹层中，精准对接后用电焊临时固定，完成临时固定后再从上至下焊接内外的纵缝。

壁板拼装应对称同步拼装，先安装侧板，再安插端口的加劲梁。

焊接围堰单元间水平拼缝时需要搭设横向焊接平台，采用悬挂式挂梯(吊篮)作为竖向焊缝施工平台，横向焊接平台由∠75@2 m 及跳板组成并设置护栏，施工完毕后整体割除平台，悬挂式爬梯(吊篮)根据现场实际由 30 mm×30 mm 方钢焊接而成。

④吊箱下放装置安装。

钢吊箱围堰采用吊挂系统下放。围堰下放系统包括持力钢护筒、吊挂分配梁、提升千斤顶以及吊杆等部件。围堰下放前，在钢护筒顶安装吊挂分配梁、提升千斤顶，并通过下放吊杆与底板龙骨吊点连接。

钢围堰下放主要由千斤顶、下放系统控制泵站、钢绞线、螺母及起吊装置组成。承重架上下、侧壁上下开孔圆心偏差不超过 1 cm。

围堰下放采用液压提升系统，根据钢围堰重量及各吊点的荷载值，在围堰 4 个钢护筒处各设置 1 台额定提升力为 150 t 的千斤顶，每台千斤顶配置 1 组 9×ϕ15.2 钢绞线，钢绞线依次穿过上夹持锚具、千斤顶、下夹持锚具、承重支架、侧壁板加强结构，然后在侧壁板下方通过连接器与侧壁板销接。

根据千斤顶安装位置及数量布置泵站，一个泵站同时控制 4 台千斤顶。泵站工作原理为千斤顶上安装位移传感器，计算机采集传感器信号使液压泵站同步控制各千斤顶动作，保证各点下放时位移偏差在允许范围内，使得钢围堰下放时保持平衡和精确定位。

⑤钢吊箱下放。

第 1 节围堰(5.6 m)和第 2 节围堰(9.7 m)拼装完成并安装好下放系统后可开始进行围堰下放。下放前必须用测绳复测河床底标高，防止河床再次沉积淤泥侵占吊箱位置。如果河床过高可派潜水员用水枪和吸泥泵进行二次清淤。

钢围堰构件较大，为确保其准确、顺利下放到位，成立钢围堰下放指挥机构，确保在钢围堰下放时各项指令及操作及时准确到位。

液压系统的工作压力均低于千斤顶、油泵和阀件的额定压力。上述设备具有相当的能力储备。在所有的油路上均设置液压锁，在停电等意外情况发生时，可使千斤顶油缸自锁，保证钢吊箱安全。

在进行正常下放时，上下夹持器分别处于打开或关闭状态。如遇特殊情况，可由人工将上下锚具组全部锁紧，保证下放结构安全。

⑥锁定钢围堰。

钢吊箱在下放到设计标高后可进行封底吊杆的安装。在每个护筒标高 160 m 的位置对称焊接 4 个牛腿，下放吊点位置可以不用焊接。将 ϕ32 精轧螺纹钢底部与预固定在底板上的精轧螺纹钢用连接套筒固定，顶部穿过牛腿预留孔，用螺栓加锚垫板固定在牛腿上，通过控制螺栓的松紧，调节围堰底部至水平，并平均分配每根吊杆的拉力，调整完毕后将每根精轧螺纹钢锁定。

⑦第 3、4 节钢吊箱拼装。

在围堰固定好后，视水位情况可选择在封底完成后或者封底之前拼装第 3、4 节围堰。

为了保证顶节围堰单位块定位准确，在拼装完成的首节段钢围堰顶口位置设置定位装置，测量放线标记出拼装位置。块件拼装时，将待拼壁板落位于定位型钢间进行粗定位，然后通过手拉葫芦精确定位，之后及时将壁板与该型钢焊接，并部分施焊底口水平焊缝，完成围堰的拼装定位。

采用两台 75 t 履带吊分别在主栈桥和支栈桥按照围堰侧板拼装顺序交叉对称拼装，确保拼装过程受力均衡。侧壁拼接完成后进行第二道内支撑焊接。

⑧底板堵漏。

依据钢护筒实测外径，按直径放大 2 cm 制作两块半圆环（宽度取 25～30 cm），制作堵漏板，封板采用角钢法兰接头、螺栓连接。

钢吊箱调整到位并固定后，由潜水工下水将堵漏封板安装在钢护筒与底板接缝处，要求控制堵漏后缝隙不大于 3 cm。

(4) 钢吊箱封底。

钢吊箱下放就位并固定堵漏后需要灌注封底混凝土，封底混凝土有防水渗漏、抵抗浮力在吊箱底板形成的弯曲应力和作为承台的承重模板作用。主墩封底混凝土标号为 C25 水下混凝土，封底混凝土底标高 144.6 m，顶标高 146.8 m，厚度 2.2 m，不分仓一次性浇筑。水下封底施工 2.4 m 厚，待抽水后清理浮浆，并凿除 20 cm 混凝土以调平封底表面，抗浮验算采用 2.2 m 封底计算。

①封底前准备工作。

a. 检查钢吊箱底板与钢护筒之间缝隙的封堵情况。

由于水下操作不方便，极易造成空隙封堵不严、不实，因此在封底混凝土灌注前，应再次由潜水员进行水下检查，发现问题及时处理。

b. 钢护筒外壁清理。

为保证封底混凝土与钢护筒之间握裹良好，要求必须对与封底混凝土直接接触的钢护筒外壁进行清理，剔除钢护筒表面泥、水草、垃圾等杂物。清理工作由潜水员下水用钢刷完成。

c. 钢吊箱底板的清理。

由于钢吊箱下沉施工时间较长，钢吊箱底板上可能会沉淀有淤泥。为了保证混凝土质量，在钢吊箱底板与钢护筒之间缝隙封堵之前需要潜水员下水用高压水枪进行清洗。

d. 调整水头。

在钢围堰两边提前准备好抽水机，确保围堰封底时侧板内外水头的平衡；打开围堰连通管，确保封底时围堰内部与河道水头的平衡。

e. 封底平台搭设。

为保证封底混凝土施工人员作业方便，需要搭设覆盖整个围堰的操作平台。

主梁采用 H340 mm×250 mm，间距 150 cm，两侧和钢围堰焊接，次梁采用

I12 型钢，间距 150 cm，以满足导管下放要求。铺设 200 cm×20 cm×5 cm 木跳板，将其作为人员操作通道。在钢围堰外侧安装防护栏杆。

f. 封底大料斗。

封底大料斗 1 件，总容量约为 15 m^3。首封时大料斗放置在邻近导管的钢护筒上固定，利用溜槽向 3 m^3 小料斗内灌注混凝土。

g. 封底施工设备。

封底混凝土施工设备主要为 2 台 90 t 履带吊、2 台 37 m 汽车泵、10 台 10 m^3 混凝土搅拌车。导管首封时，利用 90 t 履带吊转移大料斗，汽车泵臂长 37 m，分区布料。

h. 首封混凝土计算。

首封混凝土方量按式(3.3)计算：

$$V = \frac{h_1 \pi d^2}{4} + H_c \pi R^2 / 3 \tag{3.3}$$

式中：R 为导管作用半径，取 4.0 m；d 为导管直径，取 0.3 m；H_c 为首封混凝土灌注高度，按 1.0 m 考虑；h_1 为吊箱内混凝土高度达到 H_c 时导管内混凝土柱与管外水压平衡的高度(m)。

其中，h_1 按式(3.4)计算：

$$h_1 = H_w \times \frac{\gamma_w}{\gamma_c} = H_w / 2.4 \tag{3.4}$$

式中：γ_w 为钢吊箱内水的容重，为 10 kN/m^3；γ_c 为混凝土拌和物容重，为 24 kN/m^3；H_w 为钢吊箱水面至首封混凝土锥体中心高度，$H_w = H_0 - H_c/3$；H_0 为钢吊箱水面至混凝土底面的高度，取施工高水位 159 m，吊箱底标高 144.5 m，$H_0 = 14.5$ m，则 $H_w = 14.17$ m。

经过计算得首封混凝土方量：$V = 17.17$ m^3。

因此，选用容积 15 m^3 的封底大料斗配合 3 m^3 小料斗可满足首封要求。

②浇筑导管布置。

封底混凝土导管采用 $\phi 300$ 的刚性导管，导管在投入实验前应做好水密试验。

封底混凝土采用泵送混凝土法，10 根导管多点快速灌注，导管等间距布置，确保作用半径覆盖全部钢围堰底部。

导管在工作平台上预先分段拼装，吊放时再逐渐接长，下放时保持轴线顺直。导管底口下沉到底板厚提升到距离底板 15 cm 左右，再固定在工作平台上。

测点布设，由于围堰面积较大，在围堰内等间距均匀布置10个混凝土标高测量点。

③混凝土技术要求。

混凝土强度等级为水下C25；封底混凝土厚度为2.4 m(超灌20 cm)，混凝土方量为245 m^3；混凝土到现场坍落度为(20±2) cm。

④封底混凝土浇筑。

封底混凝土配备2台汽车泵泵送混凝土，先泵满大斗后，按先周边后中间的顺序逐个剪球灌注水下混凝土，然后再继续灌注。

a. 首封混凝土浇筑。

按首封导管顺序，用50 t汽车吊将大料斗吊至离导管最近的钢护筒上固定，根据实际需要安装溜槽对准小料斗并做好加固，距离近可不用溜槽，直接放料至小料斗。

混凝土首封采用"剪球法"施工，在导管内放置泡沫隔水塞，小料斗底部用盖板封堵住导管口，小料斗由履带吊主钩吊挂，盖板通过钢丝绳悬挂于履带吊副钩。利用汽车泵向大料斗注入混凝土储料，料满后打开大料斗的出料口，让混凝土流入小料斗，泵车继续灌满大料斗。当小料斗即将灌满时，履带吊提升副钩将封堵盖板拉出，小料斗内的混凝土通过导管灌注至吊箱底，同时大料斗连续不断放料，使小料斗内混凝土保持半斗以上。灌注过程中及时测量导管周围混凝土面标高，计算导管埋深。首封混凝土灌注后，导管埋深为0.6～0.9 m。

利用50 t汽车吊转移大料斗至下一个首封导管附近的钢护筒上固定，测量待封导管底口处的混凝土面标高，根据实测结果重新调整导管底口高度，距混凝土面30 cm，若导管底口已被埋入，也要将导管底口提至距混凝土面30 cm，才能进行首封。

从吊箱一侧向另一侧逐根导管进行首封。

b. 混凝土高度测量。

每根导管首封结束后及时测量导管埋深、混凝土流动范围和相应测点处的混凝土面标高，重点检测护筒周边、吊箱周边、导管作用半径相交处、封底混凝土配筋部位的标高，做好详细记录，以测点为控制点绘制混凝土高度断面图。

c. 混凝土正常灌注。

因封底混凝土厚2.4 m，为保证导管有一定埋深，混凝土灌注顺利时，原则上不便提升导管。即使遇到下料困难需要提管，每次提升高度都严格控制在20～

30 cm；灌注过程中，根据灌注量，每隔一定时间测一次标高，用以指导导管下料，使混凝土均匀上升；混凝土浇筑临近结束时，全面测出混凝土面标高，根据测量结果，对混凝土面标高偏低的测点附近的导管增加灌注量，直至所测结果满足要求。

d. 终浇。

封底混凝土顶面高程差控制在 0～10 cm，根据实测混凝土面标高确定该点是否终浇。对标高偏低的测点，增加附近导管浇筑量或在该处重新下放导管补料，力求封底混凝土顶面平整。终浇前上提导管适当减小埋深，尽量排空导管内的混凝土。当测点混凝土标高均满足要求后，终止混凝土浇筑，上拔导管，冲洗堆放。

灌注后期宜适当增加混凝土坍落度，使混凝土形成较平坦的顶面，封底混凝土在围堰抽水后凿除混凝土顶面松散层约 20 cm，以保证封底顶面的平整度。

⑤围堰内抽水。

在每个围堰设置 3 台抽水泵，其中 2 台布置在围堰对角位置，负责抽围堰内部的水，1 台布置在围堰侧板上，负责抽取围堰内部的水。

（5）钢吊箱拆除。

①钢吊箱拆除步骤。

a. 在承台和水下部分立柱施工完成后可开始拆除钢吊箱围堰。

b. 打开联通管，保证围堰内外水头平衡后可开始拆除围堰内支撑。

c. 分块割除水面以上部分。

d. 潜水工在水下割除水下部分。

e. 90 t 履带吊分块吊装运至堆场集中堆放。

②割除设备。

水下切割采用水下电-氧切割。该切割方法操作方便、灵活，设备简单、成本低，用来切割厚度不超过 40 mm 的钢板，操作技术容易掌握，是实际应用最广泛、应用水深最大的一种水下切割方法。但需要频繁地更换割条，影响切割效率。

此法是通过空压机送风至空心焊条，焊点处形成电弧使切割处融化，通过焊条中吹出的氧气使融化金属及熔渣脱离焊缝的一种切割方法。

③割除工艺。

钢围堰加工时，需要提前在围堰割除位置以下 50 cm 处焊接操作平台，平台焊接在围堰外壁上。

水下部分割除：潜水工下沉至围堰割除位置，依次对围堰壁板、竖向次梁、箱梁隔舱板进行割除。

围堰分块拆除后，通过 90 t 履带吊吊运至平板车上，经栈桥运输至后场堆存。

第 4 章　桥梁墩台施工

4.1　墩台施工概述

桥梁墩台是桥梁下部结构的重要组成部分，主要由墩（台）帽、墩（台）身和基础三部分组成。

桥梁墩台承担着桥梁上部结构所产生的荷载，并将荷载有效地传递给地基基础，起着“承上启下”的作用。

4.1.1　桥墩构造

1. 重力式桥墩

这类墩的主要特点是靠自身重量来平衡外部作用而保持稳定。因此，墩身比较厚实，可不用钢筋，而采用天然石材或片石混凝土砌筑。它适用于地基良好、承受作用值较大的大、中型桥梁，或流冰、漂浮物较多的河流中。在砂石料充足的地区，小桥也往往采用重力式墩台。其主要缺点是圬工体积大、材料用量多、自重大，因而要求地基承载力高，同时阻水面积也较大。

在公路梁桥和拱桥中，重力式桥墩用得比较普遍。它们除在墩帽构造上有所差别外，其他部分的构造外形大致相同。

(1) 梁桥重力式桥墩。

实体桥墩是由墩帽、墩身和基础构成的一个实体结构。

①墩帽。

墩帽是桥墩顶端的传力部分，通过支座承托着上部结构，并将相邻两孔桥上的恒载和活载传到墩身上，应力较集中。因此，墩帽的强度要求较高，一般采用C20 以上的混凝土或钢筋混凝土。墩帽平面尺寸的合理确定，将直接影响着墩身的平面尺寸和材料的选用。一方面，当顺桥向的墩帽宽度较小，而桥墩又较高时，墩身就显得很薄，因此需要采用钢筋混凝土结构。另一方面，如果墩身在横桥向的长度较小，或者做成柱子的形式，那么又会反过来影响墩帽(又称帽梁)的受力和尺寸及其配筋数量。因此，精心地拟定墩帽尺寸对整个桥墩设计具有重要意义。在一些桥面较高的桥梁中，为了节省墩身及基础的圬工体积，常常利用挑出的悬臂或托盘来缩短墩身的横向长度。悬臂或托盘式墩帽一般采用C20或C25钢筋混凝土。

《公路桥涵设计通用规范》(JTG D60—2015)规定，墩帽的厚度，对于大跨径的桥梁不得小于40 cm；对于中、小跨径的桥梁不得小于30 cm。墩帽顶面常做成10%的排水坡，墩帽的四周较墩身出檐5～10 cm，并在其上做成沟槽形滴水。

墩帽的平面形状应与墩身形状相配合。墩帽的平面尺寸首先应满足桥梁支座布置的需要，可按式(4.1)确定。

顺桥方向的墩帽最小宽度：

$$b \geqslant f+\frac{a}{2}+\frac{a'}{2}+2c_1+2c_2 \tag{4.1}$$

其中

$$f=e_0+e_1+e'_1 \geqslant \frac{a}{2}+\frac{a'}{2} \tag{4.2}$$

$$e_0=lt\alpha \tag{4.3}$$

式中：f为相邻两跨支座的中心距；e_0为伸缩缝，中、小桥为2～5 cm，大跨径桥梁可按温度变化及施工放样、安装构件可能出现的误差等决定；l为桥梁的计算长度；t为温度变化幅度值，可采用当地最高和最低月平均气温及桥跨浇筑完成时的温度计算决定；α为材料线膨胀系数，钢筋混凝土构造物为0.000010；e_1、e'_1为各桥跨结构伸过支座中心线的长度；a、a'为各桥跨结构支座垫板顺桥向宽度；c_1为顺桥向支座垫板至墩身边缘最小距离；c_2为檐口宽度，一般为5～10 cm。

对墩身最小顶宽的要求可根据《公路桥涵设计通用规范》(JTG D60—2015)有关规定确定，一般情况墩帽纵桥向宽度，对于小跨径桥梁不得小于100 cm，中等跨径桥梁宜不小于120 cm。横桥向的墩帽最小宽度B见式(4.3)：

$$B=\text{两侧主梁间距}+\text{支座横向宽度}+2c_1+2c_2 \tag{4.3}$$

《公路桥涵设计通用规范》(JTG D60—2015)中对支座边缘至墩(台)身边缘的最小距离的规定，目的是避免支座过分靠近墩身侧面边缘而导致的应力集中，同时提高混凝土的局部抗压强度，并考虑施工误差和预留锚栓孔的要求。墩帽宽度除满足上式的要求外，还应符合墩身顶宽的要求，安装上部结构的需要，以及抗震的设防措施所需要的宽度。

大、中跨径的桥梁在墩帽内应设置构造钢筋；小跨径桥梁除在严寒地区外，可以不设构造钢筋。构造钢筋直径一般为 8～16 mm，采用间距为 15～25 cm 的网格布置。另外在支座支承垫板的局部范围内设 1～2 层钢筋网，其平面分布尺寸约为支承垫板面积的 2 倍，钢筋直径为 8～12 mm，网格间距为 5～10 cm，这样支座传来的较大集中力能较均匀地分布到墩身上。

在同一座桥墩上，当支承相邻两孔桥跨结构的支座高度不同时，就应在墩顶上设置用钢筋混凝土制成的支承垫石来调整(一般垫石为 C25 以上混凝土，但也有垫石用石料制成)。在钢筋混凝土梁式大、中桥墩台顶帽上可设钢筋混凝土支承垫石，并在垫石上安放支座，以利于压力分布。支承垫石的平面尺寸、配筋数量，可根据桥跨结构压力大小、支座底板尺寸大小、混凝土设计强度和标准强度等确定。一般垫石较支座底板每边大 15～20 cm，垫石厚度为其长度的 1/3～1/2。

②墩身。

墩身是桥墩的主体，常用不小于 C15 的片石混凝土浇筑，或用浆砌块石、料石，也可用混凝土预制块砌筑。重力式桥墩墩身的顶宽：对于小跨径桥宜不小于 80 cm；对中跨径桥宜不小于 100 cm；对大跨径桥视上部构造类型而定。侧坡坡度一般为 20∶1～30∶1，小跨径桥的桥墩也可采用直坡。

为了便于水流和漂浮物通过，墩身平面形状可以做成圆端形或尖端形；无水的岸墩或高架桥墩可做成矩形；在水流与桥梁斜交或流向不稳定时，就宜做成圆形；在有强烈流冰或大量漂浮物的河道(冰厚大于 0.5 m，流冰速度大于 1 m/s)上，桥墩的迎水端应做成破冰棱形。破冰棱形墩身可由强度较高的石料砌成，也可以用高强度等级的混凝土辅以钢筋加固。

当河流属于中等流冰情况(冰厚 30～40 cm，流速不大于 1.2 m/s)或河道上经常有大量漂浮物时，混凝土重力式桥墩的迎水面可以用直径为 10～12 mm 的钢筋加强。钢筋的垂直间距为 10～20 cm，水平距离约为 20 cm。

在一些高大的桥墩中，为了减少圬工体积，节约材料，或为了减轻自重，降低基底的承载压应力，也可将墩身内部做成空腔体，即空心桥墩。这种桥墩在外形上与实体重力式桥墩无大的差别，只是其自重较实体重力式桥墩轻，介于重力式桥墩与轻型桥墩之间。

空心桥墩在构造尺寸上应符合下列规定。

a. 墩身最小壁厚，对于钢筋混凝土宜不小于 30 cm，对于混凝土宜不小于 50 cm。

b. 墩身内应设横隔板或纵、横隔板，以加强墩壁的局部稳定。

c. 墩身周围应设置适当的通风孔或泄水孔，孔的直径不小于 20 cm；墩顶实体段以下应设带门的进入洞或相应的检查设备。

空心桥墩抵抗碰撞的能力较差。因此，在通航，有流筏、流冰，以及流速大并带有磨损物质的河流上，空心桥墩不宜采用。

③基础。

基础是介于墩身与地基之间的传力结构。天然地基上的刚性扩大基础一般用 C15 以上的片石混凝土或浆砌块石筑成。基础的平面尺寸较墩身底截面尺寸略大，对每边放大 0.25～0.75 m。基础可以做成单层的，也可以做 2～3 层台阶式的。台阶或襟边的宽度与高度应有一定的比例，通常其宽度控制在刚性角以内。

为了保持美观和结构不受碰损，基础顶面一般应设置在最低水位以下不小于 0.5 m；在季节性流水河流或旱地上，则不宜高出地面。另外，为了保证持力层的稳定性和不受扰动，除岩石地基外，基础的埋置深度应在天然地面或河底以下不小于 1 m；如有冲刷，基底埋深应在设计洪水位冲刷线以下不小于 1 m；对于上部结构为超静定结构的桥涵基础，除非冻胀土外，均应将基底埋于冻结线以下不小于 0.25 m。

(2) 拱桥重力式桥墩。

拱桥是一种推力结构，拱圈传递给桥墩上的力，除垂直力以外，还有较大的水平推力。这是拱桥与梁桥最大的不同之处。

从抵御恒载水平力的能力来看，拱桥桥墩又可以分为普通墩和单向推力墩两种。普通墩除承受相邻两跨结构传来的垂直反力外，一般不承受恒载水平推力，或者当相邻孔不相同时，只承受经过相互抵消后残余的不平衡推力。单向推力墩又称制动墩，主要作用是在其一侧的桥孔因某种原因遭到毁坏时，能承受单向的恒载水平推力，以保证其另一侧的拱桥不致倾塌。另外施工时为了拱架的多次周转；或者当缆索吊装设备的工作跨径受到限制时，为了能将桥台与某墩之间或者将某两个桥墩之间作为一个施工段进行分段施工，也要设置能承受部分恒载单向推力的制动墩。因此，为了满足结构强度和稳定的要求，普通墩的墩身可以做得薄一些，单向推力墩的墩身则要做得厚一些。

此外，与梁桥重力式桥墩相比，拱桥桥墩在构造上还有以下特点。

①拱桥桥墩与梁桥桥墩的一个不同点是：梁桥桥墩的顶面要设置传力的支座，且支座与顶面边缘保持一定的距离；而无支架吊装的拱桥桥墩则在其顶面的边缘设置呈倾斜面的拱座，直接承受由拱圈传来的压力。故无铰拱的拱座总是

设置成与拱轴线正交的斜面。由于拱座承受着较大的拱圈压力，一般采用 C20 以上的整体式混凝土、混凝土预制块或 MU40 以上的块石砌筑。肋拱桥的拱座由于压力比较集中，应用高强度等级混凝土及数层钢筋网加固；装配式肋拱以及双曲拱桥的拱座，也可预留供插入拱肋的孔槽。就位以后再浇混凝土封固。为了加强肋底与拱座的连接，底部可设 U 形槽浇筑混凝土，混凝土强度等级应不低于 C25。有时孔底或孔壁还应增设一些加固钢筋网。

②当桥墩两侧孔径相等时，则拱座均设置在桥墩顶部的起拱线标高上，有时考虑桥面的纵坡，两侧的起拱线标高可以略有不同。当桥墩两侧的孔径不等、恒载水平推力不平衡时，将拱座设置在不同的起拱线标高上。此时，桥墩墩身可在推力小的一侧变坡或增大边坡。从外形美观上考虑，变坡点一般设在常水位以下。墩身两侧边坡坡度和梁桥的一样，一般为 20∶1～30∶1。

(3) 墩顶以上构造。

上承式拱桥的桥面与墩顶顶面相距一段高度，故墩顶以上结构常采用几种不同形式。对于实腹式石拱桥，其墩顶以上部分通常做成与侧墙平齐的形式。对于空腹式石拱桥或双曲拱桥的普通墩，常采用立墙式、立柱加盖梁式或者跨越式。对于单向推力墩常采用立墙式和框架式。

为了缩减墩身长度，拱桥墩顶部分也可做成托盘。托盘可采用 C20 混凝土圬工，或仅布置构造钢筋。墩身材料可采用块石、片石或混凝土预制块砌筑，也可采用片石混凝土浇筑。

2. 轻型桥墩

(1) 梁桥轻型桥墩。

当地基土质条件较差时，为了减轻地基的负担，或者减轻墩身重量、节约圬工材料，常采用各种轻型桥墩。轻型桥墩的墩帽尺寸及构造也由上部结构及其支座的尺寸等要求来确定，与重力式桥墩无多大差异。在梁桥中，通常采用以下几种类型。

①钢筋混凝土薄壁桥墩。

钢筋混凝土薄壁桥墩的高度一般不大于 7 m，墩身厚度约为高度的 1/15，即 30～50 cm。一般配用托盘式墩帽，其两端为半圆头。墩身材料采用 C15 以上的混凝土。根据外力作用情况，沿墩身高度配置适量钢筋，通常其钢筋含量约为 60 kg/m^3。

薄壁桥墩的特点：圬工体积小，结构轻巧，比重力式桥墩节约圬工量 70%左右，且施工简便，外形美观，过水性良好，故适用于地基土软弱的地区。薄壁桥墩的缺点：当采用现浇混凝土时，需要耗费用于立模的支架材料和一定数量的钢筋。

②柱式桥墩。

柱式桥墩的结构特点是其墩身由分离的两根或多根立柱（或桩柱）组成，外形美观，圬工体积小，而且重量较轻。柱式桥墩的形式，主要有单柱式、双柱式、哑铃式及混合双柱式4种。

单柱式桥墩适用于水流与桥轴线斜交角大于15°的桥梁，或河流急弯、流向不固定的桥梁。在具有抗扭刚度的上部结构中，这种单根立柱还能一起参与承受上部结构的扭力。在水流与桥轴线斜交角小于15°，仅有较小的漂流物或轻微的流冰河流中，可采用双柱式桥墩，配以钻孔灌注桩基础。柱式桥墩具有施工便利、速度快、圬工体积小、工程造价低和比较美观等优点，是桥梁建筑中较多采用的形式之一。在有较多的漂流物或较严重的流冰河流上，当漂流物在两柱中间可能使桥梁发生危险或有特殊要求时，在双柱间加做40～60 cm厚的横隔墙，即成为哑铃式桥墩。在有较严重的漂流物或流冰的河流上，当墩身较高时，可把高水位以上的墩身做成双柱式桥墩，高水位以下的墩身做成混合双柱式桥墩。这样既减少了水上部分的圬工体积，又提升了抵抗漂流物的能力。

③柔性排架桩墩。

柔性排架桩墩是由单排或双排的钢筋混凝土桩与钢筋混凝土盖梁连接而成的，其主要特点：可以通过一些构造措施，将上部结构传来的水平力（制动力、温度影响作用等）传递到全桥的各个柔性墩台或相邻的刚性墩台上，以减少单个柔性墩所受到的水平力，从而减小桩墩截面。

柔性排架桩墩多用在墩高度为5～7 m，跨径一般不超过13 m的中、小型桥梁上。因排架桩墩的尺寸较小，对于山区河流、流冰或漂流物严重的河流，墩柱易被损坏，故不宜采用。对于石质或砾石河床，沉入桩也不宜采用。

柔性排架桩墩分为单排架墩和双排架墩。单排架墩一般适用于高度不超过5 m的桩墩。当采用钻孔灌注桩时，可采用单排架墩。当桩墩高度大于5 m时，为避免行车时可能发生的纵向晃动，宜设双排架墩。当受桩上荷载或支座布置等条件限制不能采用单排架墩时，也可采用双排架墩。

柔性排架桩墩适用的桥长，应根据温度变化幅度决定，一般为50～80 m。温差大的地区桥长应短些，温差小的地区桥长可以适当长些。在桥长超过80 m，或受温度影响很大的情况下,需要设置滑动支座或刚度较大的温度墩。

柔性排架柱墩通常采用预制普通钢筋混凝土方桩。一般当桩长在 10 m 以内时,横截面尺寸为 30 cm×30 cm;桩长大于 10 m 时,横截面尺寸为 35 cm×35 cm;桩长大于 15 m 时,横截面尺寸为 40 cm×40 cm。桩与桩之间的中心距应不小于桩径的 3 倍或为 1.5～2.0 m。盖梁一般为矩形截面,单排桩盖梁的宽度为 60～80 cm。对各种跨径和单、双排架桩,盖梁高度均采用 40～50 cm。如果采用钻孔灌注桩排架墩,其桩的直径宜不大于 90 cm,桩间距离不少于 2.5 倍的成孔直径,其盖梁的宽度一般比桩径大 10～20 cm,高度应根据受力情况拟定。

(2) 拱桥轻型桥墩。

拱桥中采用的轻型桥墩,一般是为了配合钻孔灌注桩基础的桩柱式桥墩。从外形上看,它与梁桥上的桩柱式桥墩非常相似。其主要差别:在梁桥墩帽上设置支座,而在拱桥墩顶部分则设置拱座。当拱桥跨径在 10 m 左右时常采用两根直径为 1 m 的钻孔灌注桩;跨径在 20 m 左右时可采用两根直径为 1.2 m 或三根直径为 1 m 的钻孔灌注桩;跨径在 30 m 左右时可采用三根直径为 1.2～1.3 m 的钻孔灌注桩。当桩墩较高时,应在桩间设置横系梁以增强桩柱刚性。桩柱式桥墩一般采用单排桩,跨径在 40 m 以上的高墩,可采用双排桩。可在桩顶部设置承台,与墩柱连成整体。如果桩与柱直接连接,则应在连接处设置横系梁。若柱高大于 6 m,还应在柱的中部设置横系梁。

在采用轻型桥墩的多孔拱桥中,每隔 3～5 孔应设单向推力墩。当桥墩较矮或单向推力不大时,可以考虑一些轻型的单向推力墩。其特点是阻水面积小,可节约圬工体积。轻型的单向推力墩包括如下。

①带三角杆件的单向推力墩。

这种桥墩的特点是在普通墩的墩柱上,两侧对称地增设钢筋混凝土斜撑和水平拉杆,以提高抵抗水平推力的能力。为了提高构件的抗裂性,可以采用预应力混凝土结构。这种桥墩只在桥不太高的旱地上采用。

②悬臂式单向推力墩。

悬臂式单向推力墩的工作原理:当该墩的一侧桥孔遭到破坏以后,可以通过另一侧拱座上的竖向分力与悬臂所构成的稳定力矩来平衡拱的水平推力导致的倾覆力矩。这种形式适用于两铰双曲拱桥。但由于墩身较薄,在受力后悬臂端会有一定位移,对于无铰拱来说会产生附加内力。

4.1.2 桥台构造

1. 重力式桥台

梁桥和拱桥上常用的重力式桥台为U形桥台，由台帽、台身和基础三部分组成。台身是由前墙和两个侧墙构成的U形结构，故而得名。梁桥和拱桥的U形桥台除在台帽部分有所差别外，其余部分基本相同；从尺寸上看，拱桥桥台一般较梁桥大。U形桥台墙身多数为石砌圬工，适用于填土高度为4～10 m的单孔及多孔桥。它的结构简单，基础底承压面大，应力较小。但圬工体积较大，两侧墙间的填土容易积水，除增大土压力外还易受冻胀而使侧墙产生裂缝。所以桥台中间多用集料或渗水性较好的土填筑，并要求设置较完善的排水设备，如隔水层及台后排水盲沟，避免填土中积水。

U形桥台的各部分构造如下。

(1) 台帽。

梁桥台帽的构造和尺寸要求与相应的桥墩墩帽有许多共同之处，不同的是台帽顶面只设单排支座，在另一侧则要砌筑挡住路堤填土的矮锥墙，或称背墙。背墙的顶宽，对于片石砌体不得小于50 cm，对于块石、料石砌体及混凝土砌体宜不小于40 cm。背墙一般做成垂直墙体，并与两侧侧墙连接。如果台身放坡，则靠路堤一侧的坡度应与台身一致。在台帽放置支座部分的构造尺寸、钢筋配置及混凝土强度等级可按相应的墩帽构造进行设计。

拱桥桥台只在向河心一侧设置拱座。其构造、尺寸可参照相应桥墩的拱座拟定。对于空腹式拱桥，在前墙顶面上还要砌筑背墙，用来挡住路堤填土并支承腹拱。

(2) 台身。

台身由前墙和侧墙构成。前墙任一水平截面的宽度，宜不小于该截面至墙顶高度的40%，背坡坡度一般采用5∶1～8∶1，前坡坡度为10∶1或直立。侧墙与前墙结合成一体，兼有挡土墙和支撑墙的作用。侧墙顶宽一般为60～100 cm。任一水平截面的宽度，对于片石砌体不小于该截面至墙顶高度的40%，对于块石、料石砌体或混凝土则不小于35%。如桥台内填料为透水性良好的砂性土或砂砾，则上述两项可分别相应减为35%和30%。侧墙正面一般是直立的，其长度视桥台高度和锥坡坡度而定。前墙的下缘一般与锥坡下缘相齐。因此，桥台越高，则锥坡越平坦，侧墙越长。侧墙尾端，应有不小于0.75 m的长度伸入路堤内，以保证与路堤有良好的衔接。台身宽度通常与路基同宽。

两个侧墙之间应填以渗透性较好的土壤。为了排除桥台前墙后面的积水，应于侧墙间在略高于高水位的平面上铺一层向路堤方向设有斜坡的夯实黏土作为不透水层，并在黏土层上铺一层碎石，将积水引向设于台后横穿路堤的盲沟内。

桥台两侧的锥坡坡度，一般由纵向为 1∶1 逐渐变至横向为 1∶1.5，以便和路堤的边坡一致。锥坡的平曲形状为 1/4 椭圆。锥坡用土夯实而成，其表面用片石砌筑。

2. 轻型桥台

与重力式桥台不同，轻型桥台力求体积轻、自重小。它借助结构物的整体刚度和材料强度承受外力，从而节省材料，降低对地基强度的要求并扩大应用范围。

轻型桥台适用于小跨径桥梁，桥跨孔数与轻型桥墩配合使用时宜不超过 3 个，单孔跨径不大于 13 m，多孔全长宜不大于 20 m。

常用的形式有八字形和一字形两种。为了节省圬工材料，也可做带耳墙的轻型桥台：八字形的八字墙与台身间是设断缝分开的；一字形桥台的翼墙是与台身连成一个整体的；带耳墙的桥台由台身、耳墙和边柱 3 部分组成。

轻型桥台的主要特点：①将上部构造及下部的支撑梁作为桥台的支撑，以防止桥台向跨中移动；②整个构造物成为四铰刚构系统；③除台身按上下铰接支承的简支竖梁承受水平土压力外，桥台还应作为弹性地基上的梁并加以验算。

为了保持轻型桥台的稳定，除构造物牢固地埋入土中外，还必须保证铰接处有可靠的支撑，故锚固上部块件的栓钉孔、上部构造与台背间及上部构造各块件之间的连接缝均需用与上部构造同强度等级的混凝土(或 M12.5 砂浆)填实。

台帽上的栓钉孔应按上部构造各块件的相应位置预留，栓钉的直径不小于上部构造主筋的直径，锚固长度为台帽的厚度加上台帽上的三角垫层厚和板厚。

台帽用钢筋混凝土浇筑，混凝土强度等级宜不低于 C20。台帽的厚度应不小于 25 cm，台帽应有 5～10 cm 的挑檐。当填土高度较高或跨径较大时，宜采用有台背的台帽，有较好的支撑作用。当上部构造不设三角形铺装垫层时，为了使桥面有排水横坡，可在台帽上做有斜坡的三角垫层。

由于跨径与高度均较小，台身的厚度不大，台身一般多做成上下等厚的。为了增加承受水平土压力的抗弯刚度，台身可做成 T 形截面。

台身可用混凝土或浆砌块石砌筑，混凝土强度等级为C15以上，砂浆强度等级不低于M5，块石的强度等级不低于MU25；也可用强度不低于MU7.5的砖以不低于M5的砂浆砌筑。对于台身厚度（包括一字翼墙），块石砌体宜不小于50 cm，混凝土宜不小于40 cm。对于八字翼墙的顶面宽度，混凝土宜不小于30 cm，块石砌体宜不小于50 cm，且八字翼墙的端部顶面应高出地面20 cm。

轻型桥台沿基础长度方向，应按支承于弹性地基上的梁进行验算。为使基础有较好的整体性，一般采用混凝土基础。当基础长度大于12 m时，应按构造要求配置钢筋。

基础的埋置深度，一般在原地面（无冲刷河流）或局部冲刷线以下不小于1 m。当河底有冲刷可能时，应用石料进行铺砌。为保持桥台的稳定，一般均需设下部支撑梁。支撑梁可用20 cm×30 cm的钢筋混凝土筑成。为节省钢筋，也可用尺寸不小于40 cm×40 cm的素混凝土或块石砌筑。支撑梁按基础长度之中线对称布置，其间距为2～4 m；如果基础嵌入风化岩层15～25 cm，可不设支撑梁。

3. 埋置式桥台

埋置式桥台将台身埋在锥形护坡中，只露出台帽以安置支座及上部构造。这样，桥台所受的土压力大为减小，桥台的体积也相应减少。但是台前护坡是用片石作表面防护的一种永久性设施，存在着被洪水冲毁而使台身裸露的可能，故设计时必须慎重地进行强度和稳定性的验算。

埋置式桥台不需要侧墙，仅附有短小的钢筋混凝土耳墙。台帽部分的内角到护坡表面的距离应不小于50 cm，否则应在台帽两侧设置挡板，用以挡住护坡的填土，并防止土、雪等涌入支承平台。耳墙与路堤衔接，伸入路堤的长度一般不小于50 cm。

埋置式桥台实质上属于一种实体重力式桥台。它的工作原理是靠台身后倾，使重心落在基底截面的形心之后，以平衡台后填土的倾覆力矩，减少恒载产生的偏心距，但注意后倾斜度应适当。下部台身和基础为MU5浆砌块石，上部台身、台帽及耳墙为C15混凝土，其中台帽和耳墙都配有钢筋。这种桥台稳定性好，可用于高10 m以上的高桥台。

埋置式桥台的缺点是由于护坡伸入桥孔而压缩河道。如果不压缩河道，就要适当增加桥长。

4. 框架式桥台

框架式桥台是一种配合桩基础的轻型桥台，适用于地基承载力较低，台身高大于 4 m，跨径大于 10 m 的桥梁。其构造形式常用的有双柱式、四柱式、墙式及半重力式等。

双柱式(或四柱式)桥台一般在填土高度小于 5 m 时采用。为了减少桥台水平位移，也可先填土后钻孔。填土高度大于 5 m 时采用墙式或构架式，墙厚一般为 0.4～0.8 m，设少量钢筋。台帽可做成悬臂式或简支式，需要配置受力钢筋。半重力式构造与墙式相同，墙较厚，不设钢筋。

墙式及半重力式桥台常将钻孔灌注桩作为基础，桩径一般为 0.6～1.0 m，桩数根据受力情况结合地基承载力决定。

5. 组合式桥台

桥台本身主要承受桥跨结构传来的竖向力和水平力，而台后的土压力由其他结构来承受，这种形式的桥台称为组合式桥台。

(1) 锚定(拉)板式桥台。

锚定(拉)板式桥台有分离式和结合式两种。

分离式锚定(拉)板式桥台的台身与锚定(拉)板、挡土结构分开，台身主要承受上部结构传来的竖向力和水平力，由锚定(拉)板承受台后土压力。桥台与挡土板之间预留空隙(上端做伸缩缝，下端与基础分离)，使桥台与挡土板互不影响，各自受力明确，但结构复杂，施工不方便。

结合式锚定(拉)板桥台的挡土板与桥台结合在一起，台身兼做立柱和挡土板。作用在台身的所有水平力假定均由锚定板的抗拔力来平衡，台身仅承受竖向荷载。其结构简单，施工方便，工程量较省，但受力不明确。若桥台顶位移量计算不准，可能会影响施工和运营。

锚定(拉)板结构由锚定(拉)板、立柱、拉杆和挡土板组成。锚定板可用混凝土或钢筋混凝土制作。根据试验结果，采用矩形为宜。为便于机械化填土作业，锚定板的层数一般宜不多于两层。立柱和挡土板通常采用钢筋混凝土。锚定板的位置以及拉杆等结构均要通过计算确定。

(2) 过梁式和框架式组合桥台。

桥台与挡土墙用梁组合在一起的桥台称过梁式组合桥台。当梁与桥台、挡土墙刚接时，则形成框架式组合桥台。

框架的长度及过梁的跨径，由地形及土方工程比较确定。组合式桥台越长，梁的材料用量越多，而桥台及挡土墙的材料数量相应有所减少。

(3) 桥台-挡土墙组合桥台。

这种组合式桥台由轻型桥台支承上部结构，台后设挡土墙承受土压力，台身与挡土墙分离，上端做伸缩缝，使其受力明确。当地基条件较好时，也可将桥台与挡土墙放在同一个基础上。这种组合式桥台可以不压缩河床，但构造较复杂，需要通过比较确定是否经济。

(4) 后座式组合桥台。

后座式组合桥台由台身和后座两部分组成。台身主要承受竖向力和部分水平力，后座主要承受水平推力。后座多采用重力式 U 形桥台。台身与后座之间设构造缝，构造缝必须严格按要求施工，既不能约束后座桥台的垂直位移，又不能使前面部分受力后产生较大的塑性变形。水平推力由台后土压力和摩阻力来平衡(或者部分平衡)，若推力很大不足以平衡，则按桥台与土壤共同变形来承受水平力。这种结构形式的桥台适用于覆盖层较厚的地质情况，或中间推力较大的拱桥。它能大大减少主体台身的基础工程量，稳定可靠，不会产生很大的水平、竖直位移。

4.2 墩台施工技术

4.2.1 钢筋混凝土墩台施工

就地浇筑的钢筋混凝土墩台施工有两个主要工序：一个是墩台模板制作与安装；另一个是混凝土浇筑。

1. 墩台模板制作与安装

(1) 常见模板类型。

①拼装式模板。

拼装式模板是将各种尺寸的标准模板利用销钉连接，并与拉杆、加劲构件等组成墩台所需形状的模板。将墩台表面划分为若干小块，尽量使每部分板扇尺寸相同，以便于周转使用。板扇高度通常与墩台分节灌注高度相同，一般可为 3～6 m，宽度可为 1～2 m，具体视墩台尺寸和起吊条件而定。拼装式模板在厂内加工制造，板面平整、尺寸准确、体积小、质量轻，拆装容易、快速，运输方便，故应用广泛。

②整体吊装模板。

整体吊装模板是将墩台模板水平分成若干段，每段模板组成一个整体，在地面拼装后吊装就位的模板。分段高度可视起吊能力而定，一般可为 2～4 m。整体吊装模板的优点：安装时间短，无须设置施工接缝，加快了施工进度，提高了施工质量；将拼装模板的高空作业改为平地操作，有利于施工安全；模板刚性较强，可少设或不设拉筋，节约钢材；可将模外框架作为简易脚手架，无须搭施工脚手架；结构简单，装拆方便，对建造较高的桥墩较为经济。

③组合型钢模板。

组合型钢模板是以各种长度、宽度及转角标准构件，用定型的连接件将钢模拼成结构用的模板，具有体积小、质量轻、运输方便、装拆简单、接缝紧密等优点，适用于在地面拼装、整体吊装的结构上。

④滑动钢模板。

滑动钢模板适用于各种类型的桥墩。各种模板在工程上的应用，可根据墩台高度、墩台形式、机具设备、施工期限等条件，因地制宜，合理选用。

验算模板的刚度时，其变形值不得超过下列数值：结构表面外露的模板，挠度为模板构件跨度的 1/400；结构表面隐蔽的模板，挠度为模板构件跨度的 1/250；钢模板的面板变形为 1.5 mm，钢模板的钢棱、柱箍变形为 3.0 mm。

模板安装前应对模板尺寸进行检查；安装时要坚实牢固，以免振捣混凝土时引起跑模漏浆；安装位置要符合结构设计要求。模板制作的允许偏差见表 4.1，模板安装的允许偏差见表 4.2。

表 4.1　模板制作的允许偏差

<table>
<tr><th colspan="3">项　目</th><th>允许偏差/mm</th></tr>
<tr><td rowspan="7">木模板</td><td colspan="2">(1) 模板的长度和宽度</td><td>±5.0</td></tr>
<tr><td colspan="2">(2) 不刨光模板相邻两板表面高低差</td><td>3.0</td></tr>
<tr><td colspan="2">(3) 刨光模板相邻两板表面高低差</td><td>1.0</td></tr>
<tr><td rowspan="2">(4) 平板模板表面最大的局部不平(用 2 m 直尺检查)</td><td>刨光模板</td><td>3.0</td></tr>
<tr><td>不刨光模板</td><td>5.0</td></tr>
<tr><td colspan="2">(5) 拼合板中木板间的缝隙宽度</td><td>2.0</td></tr>
<tr><td colspan="2">(6) 楔槽嵌接紧密度</td><td>2.0</td></tr>
</table>

续表

<table>
<tr><th colspan="3">项　　目</th><th>允许偏差/mm</th></tr>
<tr><td rowspan="8">钢模板</td><td rowspan="2">(1) 外形尺寸</td><td>长和宽</td><td>0,−1</td></tr>
<tr><td>肋高</td><td>±0.5</td></tr>
<tr><td colspan="2">(2) 面板端偏斜</td><td>±0.5</td></tr>
<tr><td rowspan="3">(3) 连接配件(螺栓、卡子等)的孔眼位置</td><td>孔中心与板面的间距</td><td>±0.3</td></tr>
<tr><td>板端孔中心与板端的间距</td><td>0,−0.5</td></tr>
<tr><td>沿板长、宽方向的孔</td><td>±0.6</td></tr>
<tr><td colspan="2">(4) 板眼局部不平(用 300 mm 长平尺检查)</td><td>1.0</td></tr>
<tr><td colspan="2">(5) 面和板侧挠度</td><td>±1.0</td></tr>
</table>

表 4.2　模板安装的允许偏差

<table>
<tr><th colspan="2">项　　目</th><th>允许偏差/mm</th></tr>
<tr><td rowspan="2">模板高程</td><td>(1) 基础</td><td>±15</td></tr>
<tr><td>(2) 墩台</td><td>±10</td></tr>
<tr><td rowspan="2">模板内部尺寸</td><td>(1) 基础</td><td>±30</td></tr>
<tr><td>(2) 墩台</td><td>±20</td></tr>
<tr><td rowspan="2">轴线偏位</td><td>(1) 基础</td><td>±15</td></tr>
<tr><td>(2) 墩台</td><td>±10</td></tr>
<tr><td colspan="2">装配式构件支承面的高程</td><td>±2,−5</td></tr>
<tr><td colspan="2">模板相邻两板表面高低差</td><td>2</td></tr>
<tr><td colspan="2">模板表面平整(用 2 m 直尺检查)</td><td>5</td></tr>
<tr><td colspan="2">预埋件中心线位置</td><td>3</td></tr>
<tr><td colspan="2">预留孔洞中心线位置</td><td>10</td></tr>
<tr><td colspan="2">预留孔洞截面内部尺寸</td><td>+10,0</td></tr>
</table>

2. 混凝土浇筑

墩(台)身混凝土施工前,应将基础顶面冲洗干净,凿除表面浮浆,整修连接钢筋。灌注混凝土时,应经常检查模板、钢筋及预埋件的位置和保护层的尺寸,确保位置正确,不发生变形。混凝土施工中,应切实保证混凝土的配合比、水灰比和坍落度等技术性能指标满足规范要求。

(1) 混凝土的运输。

混凝土的运输要适应所浇筑混凝土的初凝速度或浇筑速度的需要，使浇筑工作不间断，并使混凝土运到浇筑地点时仍保持均匀性和规定的坍落度。混凝土的运输分为水平运输和垂直运输。

①水平运输。

有搅拌运输多采用混凝土搅拌运输车，无搅拌运输多采用混凝土输送泵、皮带运输机、轻轨斗车、机动翻斗车、自卸汽车等。

a. 混凝土搅拌运输车。

混凝土搅拌运输车适用于较长距离的混凝土运输。由于混凝土存放在不停旋转搅拌的容器内，可以将混凝土容许运输时间比无搅拌时延长 50%～100%，并且可以较好地保持混凝土的均匀性和坍落度，保证混凝土的质量。以下几种情况中优先选择混凝土搅拌运输车：城市中使用商品混凝土；工地上设立集中拌和厂；混凝土结构物体量较大，相距较远；混凝土工程量较多时，可通过增加混凝土搅拌运输车数量加快浇筑速度。

b. 混凝土输送泵。

混凝土输送泵既可水平运输，也可垂直运输，泵送混凝土机械化程度较高，质量可靠，现场污染小，应用十分广泛。隧道衬砌、地下连续墙、现浇梁、大体积混凝土等较多采用此种方式。应注意以下问题：混凝土的供应必须保证混凝土输送泵的连续工作，受料斗内应具有足够的混凝土以防止吸入空气；铺设输送管线要做到直、缓接头紧密；输送前先用适量的、与混凝土成分相同的水泥浆润滑输送管内壁，当混凝土出现离析现象时，应立即用压力水或其他方法冲洗管内残留的混凝土，泵送间歇时间尽量缩短，控制在 15 min 以内。

c. 皮带运输机。

皮带运输机可综合进行水平、垂直运输，常配以旋转的振动溜槽。运输连续、速度快。皮带运输机多用于灌注大体积混凝土，或一般运输工具难以到达的水中混凝土结构物，如沉井、沉箱、水中桩、柱等。使用带式运输机运输混凝土时须注意以下问题：传送带向上传送时倾斜度不大于 18°，向下传送时最大倾斜度不超过 12°；混凝土卸于传送带上和由传送带卸下时，须通过漏斗等设施，保持垂直下料；进行配合比设计时，要增加 2%～3%的砂浆损失。

d. 轻轨斗车。

轻轨斗车适用于较短距离、较平整场地内的混凝土运输。铺设轨道方便的场地(如预制场)较多运用此种方式。

e. 机动翻斗车。

机动翻斗车适用于较短距离、混凝土方量较少情况下的混凝土运输。

f. 自卸汽车。

自卸汽车适用于交通比较方便的较长距离混凝土的运输。用以运输及存放混凝土的容器应不渗漏、不吸水。为了避免日晒雨淋和寒冷气候对混凝土的影响，当需要时，将运输混凝土的容器加上遮盖物。

②垂直运输。

垂直运输主要有塔式起重机、井架运输机、汽车吊、龙门吊等。

a. 塔式起重机作为混凝土的垂直运输机具，一般均配有料斗，运输优点是混凝土不受振动。料斗的容量及形式可根据机械的起重量结构特点及施工方法等选用。料斗容积一般为 0.3 m^3，上部开口，下部装扇形手动闸门，可直接把混凝土卸入模板内。

b. 井架运输机由卷扬机、升降平台组成，构造简单，使用经济，多用于中小工程。

c. 汽车吊起吊灌注漏斗，一般常用于如桥梁墩、台、柱等较小体积的混凝土施工。

d. 龙门吊运输混凝土主要用于较固定的预制场内，预制混凝土构件的浇筑。

(2) 混凝土的浇筑。

为保证浇筑质量，混凝土的配制、输送及浇筑的速度应符合式(4.4)的规定。

$$v \geqslant Sh/t \tag{4.4}$$

式中：v 为混凝土配料、输送及浇筑的允许最小速度(m^3/h)；S 为浇筑的面积(m^2)；h 为浇筑层的厚度(m)；t 为所用水泥的初凝时间(h)。

如混凝土的配制、输送及浇筑需时较长，则应采用式(4.5)计算。

$$v \geqslant Sh/(t-t_0) \tag{4.5}$$

式中：t_0 为混凝土配制、输送及灌筑所需要的时间(h)；其余符号意义同前。

混凝土浇筑层的厚度 h，可根据使用捣固方法按规定数值采用。

墩台是大体积圬工，为避免水化热过高，导致混凝土因内外温差出现裂缝，可采取如下措施。

①用改善集料级配、降低水灰比、掺加外加剂、掺入片石等方法减少水泥用量。

②采用 C_3A($3CaO \cdot Al_2O_3$，铝酸三钙)、C_3S($3CaO \cdot SiO_2$，硅酸三钙)含量

小、水化热低的水泥，如大坝水泥、矿渣水泥、粉煤灰水泥、低强度水泥等。

③减小浇筑层厚度，加快混凝土散热速度。

④混凝土用料应避免日光暴晒，以降低初始温度。

⑤在混凝土内埋设冷却管通水冷却。

当浇筑的平面面积过大，不能在前层混凝土初凝或重塑前浇筑完成次层混凝土时，为保证结构的整体性，宜分块浇筑。分块时应注意：各分块面积不得小于 50 m^2；每块高度宜不超过 2 m；块与块间的竖向接缝面应与墩（台）身或基础平截面短边平行，与平截面长边垂直；上下邻层间的竖向接缝应错开位置做成企口，并应按施工接缝处理。

为防止墩台基础第一层混凝土中的水分被基底吸收或基底水分渗入混凝土，对墩台基底的处理除应符合天然地基的有关规定外，应满足以下要求。

①基底为非黏性土或干土时，应将其湿润。

②如为过湿土，应在基底设计高程下夯填一层 10～15 cm 厚的片石或者碎（卵）石层。

③基底面为岩石时，应加以润湿，铺一层厚 2～3 cm 的水泥砂浆，然后于水泥砂浆凝结前浇筑第一层混凝土。

墩（台）身钢筋的绑扎应和混凝土的浇筑配合进行。在配置第一层垂直钢筋时，应有不同的长度，同一断面的钢筋接头应符合施工规范的规定，水平钢筋的接头也应内外、上下互相错开。钢筋保护层的净厚度应符合设计要求。如无设计要求，则可取墩（台）身受力钢筋的净保护层不小于 30 mm，承台基础受力钢筋的净保护层不小于 35 mm。墩（台）身混凝土宜一次连续浇筑，否则应按相关要求，处理好连接缝。墩（台）身混凝土达到终凝前，不得泡水。混凝土、钢筋混凝土基础及墩台允许偏差见表 4.3。

表 4.3　混凝土、钢筋混凝土基础及墩台允许偏差　　单位：mm

项　目	基础	承台	墩（台）身	柱式墩台	墩（台）帽
端面尺寸	±50	±30	±20	—	±20
垂直或倾斜	—	—	0.2%H	0.3%H≤20	—
底面高程	±50	—	—	—	—
顶面高程	±30	±20	±10	±10	—
轴线偏位	25	15	10	10	10

续表

<table>
<tr><th colspan="2">项　目</th><th>基础</th><th>承台</th><th>墩(台)身</th><th>柱式墩台</th><th>墩(台)帽</th></tr>
<tr><td colspan="2">预埋件位置</td><td>—</td><td>—</td><td>10</td><td>—</td><td>—</td></tr>
<tr><td colspan="2">相邻间距</td><td>—</td><td>—</td><td>—</td><td>±15</td><td>—</td></tr>
<tr><td colspan="2">平整度</td><td>—</td><td>—</td><td>—</td><td>—</td><td>—</td></tr>
<tr><td rowspan="2">跨径</td><td>$L_0 \leqslant 60$ m</td><td rowspan="2">—</td><td rowspan="2">—</td><td>±20</td><td rowspan="2">—</td><td rowspan="2">—</td></tr>
<tr><td>$L_0 > 60$ m</td><td>$\pm L_0/3000$</td></tr>
<tr><td rowspan="3">支座处顶面高程</td><td>简支梁</td><td rowspan="3">—</td><td rowspan="3">—</td><td rowspan="3">—</td><td rowspan="3">—</td><td>±10</td></tr>
<tr><td>连续梁</td><td>±5</td></tr>
<tr><td>双支座梁</td><td>±2</td></tr>
</table>

4.2.2 砌筑墩台施工

1. 石砌墩台的砌筑

(1) 对石料、砂浆与脚手架的要求。

①对石料、砂浆的要求。

石砌墩台是用片石、块石及粗料石以水泥砂浆砌筑的，石料与砂浆的规格要符合有关规定。浆砌片石一般适用于高度小于 6 m 的墩(台)身、基础、镶面以及各式墩(台)身填腹；浆砌块石一般用于高度大于 6 m 的墩(台)身、镶面或应力要求大于浆砌片石砌体强度的墩台；浆砌粗料石则用于磨耗及冲击严重的分水体及破冰体的镶面工程以及有整齐美观要求的桥墩(台)身等。

②对脚手架的要求。

将石料吊运并安砌到正确位置是砌石工程中比较困难的工序。当石料质量较小或距地面不高时，可用简单的马凳跳板直接运送；当石料质量较大或距地面较高时，可采用固定式动臂吊机、桅杆式吊机或井式吊机将材料运到墩台上，然后再分运到安砌地点。用于砌石的脚手架应环绕墩台搭设，用以堆放材料并支承施工人员砌镶面定位行列及勾缝。脚手架一般常用固定式轻型脚手架(适用于 6 m 以下的墩台)、简易活动脚手架(适用于 25 m 以下的墩台)以及悬吊式脚手架(用于较高的墩台)。

(2) 砌筑要点与砌筑方法。

①砌筑要点。

砌筑前应按设计图放出实样，挂线砌筑。砌筑基础的第一层砌块时，如果基底为土质，只在已砌石块的侧面铺上砂浆即可，无须坐浆；如果基底为石质，应将其表面清洗、润湿后，先坐浆再砌石。砌筑斜面墩台时，斜面应逐层放坡，以保证规定的坡度。砌块间用砂浆黏结并保持一定的缝宽，所有砌缝要求砂浆饱满。形状比较复杂的工程，应先做出配料设计图，注明块石尺寸；形状比较简单的工程，也要根据砌体高度、尺寸、错缝等，先行放样，配好料石再砌。

②砌筑方法。

同一层石料及水平灰缝的厚度要均匀一致，每层按水平砌筑，丁顺相间，砌石灰缝应互相垂直，灰缝宽度和错缝按表 4.4 进行控制。砌石顺序为先角石，再镶面，后填腹。填腹石的分层高度应与镶面相同；圆端、尖端及转角形砌体的砌石顺序应自顶点开始，按丁顺排列安砌镶面石。砌筑图例如图 4.1 所示。圆端形桥墩的圆端顶点不得有垂直灰缝，砌石应从顶端开始先砌石块①[图 4.1(a)]，然后依丁顺相间排列，安砌四周的镶面石；尖端形桥墩的尖端及转角处不得有垂直灰缝，砌石应从两端开始，先砌石块①[图 4.1(b)]，再砌侧面转角②，然后依丁顺相间排列，接砌四周的镶面石。

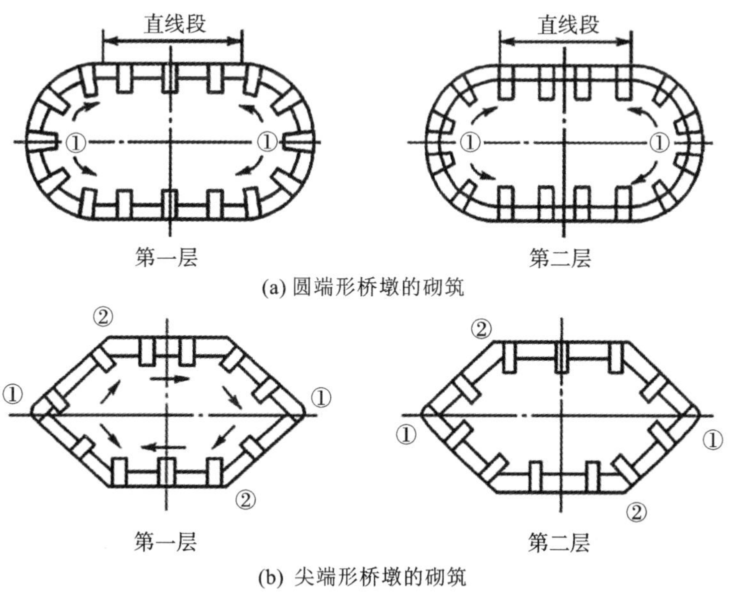

图 4.1　桥墩的砌筑

表 4.4　浆砌镶面石灰缝规定　　单位:cm

种　类	灰缝宽度	错缝(层间或行列间)	3 块石料相接处空隙	砌筑行列高度
粗料石	1.5～2	≥10	1.5～2	每层石料厚度一致
半细料石	1～1.5	≥10	1～1.5	每层石料厚度一致
细料石	0.8～1	≥10	0.8～1	每层石料厚度一致

砌体质量应符合以下规定。

a. 砌体所用各项材料类别、规格及质量符合要求。

b. 砌缝砂浆或小石子混凝土铺填饱满、强度符合要求。

c. 砌缝宽度、错缝距离符合规定,勾缝坚固、整齐,深度和形式符合要求。

d. 砌筑方法正确。

e. 砌体位置、尺寸不超过允许偏差。

墩台砌体位置及外形尺寸允许偏差见表 4.5。

表 4.5　墩台砌体位置及外形尺寸允许偏差

项　目	砌体类别	允许偏差/mm
跨径 L_0	$L_0 \leqslant 60$ m	±20
	$L_0 > 60$ m	$\pm L_0/3000$
墩台宽度及长度	片石镶面砌体	+40,−10
	块石镶面砌体	+30,−10
	粗料石镶面砌体	+20,−10
大面平整度(2 m 直尺检查)	片石镶面	30
	块石镶面	20
	粗料石镶面	10
竖直度或坡度	片石镶面	$0.5\%H$
	块石、粗料石镶面	$0.3\%H$
墩台顶面高程		±10
轴线偏位		10

注:L_0 为标准跨径;H 为结构高度。

2. 墩(台)帽施工

墩(台)帽是用以支承桥跨结构的。其位置、高程及垫石表面平整度等均应符合设计要求,以避免桥跨结构安装困难,或使墩(台)帽、垫石等出现碎裂或裂缝,影响墩台的正常使用功能与耐久性。墩(台)帽施工的主要工序如下。

(1) 墩(台)帽放样。

墩(台)混凝土(或砌石)浇筑至距离墩(台)帽底下方 30～50 cm 高度时,测出墩台纵横中心轴线,并开始竖立墩(台)帽模板,安装锚栓孔或安装预埋支座垫板、绑扎钢筋等。墩(台)帽放样时,应注意不要以基础中心线为墩(台)帽背墙线,浇筑前应反复核实,以确保墩(台)帽中心、支座垫石等位置方向及水平标高不出差错。

(2) 墩(台)帽模板施工。

墩(台)帽是支承上部结构的重要部分。其尺寸、位置和水平标高的准确度要求严格,浇筑混凝土应从墩(台)帽下方 30～50 cm 处至墩(台)帽顶面一次浇筑,以保证墩(台)帽底有足够厚度的密实混凝土。墩帽模板下面的一根拉杆可利用墩帽下层的分布钢筋,以节省铁件。台帽背墙模板应特别注意纵向支撑或拉条的刚度,防止浇筑混凝土时发生鼓肚,侵占梁端空隙。

(3) 钢筋和支座垫板的安设。

墩(台)帽钢筋绑扎应遵照《公路桥涵施工技术规范》(JTG/T 3650—2020)有关钢筋工程的规定。墩(台)帽上支座垫板的安设一般采用预埋支座垫板和预留锚栓孔的方法。前者应在绑扎墩(台)帽和支座垫石钢筋时,将焊有锚固钢筋的钢垫板安设在支座的准确位置上,即将锚固钢筋和墩(台)帽骨架钢筋焊接固定,同时将钢垫板做成木架形式,固定在墩(台)帽模板上。运用此法施工时垫板位置不易准确定出,应经常检查与校正。后者应在安装墩(台)模板时,安装好预留孔模板,在绑扎钢筋时注意将锚栓孔位置留出。此法安装支座施工方便,支座垫板位置准确。

4.2.3 装配式墩台施工

装配式墩台适用于山谷架桥、跨越平缓无漂流物的河沟、河滩等的桥梁,特别是在工地干扰多、施工场地狭窄,缺水与砂石供应困难地区,效果更为显著。装配式墩台有砌块式、柱式、管节式和环圈式墩台等。下面主要介绍砌块式墩台施工和柱式墩台施工。

1. 砌块式墩台施工

砌块式墩台施工与石砌墩台大体上相同,只是预制砌块的形式因墩台形式不同有很多变化。例如 1976 年建成的兰溪大桥,主桥身采用预制的素混凝土壳块分层砌筑而成。壳块按平面形状分为Ⅰ型和Ⅱ型两大类，再按其砌筑位置和具体尺寸又分为5种型号，每种块件等高，均为35 cm，块件单元重力为0.9～1.2 kN，每砌3层为一段落。该桥采用预制砌块建造桥墩，不仅节约混凝土约26%，节省木材50 m和大量铁件，而且砌缝整齐，外形美观，更主要的是加快了施工速度，避免了洪水对施工的威胁。

2. 柱式墩台施工

装配式柱式墩台将桥墩分解成若干轻型部件，在工厂或工地集中预制，再运送到现场装配桥梁。其形式有双柱式、排架式、板凳式等。

(1) 施工工序为预制构件、安装连接与混凝土养护等。而预制构件中拼装接头是关键工序，既要牢固、安全，又要结构简单、便于施工。常用的拼装接头有以下几种形式。

①承插式接头：将预制构件插入相应的预留孔内，插入长度一般为1.2～1.5倍的构件宽度，底部铺设2 cm厚砂浆，四周以半干硬性混凝土填充。此接头常用于立柱与基础的接头连接。

②钢筋锚固接头：构件上预留钢筋或型钢，插入另一构件的预留槽内，或将钢筋互相焊接，再灌注半干硬性混凝土。此接头多用于立柱与顶帽处的连接。

③焊接接头：将预埋在构件中的铁件与另一构件的预埋铁件用电焊连接，外部再用混凝土封闭。这种接头易于调整误差，多用于水平连接杆与立柱的连接。

④扣环式接头：相互连接的构件按预定位置预埋环式钢筋，安装时柱脚先坐落在承台的柱芯上，上下环式钢筋互相错接，扣环间插入U形短钢筋焊牢，四周再绑扎钢筋一圈，立模浇筑外围接头混凝土。要求上下扣环预埋位置正确，施工较为复杂。

⑤法兰盘接头：在相互连接的构件两端安装法兰盘，连接时用法兰盘连接，要求法兰盘预埋位置必须与构件垂直。接头处可不用混凝土封闭。

(2) 装配式柱式墩台应注意以下几个问题。

①墩台柱构件与基础顶面预留环形基座应编号，并检查各个墩台高度是否符合设计要求；杯口基础四周与柱边的空隙不得小于2 cm。

②墩台柱吊入基坑内就位时，应在纵横方向测量，使柱身垂直度或倾斜度以及平面位置均符合设计要求；对重大、细长的墩柱，应用风缆或撑木固定，方可摘除吊钩。

③在墩台柱顶安装盖梁前，应先检查盖梁口预留槽眼位置是否符合设计要

求，否则应先修凿。

④柱身与盖梁（顶帽）安装完毕并检查符合要求后，可在基坑空隙与盖梁槽眼处灌注稀砂浆。待其硬化后，撤除楔子、支撑或风缆，再在楔子孔中灌填砂浆。

在基础或承台上安装预制混凝土管节、环圈作为墩台的外模时，为使混凝土基础与墩台联结牢固，应由基础或承台中伸出钢筋插入管节、环圈中间的现浇混凝土内，插入钢筋的数量和锚固长度应按设计规定或通过计算决定。管节或环圈的安装、管节或环圈内的钢筋绑扎和混凝土浇筑，应按《公路桥涵施工技术规范》（JTG/T 3650—2020）有关章节的规定执行。

4.2.4　高墩滑模施工

1. 滑动模板构造

滑动模板将模板悬挂在工作平台上，沿着所施工的混凝土结构截面的周界组拼装配，并随着混凝土的灌注由千斤顶带动向上滑升。滑动模板的构造由于桥墩类型、提升工具的类型不同，模板构造也稍有差异。但其主要部件与功能则大致相同，一般主要由工作平台、内外模板、混凝土平台、工作吊篮和提升设备等组成。

（1）工作平台由外钢环、辐射梁、内钢环、栏杆、步板组成，除提供施工操作的场地外，还将滑模的其他部分与顶杆相互连接，使整个滑模结构支承在顶杆上。可以说，工作平台是整个滑模结构的骨架，因此应具有足够的强度和刚度。

（2）内外模板采用薄钢板制作，用于上下壁厚相同的直坡空心桥墩的滑模。内外模板均通过内外立柱固定在工作平台的辐射梁上，用于上下壁厚相同的斜坡空心墩的收坡滑模。内外模板仍固定在立柱上，但立柱架（或顶架横梁）不是固定在辐射梁上，而是通过滚轴悬挂在辐射梁上，并可利用收坡螺杆沿辐射方向移动立柱架及内外模板位置。用于斜坡式不等壁厚空心墩的收坡滑模，则内外立柱固定在辐射梁上，而在模板与立柱间安装收坡丝杆，以便分别移动内外模板的位置。

（3）混凝土平台由辐射梁、步板、栏杆等组成，利用混凝土平台柱支承在工作平台的辐射梁上，供堆放及浇筑混凝土的施工操作用。

（4）工作吊篮悬挂在工作平台的辐射梁和内外模板的立柱上，随着模板的提升而向上移动，供施工人员对刚脱模的混凝土进行表面修饰和养生等施工操作使用。

(5) 提升设备由千斤顶、顶杆、顶杆导管等组成，通过顶升工作平台的辐射梁提升整个滑模。

2. 滑动模板提升工艺

滑动模板提升设备主要有提升千斤顶、支承顶杆及液压控制装置等部分。下面主要讲解提升千斤顶的过程。

(1) 螺旋千斤顶提升步骤。

①转动手轮使螺杆旋转，使千斤顶顶座及顶架上的横梁带动整个滑模徐徐上升。此时，上卡头、卡瓦、卡板卡住顶杆，而下卡头、卡瓦、卡板则沿顶杆向上滑行，当滑至与上下卡瓦接触或螺杆不能再旋转时，即完成一个行程的提升。

②向相反方向转动手轮。此时，下卡头、卡瓦、卡板卡住顶杆，整个滑模处于静止状态。仅上卡头、卡瓦、卡板连同螺杆、手轮沿顶杆向上滑行，至上卡头与顶架上横梁接触或螺杆不能再旋转时为止，即完成整个循环。

(2) 液压千斤顶提升步骤。

①进油提升：利用油泵将油压入缸盖与活塞间，在油压作用时，上卡头立即卡紧顶杆，使活塞固定于顶杆上。随着缸盖与活塞间进油量的增加，缸盖连同缸筒、底座及整个滑模结构一起上升，直至上卡头、下卡头顶紧时，提升暂停。此时，缸筒内排油弹簧完全处于压缩状态。

②排油归位：开通回油管路，解除油压，利用排油弹簧推动下卡头，使其与顶杆卡紧，同时推动上卡头将油排出缸筒，在千斤顶及整个滑模位置不变的情况下，使活塞回到进油前位置。至此，完成一个提升循环。为了使各液压千斤顶能协同一致地工作，应将油泵与各千斤顶用高压油管连通，由操作台统一集中控制。

提升时，滑模与平台上临时荷载全由支撑顶杆承受。顶杆多用 A3 与 A5 圆钢制作，直径为 25 mm，A5 圆钢的承载能力约为 12.5 kN(A3 圆钢则为 10 kN)。顶杆一端埋置于墩台结构的混凝土中，一端穿过千斤顶芯孔，每节长 2～4 m，用工具锚或焊接。为了节约钢材，使支承顶杆能重复使用，可在顶杆外安上套管，套管随同滑模整个结构一起上升。待施工完毕，拔出支承顶杆。

3. 滑模浇筑混凝土施工要点

(1) 滑模组装。

在墩位上就地进行组装时，安装步骤如下。

①在基础顶面搭枕木垛，定出桥墩中心线。

②在枕木垛上先安装内钢环，并准确定位，再依次安装辐射梁、外钢环、立柱、千斤顶、模板等。

③提升整个装置，撤去枕木垛，再将模板落下就位，随后安装余下的设施；待模板滑升至一定高度，及时安装内外吊架；模板在安装前，表面需要涂润滑剂，以减少滑升时的摩阻力；组装完毕后，必须按设计要求及组装质量标准进行全面检查，并及时纠正偏差。

(2) 混凝土浇筑。

滑模宜浇筑低流动度或半干硬性混凝土，浇筑时应分层、分段对称地进行，分层厚度以 20～30 cm 为宜，浇筑后混凝土表面距模板上缘宜不小于 10 cm。混凝土入模时，要均匀分布，应采用插入式振动器捣固，振捣时应避免触及钢筋及模板，振动器插入下一层混凝土的深度不得超过 5 cm；脱模时混凝土强度应为 0.2～0.5 MPa，以防在其自重压力下坍塌变形。为此，可根据气温、水泥强度等级经试验后掺入一定量的早强剂，以加速提升；脱模后 8 h 左右开始养护，用吊在下吊架上的环绕墩身的带小孔的水管进行。养护水管一般设在距模板下缘 1.8～2.0 m 处效果较好。

(3) 提升与收坡。

整个桥墩浇筑过程可分为初次滑升、正常滑升和最后滑升 3 个阶段。从开始浇筑混凝土到模板首次试升为初次滑升阶段；初灌混凝土的高度一般为 60～70 cm，分几次浇筑，在底层混凝土强度达到 0.2～0.4 MPa 时即可试升。将所有千斤顶同时缓慢起升 5 cm，以观察底层混凝土的凝固情况。现场鉴定可用手指按压刚脱模的混凝土表面，若基本按不动，但留有指痕，砂浆不沾手，用指甲划过有痕，滑升时能耳闻“沙沙”的摩擦声。这些现象表明混凝土已具有 0.2～0.4 MPa 的出模强度，可以开始再缓慢提升 20 cm。初升后，全面检查设备，即可进入正常滑升阶段。每浇筑一层混凝土，滑模提升一次，使每次浇筑的厚度与每次提升的高度基本一致。在正常气温条件下，提升时间宜不超过 1 h。最后滑升阶段是混凝土已经浇筑到需要高度，不再继续浇筑，但模板尚需继续滑升的阶段。最后一层混凝土浇筑完成后，每隔 1～2 h 将模板提升 5～10 cm，滑动 2～3 次后即可避免混凝土模板胶合。滑模提升时应做到垂直、均衡一致，顶架间高差不大于 20 mm，顶架横梁水平高差不大于 5 mm，并要求 3 班连续作业，不得随意停工。

随着模板的提升，应转动收坡丝杆，调整墩壁曲面的半径，使之符合设计要求的收坡坡度。

(4) 接长顶杆、绑扎钢筋。

模板每提升至一定高度后,就需要穿插进行接长顶杆、绑扎钢筋等工作。为了不影响提升时间,钢筋接头均应事先配好,并注意将接头错开。对预埋件及预埋的接头钢筋,滑模抽离后,要及时清理,使之外露。

在整个施工过程中,由于工序的改变,或发生意外事故,使混凝土的浇筑工作停滞较长时间,即需要进行停工处理。例如,每隔 0.5 h 稍微提升模板一次,以免黏结;停工时在混凝土表面要插入短钢筋等,以加强新老混凝土的黏结;复工时还需要将混凝土表面凿毛,并用水冲走残渣,湿润混凝土表面,浇筑一层厚度为 2～3 cm 的 1∶1 水泥砂浆,然后再浇筑原配合比的混凝土,继续滑模施工。

爬升模板施工与滑动模板施工相似,不同的是支架通过千斤顶支承于预埋在墩壁中的预埋件上。待浇筑好的墩身混凝土达到一定强度后,将模板松开。千斤顶上顶,把支架连同模板升到新的位置,模板就位后,再继续浇筑墩身混凝土。如此往复循环,逐节爬升。每次升高约 2 m。

翻升模板施工采用一种特殊钢模板,一般由 3 层模板组成一个基本单元,并配置有随模板升高的混凝土接料工作平台。当浇筑完上层模板的混凝土后,将最下层模板拆除翻上来拼装成第 4 层模板,以此类推,循环施工。翻升模板也能够用于有坡度的桥墩施工。

第5章 梁桥施工

5.1 梁桥概述

梁桥是以受弯为主的主梁为承重构件的桥梁。主梁可以是实腹梁或桁架梁。实腹梁构造简单，制造、架设和维修均较方便，广泛用于中、小跨度桥梁，但在材料利用上不够经济。桁架梁的杆件承受轴向力，材料能充分利用，自重较轻，跨越能力大，多用于建造大跨度桥梁。

5.1.1 梁桥的类型及特点

梁式桥体系主要包括简支梁桥、连续梁桥和连续刚构桥。

1. 简支梁桥

简支梁桥是梁式桥中应用最早、使用最广泛的一种桥型。它受力简单，梁中只有正弯矩，适用T形截面梁这种构造简单的截面形式；体系温度变化、混凝土收缩徐变、张拉预应力等均不会在梁中产生附加内力。由于简支梁是静定结构，结构内力不受地基变形的影响，对基础要求较低，能适用于在地基较差的桥址上建桥。在多孔简支梁桥中，相邻桥孔各自单独受力，便于预制、架设，简化施工管理，施工费用低，因此在城市高架、跨河大桥的引桥上被广泛采用。为减少伸缩缝装置，使行车平整舒适，国内目前常采用桥面连续的预应力混凝土简支梁桥。

在钢筋混凝土简支梁桥中，经济合理的常用跨径在20 m以下。为了提高简支梁的跨越能力，采用了预应力混凝土结构。预加应力使梁全截面参加工作，减轻了结构恒载，增大了抵抗活载的能力。截至2021年，世界上预应力混凝土简支梁桥最大跨径已达76 m。但在一般情况下，简支梁桥的跨径超过50 m后，桥型显得过于笨重，安装重量较大，相对地给装配式施工带来困难，实际上并不经济。

2. 连续梁桥

使简支梁梁体在支点上连续而形成的桥即为连续梁桥。连续梁桥可以做成两跨一联或三跨一联的，也可以做成多跨一联的。每联跨数太多，联长就要加大，受温度变化及混凝土收缩等影响产生的纵向位移也较大，使伸缩缝及活动支座的构造复杂化；每联长度太短，则使伸缩缝的数目加多，不利于高速行车。为充分发挥连续梁对高速行车平顺的优点，现代的伸缩缝及支座构造不断改进，最大伸缩缝长度已达 1 m，梁体的连续长度已超过 1000 m。一般情况下，连续梁中间墩上只需要设置一个支座，而在相邻两联连续梁的桥墩仍需要设置两个支座。在跨越山谷的连续梁中，中间高墩也可采用双柱式墩台，每柱上都设有支座，并可削低连续梁支点的负弯矩尖峰。

预应力混凝土连续梁的应用非常广泛，尤其适用于悬臂施工法、顶推法、逐跨施工法。这种充分应用预应力技术的优点使施工设备机械化、生产工厂化，从而提高了施工质量，降低了施工费用。连续梁的突出优点是结构刚度大、变形小、动力性能好、主梁变形挠曲线平缓，有利于高速行车。

然而应指出的是，预应力混凝土连续梁设计中的一个特点是必须以各个截面的最大正、负弯矩的绝对值之和，即按弯矩变化幅值布置预应力束筋。在梁体中，弯矩有正、负变号的区段仅为支点到跨中的某一区段。这样，布置预应力束筋并不用增加太多的钢筋用量，就能满足设计要求。反之，在活载较大的铁路桥上及恒载弯矩占总弯矩比例不大的小跨连续梁桥上，因预应力筋节省有限，施工较简支梁桥复杂，经济效益差，而较少采用。

为克服钢筋混凝土连续梁因支点负弯矩在梁顶面产生裂缝，影响使用年限，在支点负弯矩区段布置预应力索，以承担荷载产生的负弯矩，在梁的正弯矩区段仍布置普通钢筋，构成局部预应力混凝土连续梁。这种结构具有良好的经济及使用效果，施工较预应力混凝土连续梁方便，目前在城市高架中已基本取代钢筋混凝土连续梁。

连续梁是超静定结构，基础不均匀沉降将在结构中产生附加内力，因此，对桥梁基础要求较高，通常宜用于地基较好的场合。此外，箱梁截面局部温差、混凝土收缩、徐变及预加应力均会在结构中产生附加内力，提升了设计计算的复杂程度。

3. 连续刚构桥

连续刚构桥是预应力混凝土大跨梁式桥的主要桥型之一。它综合了连续梁和 T 形刚构桥的受力特点，将主梁做成连续梁体，与薄壁桥墩固结而成。它同连续梁一样，可以做成一联多孔。在长桥中，若干中间孔以剪力铰相连或简支挂梁相连。20 世纪 60 年代，德国首先采用悬臂浇筑施工法在莱茵河上建成主跨分别为 114.2 m 及 208 m 的沃尔姆斯桥和本道夫桥，利用薄壁桥墩来代替 T 形刚构的粗大桥墩，中孔采用剪力铰，边孔做成连续体系。

连续刚构桥的主梁结构的受力性能同连续梁桥一样。而薄壁墩底部所承受的弯矩以及梁体内的轴力随墩高度的增大而急剧减小。在跨径大而墩高小的连续刚构桥中，由于体系温度的变化、混凝土收缩等将在墩顶产生较大的水平位移，为减小水平位移在墩中产生的弯矩，常采用水平抗推刚度较小的双薄壁墩。

连续刚构桥除保持连续梁桥的各个优点外，墩梁固接还节省了大型支座的昂贵费用，减少了墩及基础的工程量，并改善了结构在水平荷载(例如地震荷载)作用下的受力性能，即各柔性墩按刚度比分配水平力。对柔性墩的设计必须考虑上部梁体变形(转动与纵向位移)对它的影响。

钢筋混凝土与预应力混凝土梁式体系桥在桥梁工程中占有重要的地位，至今国内绝大多数中、小跨径桥梁仍大量采用预应力混凝土梁式结构。20 世纪 50 年代初期，悬臂施工方法诞生，T 构桥迅猛发展，但 T 构桥在构造上增加了伸缩缝，行车不平顺。特别是进入 20 世纪 90 年代，国内高速公路的迅猛发展，要求行车平顺舒适，T 构桥已不适用，连续梁桥与连续 T 构桥就获得广泛应用。结合我国建设情况，简支体系仍在中、小跨径桥上是首选桥型，主要是其经济指标低、施工方便、机具先进性要求不高。

连续梁桥与连续刚构桥的特点是主梁连续无缝，行车平顺，又可最大限度地应用平衡悬臂施工法。两者同是连续体系，在活载作用下，连续刚构桥的正弯矩比连续梁桥小，两者负弯矩较接近；在恒载作用下，两者弯矩也比较接近。但在支座发生沉降变化产生附加力时，连续刚构桥比连续梁桥的弯矩稍大。连续刚构桥受力变化与墩刚度有关，因而必须根据地形条件，选取合适的墩刚度，调整上下部的结构受力。高墩中常采用双薄壁柔性墩，可进一步削减支点负弯矩高峰。

连续刚构桥更适应于跨越海湾、山沟、河谷，有柔性单薄壁墩和双薄壁墩的体系。虽然高强度等级混凝土(C60～C80)的应用，以及大吨位群锚与高强低松弛预应力钢绞线的研制发展，不断提高了这类结构的跨越能力，但当结构恒载引起弯矩超过总荷载 85%时，跨径的发展将受到经济效益的制约。连续刚构桥在我国发展很快，已成为大跨桥梁的主选桥型之一。重庆长江大桥复线桥主跨已达到 330 m(跨中采用钢箱梁总长为 108 m)。随着修建数量的增加和跨径的增大，连续刚构桥也出现了主梁腹板开裂和跨中持续下挠等病害，需要在设计和施工方面做出优化，以促进这种桥型的进一步发展。

5.1.2 梁桥立面布置

梁桥布置得是否合理，将直接影响桥梁的实用、经济和美观。立面布置通常指的是选定了桥梁体系后，确定桥长及分跨，梁高及梁底曲线，桥梁下部结构和基础形式，桥梁各控制点如桥面、梁底、基础底面等的高程。

为了叙述方便，将梁桥的立面布置按照结构受力特点分为简支体系和连续体系进行阐述。在此着重叙述梁高、跨径及其关系的选用。

1. 简支体系

简支体系的桥梁包括简支板桥和简支梁桥。

(1) 简支板桥。

板桥是小跨径桥梁最常用的桥型之一。由于它在建成后外形像一块薄板，习惯称为板桥。板桥一般具有以下优点。

①建筑高度小，适用于桥下净空受限制的桥梁。与其他类型的桥梁相比，可以降低桥头引道路堤高度，缩短引道长度。

②外形简单、制作方便，既便于现场整体浇筑，又便于进行工厂化成批生产。

③做成装配式板桥的预制构件时，质量不大，架设方便。

板桥的主要缺点是跨径不宜过大。跨径超过一定限制时，截面显著增大，从而导致自重过大，截面材料使用不经济；此外，装配式板桥通过铰缝传递横向荷载，整体性差，因而在通过特殊重载车时无超载挖潜能力。

板桥分为整体式板桥和装配式板桥。装配式板桥按截面形式分又有实心板和空心板两种。板桥一般都设计成等厚度的。整体式板桥板厚与跨径之比一般为 1/12～1/6；采用低预应力钢筋或钢绞线的装配式板桥，板厚与跨径之比可取 1/22～1/16。

(2) 简支梁桥。

对于中、小跨径的桥梁，钢筋混凝土和预应力混凝土简支梁桥是应用广泛的桥型。目前国内外所采用的钢筋混凝土和预应力混凝土简支梁，绝大部分均为装配式结构。采用装配式的施工方法，可以节约大量模板支架，缩短施工期限，加快建桥速度，所以广为采用。整体浇筑的简支梁，由于费工、费时、费料，只在少数如异形变宽截面等场合下采用。

装配式钢筋混凝土简支梁的常用跨径为 8～20 m。我国标准设计则为 10 m、13 m、16 m、20 m 四种。其梁高分别为 0.8～0.9 m、0.9～1.0 m、1.0～1.1 m、

1.1～1.3 m。经分析比较，高跨比（梁高与跨径之比）的经济范围为 1/18～1/11，跨径大则取用偏小的值。

当跨径超过 20 m 时，一般采用预应力混凝土梁。我国后张法装配式预应力混凝土简支梁的标准设计有 25 m、30 m、35 m、40 m 四种。其梁高分别为 1.25～1.45 m、1.65～1.75 m、2.0 m、2.3 m。标准设计中高跨比值为 1/20～1/17。其主梁高度主要取决于活载标准，主梁间距可在较大范围内变化。通常其高跨比为 1/25～1/15。

主梁高度如不受建筑高度限制，高跨比宜取偏大值。增大梁高，只增加腹板高度，混凝土数量增加不多，但可以节省钢筋用量，往往比较经济。

简支梁一般做成等截面，以便预制。个别大跨径预应力混凝土简支梁为减轻梁的自重，也有做成鱼腹式变截面梁的。

2. 连续体系

（1）连续梁桥。

按照桥梁跨径相互关系来分，连续梁桥有等跨连续梁桥和不等跨连续梁桥。按照桥梁的梁高来分，连续梁桥有等高度连续梁桥和变高度连续梁桥。按照主梁与下部结构的关系来分，有墩梁分离的连续梁桥和墩梁固结的连续刚构桥。按照受力钢筋来分，连续梁桥有预应力混凝土连续梁桥及钢筋混凝土连续梁桥。连续梁桥下部结构的支承形式可分为普通的单式桥墩、V 形桥墩和双薄壁柱式桥墩。连续梁桥主梁梁身的构造可分为实腹式主梁和空腹式桁架结构。

钢筋混凝土连续梁桥因需要有支架施工，且受支点负弯矩引起梁顶面拉应力的限制，跨径不大，一般不超过 25 m，因此除城市高架、立交桥外，在线路上很少采用。为了克服钢筋混凝土连续梁桥的上述缺点，在支点局部施加预应力，构成局部预应力混凝土连续梁。

连续梁跨径的布置一般采用不等跨的形式。如果采用等跨布置，则边跨内力（包括边支墩处梁中的负弯矩）将控制全桥设计，这样是不经济的。此外，边跨过长，削弱了边跨的刚度，将增大活载在中跨跨中截面处的弯矩变化幅值，增加预应力束筋数量。故一般边跨长度取中跨的 50%～80%，钢筋混凝土连续梁取偏大值，使边跨与中跨控制截面内力基本相同；预应力连续梁宜取偏小值，以增加边跨刚度，减少活载弯矩的变化幅度与预应力筋的数量。边跨长度过短，边跨桥台支座将会产生负反力，支座与桥台必须采取相应抗拔措施或增加边梁压重。

应该注意到，边跨的长度与连续梁的施工方法有关。如采用悬臂法施工，考虑到一部分边跨悬臂施工，剩余一部分边跨须在脚手架上施工。为减少支架及现浇段长度，边跨长度以不超过中跨长度的65%为宜。

从结构受力性能看，等跨连续梁要比不等跨连续梁差一些。但在某些条件下，如桥梁总长度很大，设计者采用顶推或者先简支后连续的施工方法，则等跨结构受力性能较差所带来的欠缺完全可以从施工经济效益的提高中得到补偿。所以跨湖过海湾的长桥多采用中、小跨径的等跨连续梁的布置。

从预应力混凝土连续梁桥的受力特点来分析，连续梁的立面以采取变高度的布置为宜。在恒、活载作用下，支点截面将出现较大的负弯矩。从绝对值来看，支点截面的负弯矩往往大于跨中截面的正弯矩，因此采用变高度梁能较好地符合梁的内力分布规律。同时，对于采用悬臂法施工的连续梁，变高度梁又与施工的内力状态相吻合。另外，变高度梁使梁体外形和谐，节省材料并增大桥下净空。从已建桥梁统计资料分析，跨径大于100 m的预应力混凝土连续梁90%以上选用变高度梁。变高度梁的截面变化规律可采用圆弧线、二次抛物线和折线等，通常采用二次抛物线，因为二次抛物线的变化规律与连续梁的弯矩变化规律基本相近。折线形截面变化布置可使桥梁的构造简单、施工方便，常用于中、小跨径。

采用顶推法、移动模架法、整孔架设法施工的桥梁中，其跨径为40～60 m的预应力混凝土连续梁一般都采用等高度梁。等高度梁的缺点是梁在支点上不能利用增加梁高而只能增加预应力束筋用量来抵抗较大的负弯矩，材料用量较大，但是其优点是结构构造简单。国外在一些跨径超过100 m的多跨连续梁施工中，当采用悬臂施工方法时，仍采用等高度梁，以满足构造简单、线形简洁美观的要求。

（2）连续刚构桥。

连续刚构桥是墩梁固接的连续梁桥。因为这种体系利用主墩的柔性来适应桥梁的纵向变形，所以在大跨高墩连续梁桥中比较适合。连续刚构桥也分跨中无铰和跨中带铰两种类型，两者一般均采用变高度梁。梁墩固接点多设置在大跨、高墩的桥墩上，利用高墩的柔度可以适应结构由预加力、混凝土收缩徐变和温度变化引起的纵向位移。边跨较矮的桥墩，相对刚度较大，可将铰设在桥墩的顶部或底部。带铰的连续刚构桥跨中的铰可以满足一部分纵向位移，所以桥墩的刚度可以比不设铰的连续刚构桥大一些。桥梁的伸缩缝通常设在连续梁两端的桥台处，设铰的长桥也可将伸缩缝设在铰处。为保证结构的水平稳定性，桥台处需要设置控制水平位移的挡块。

当跨径较大，而墩的高度不高时，为增加墩的柔性，常采用双薄壁墩形式的连续刚构桥。此外，双薄壁墩还具有墩顶负弯矩的削峰作用。

这种桥型都采用平衡悬臂施工法，跨径布置、梁高选用与变高度连续梁桥相似。

多跨连续刚构桥由于结构上墩梁固接，为减小次内力的敏感性，必须选择抗压刚度较大、抗推刚度较小的单壁或双壁的薄壁墩，使墩可适应梁结构的变形。一般情况下，在初步设计墩的尺寸时，其长细比可为16～20。双薄壁墩的中距与主跨比值为1/25～1/20。在通航繁忙的大河上建墩，应充分注意薄壁墩抗船舶撞击的安全度，及早研究防撞措施。

5.1.3 梁桥横截面布置

1. 板式截面

板式截面包括整体式矩形实心板、装配式预制空心板。

整体式矩形实心板具有形状简单、施工方便、建筑高度小、结构整体刚度大等优点，但施工时须现浇混凝土，受季节气候影响，又需要模板与支架。从受力要求看，截面材料不经济、自重大，所以只在小跨板桥中使用。有时为了减轻自重，也可将截面受拉区稍加挖空，做成矮肋式的板截面，如图5.1所示。图5.1(e)利用一些小型预制构件，安装就位后将其作为底模，在其上再现浇桥面混凝土结合成整体。该形式具有施工简易的优点，在缺乏起重设备的场合更为适用。

装配式预制空心板截面中间挖空的形式很多，图5.2为几种常用的空心板截面形式。挖成单个较宽的孔洞，其挖空体积最大，块件重量也最轻，但在顶板内要布置一定数量的横向受力钢筋。图5.2(a)的顶板呈微弯形，可以节省一些钢筋，但模板较图5.2(b)复杂。图5.2(c)挖成两个正圆孔，当将无缝钢管作为芯模时施工方便，但其挖空体积较小。图5.2(d)的芯模由三个半圆及两块侧模板组成，对不同厚度的板只要更换两块侧模板就能形成空心，该形式挖空体积较大，适用性也较好。采用高压充气胶囊代替金属或木芯模，尽管形成的内腔因胶囊变形不如模板好，但是它具有制作及脱模方便、预制台座有效利用率高等优点，故广泛应用。

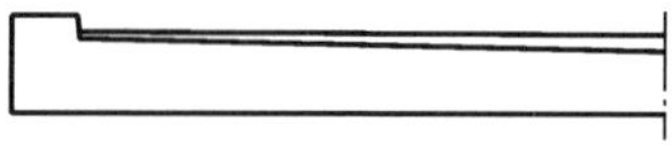

(a) 矩形实心板截面形式1

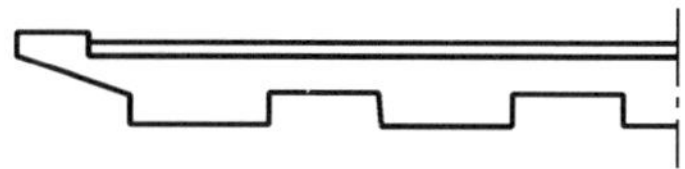

(b) 矩形实心板截面形式2

(c) 矩形实心板截面形式3

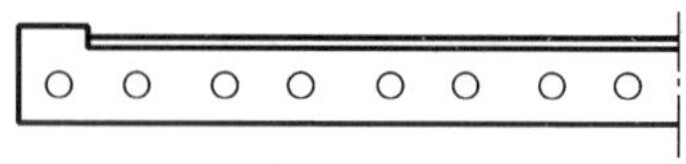

(d) 矩形实心板截面形式4

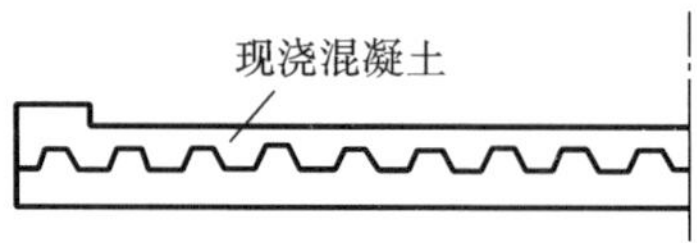

(e) 矩形实心板截面形式5

图 5.1　矩形实心板截面形式

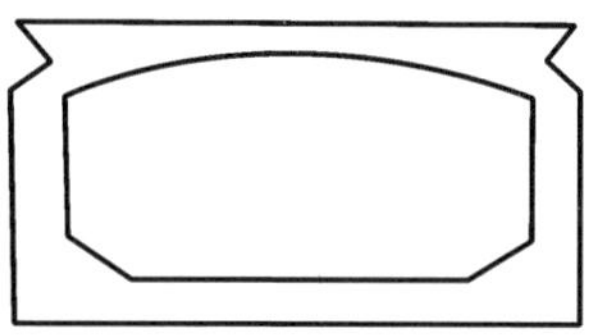

(a) 空心板截面形式1

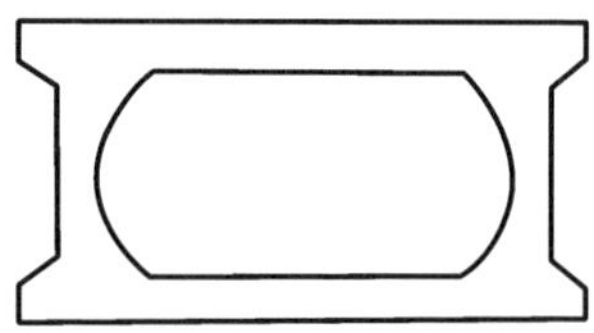

(b) 空心板截面形式2

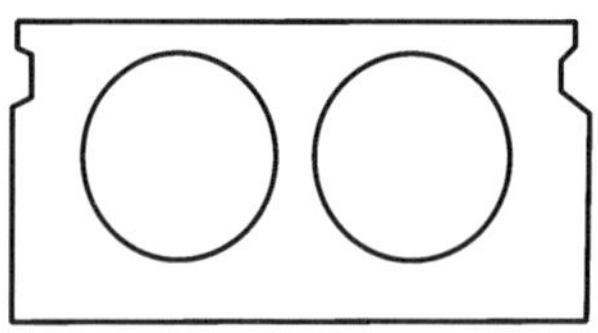

(c) 空心板截面形式3

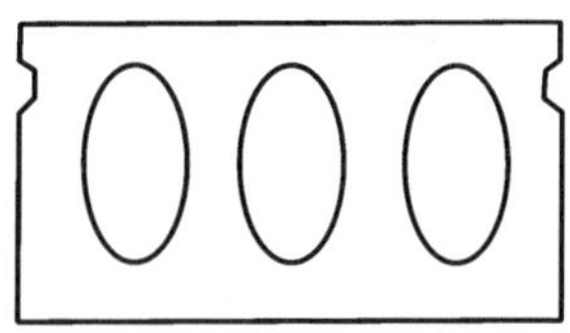

(d) 空心板截面形式4

图 5.2　空心板截面形式

2. 肋梁式截面

肋梁式截面有三种基本类型：Ⅱ形、Ⅰ形、T形。在桥横截面上，一般采用多片主梁布置形式，因而当采用Ⅱ形、Ⅰ形主梁截面组合成桥横截面时，基本形式也与多T形截面类似。

众所周知，当梁桥跨径增大时，在梁截面不改变的情况下，弯矩随跨径平方的增加而增加。在横截面设计中，要求在增大主梁截面抵抗矩的同时减少梁的自重，必然形成两种截面形式：闭合薄壁箱形截面和多T形截面。从受力来看，对钢筋混凝土结构而言，T形截面顶板宽翼缘受压，下部开裂后不参与工作，有足够布置钢筋的面积即可，有利于承受正弯矩。在承受负弯矩时，顶上翼缘处于受拉区，而肋部处于受压区，要提高抗负弯矩的能力，必须加大底部使之呈马蹄形。显然，在钢筋混凝土结构中，T 形截面重心位置偏上，其承受正弯矩能力远大于承受负弯矩能力。T 形截面有利于承受单向弯矩（正弯矩），不利于承受双向弯矩（正、负弯矩）。因而在简支梁中，跨径为 13～50 m。大多数的横截面形式布置成多 T 形截面形式。

（1）整体式横截面形式。

在悬臂梁或连续梁结构中，常常采用双 T 形截面布置形式。这种形式的梁肋宽度较大，在承受负弯矩区段上，肋宽及底部还可加大。现场设立支架、模板现浇混凝土施工，较少采用多主梁截面形式，以求施工简便，降低模板制作费用。T 形截面的翼缘厚度，即桥面板厚度，与主梁间距有关，一般在中央的厚度为 250～350 mm，根部为 400～550 mm。在城市高架桥中，一般为求得桥下较大净空，要求做较小的柱式墩。此外，建筑高度限制较小，因而做成低高度的宽肋式的双 T 形截面或单 T 形截面，这种截面的肋宽可以做到 2～4 m，但桥宽不宜过大，一般为 10～15 m。主梁 T 形截面的整体式横截面布置，一般在建筑高度较小的简支梁桥中采用。

（2）装配式横截面形式。

目前，国内外在小跨径简支梁桥、悬臂桥中依然采用多片装配式预制主梁的肋梁式横截面。它具有下列优点。

①将主梁划分成多片标准化预制构件，构件标准化，尺寸模数化，简化了模板，可工厂化成批生产，降低了制作费用。

②主梁采用工厂或现场预制，可提高质量，减小主梁尺寸，从而减轻整个桥梁自重。

③桥梁上部预制构件与下部墩台基础可平行作业，缩短了桥梁施工工期，节省了大量支架，降低桥的造价。

对一定的跨径或桥宽的桥梁而言，采用何种预制主梁截面，主梁间距多大，应从经济的材料用量、尽可能减少预制工作盘并考虑单片主梁的吊装重量等各方面优选。

显然，主梁间距小，主梁片数就多，预制工作量也多，而主梁吊装重量小；反之主梁间距大，主梁片数就少，预制工作量也少，而主梁吊装重量大。为求得更经济的材料用量，并解决上述矛盾，除采用装配式预制主梁的肋梁式横截面外，还可以采用较小尺寸的预制主梁，借现浇桥面混凝土组合成肋梁式横截面。

目前，我国主梁使用最多的装配肋梁式横截面形式为T形。T形梁翼板构成桥梁的行车道，同时也是主梁的受压翼缘。在预应力混凝土梁中，受拉翼缘部分做成加宽的马蹄形，以满足承受压应力和布置预应力钢筋的需要。它的特点是外形简单、制造方便，横向借助横隔梁联结，整体性也较好。为了减少预制构件占用预制场地的面积，并减轻构件的重量和外形尺寸，便于运输、安装，主梁可采用短翼板的T形截面或I形截面借现浇桥面板混凝土连成整体，或在预制主梁上现浇整体桥面板，组合成梁肋式截面。

但这种梁肋式截面在受力性能方面存在不足。其主要缺点是将桥梁主要承重构件“拦腰”分为两部分，使一个整体梁的受弯构件装配成一个组合梁的受弯构件。这种构造布置在设计中必须注意下面两个问题。

①在结合面处于截面弯曲剪应力较大的部位，为保证组合梁上下部分结合成一个整体受弯构件，必须加强结合面的强度。应适当加大I形截面上缘宽度并伸出足够的连接钢筋来增强结合。

②组合梁的装配顺序决定了它将分阶段受力：第一阶段，桥面板和横隔梁重量与梁肋自重均由预制I形梁肋承受；第二阶段，车辆荷载的作用由组合梁全截面来承受。在整体预制的T形梁中，所有恒载由整个T形截面来负担，在组合梁中，却要梁肋部分来单独承受，不但要适当放大截面，而且要增加一些配筋，这就必然增加了梁肋的负担。组合梁的全截面一般要比装配式的整体T形梁大，混凝土和钢筋用量就随之增加。预应力混凝土组合梁还应注意在预应力张拉阶段不带翼板的梁肋中性轴较低，自重及惯性矩较小，受力是极为不利的，往往要在梁肋上缘布置临时预应力束，给施工带来麻烦。

此外，组合梁增加了现浇混凝土数量，增加了施工工序及模板支架，延长了施工工期。国内常采用装配组合梁肋式横截面。这种形式的预制主梁，采用钢筋混凝土或预应力混凝土(先张法)的I形与开口槽形构件。它的特点是在I形梁或开口槽形梁上，搁置轻巧的预制微弯板或空心板构件，以作为现浇桥面混凝土的模板，简化了现浇混凝土的施工工序。

(3) 主梁细部尺寸。

①肋厚(腹板厚度)。

在满足主拉应力强度和抗剪强度需要的前提下，主梁梁肋的厚度，一般都做得较薄，以减轻构件的重量，但还要注意满足梁肋的屈曲稳定性且不致使浇筑混凝土产生困难。以往常用的装配式钢筋混凝土简支梁梁肋厚度为 150～180 mm，其上、下限的取法，取决于主钢筋的直径和钢筋骨架的片数。目前，焊接钢筋骨架已较少采用。为了提高结构的耐久性，适当增加保护层的厚度，梁肋厚度已增至 160～240 mm。

由于预应力和弯起束筋的作用，预应力混凝土肋中的主拉应力较小，肋板厚度一般都由构造决定。原则上应满足束筋保护层的要求，并力求模板简单，便于浇筑。国外对现浇梁的腹板厚度要求如下：没有预应力管道时最小厚度为 200 mm；仅有纵向或竖向管道的腹板需要 300 mm；既有纵向又有竖向管道的腹板需要 380 mm。对于高度超过 2400 mm 的梁，这些尺寸尚应增加。装配式梁的腹板厚度可适当减少，但不能小于 165 mm。如为先张法结构，最低值可达 125 mm。

②上翼缘厚度。

在中、小跨径的预应力简支梁和钢筋混凝土梁中，T 形梁上翼缘厚度主要应满足桥面板承受的车辆局部荷载要求。根据受力特点，上翼缘一般都做成变厚度的，即端部较薄，至根部（与梁肋衔接处）加厚，并不小于主梁高度的 1/12。上翼缘厚度的具体尺寸，有两种处理方法：一种是考虑上翼缘承担全部桥面上的恒载与活载，板的受力钢筋设在上翼缘内，在铺装层内只有局部的加强钢筋网，这时上翼缘做得较厚一些，端部一般取 80 mm；另一种是活载由上翼缘和布置有受力钢筋的钢筋混凝土铺装层共同承担（如在小跨径无中横隔板的桥上），在此情况下，端部厚度采用 60 mm 即可。为使上翼缘和梁肋连接平顺，在截面转角处一般均应设置钝角式承托或圆角，以减小局部应力和便于脱模。

③下翼缘尺寸。

钢筋混凝土简支梁 T 形截面下翼缘一般与肋板等宽。在预应力混凝土 T 形梁的下缘，为了满足布置预应力束筋及承受张拉阶段压应力的要求，应扩大做成马蹄形，马蹄尺寸大小应满足预施应力各个阶段的强度要求。个别桥由于马蹄尺寸过小，往往在施工和使用中形成水平纵向裂缝，特别是在马蹄斜坡部分，马蹄面积不宜过小，一般应占截面总面积的 10%～20%，具体尺寸建议如下。

a. 马蹄总宽度为肋宽的 2～4 倍，并注意马蹄部分（特别是斜坡区），管道保护层宜不小于 60 mm。

b. 下翼缘高度加 1/2 斜坡区，高度为梁高的 15%～20%，斜坡宜陡于 45°。

应注意的是，下翼缘也不宜过大、过高。这就要求将预应力束筋尽可能按两层或单层布置，将其余的束筋布置在肋板内。若马蹄过大，则会降低截面形心，减小预应力筋的偏心距。

在装配组合式横截面中，采用先张法预应力，其混凝土开口槽形构件的底板只布置一排预应力粗钢筋或钢绞线，板厚只选用 90 mm。

3. 箱形截面

(1) 箱形截面基本形式。

箱形截面是一种闭口薄壁截面，抗扭刚度大，并具有较 T 形截面高的截面效率指标 ρ。同时，箱形截面的顶板和底板面积均比较大，能有效地承担正负弯矩，并满足配筋的需要。因此在已建成的大跨径预应力混凝土梁桥中，当跨度超过 40 m 后，其横截面大多为箱形截面。此外，当桥梁承受偏心荷载时，箱形截面梁抗扭刚度大，内力分布比较均匀；在桥梁处于悬臂状态时，具有良好的静力和动力稳定性，对悬臂施工的大跨度梁桥尤为有利。箱形截面由于整体性能好，在限制车道数通过车辆时，可以超载通行；而装配式桥梁由于整体性能差，超载行驶车辆的能力有限。

一般而言，箱形截面形式主要取决于桥面宽度，与墩台构造形式、施工要求等也有关。常见的箱形截面有单箱单室、单箱多室、多箱单室、多箱多室等。

单箱截面整体性好、施工方便、材料用量较经济，当桥面宽度不大时，以采用单箱截面为宜。此外，单箱截面抗扭刚度大，对于弯桥和城市高架桥、立交桥尤为适宜。当桥面较宽时，可采用多箱截面，较单箱多室截面更经济，且自重更轻。在悬臂施工时，前者可采用分箱施工，减轻了施工荷载，降低了施工费用。当桥面宽度超过 18 m 时，高速公路桥梁上须设置中央分隔带，此时采用分离式箱形截面，更有利于分期施工，减小了活载偏心，箱的高宽比也不致差距过大，使箱的受力更为有利。

箱形截面梁的外形可以是矩形、梯形或曲线形。梯形截面造型美观，且可以减少底板宽度，既减少了梁正弯矩区段混凝土用量，又可以减少墩台尺寸，常用于高墩桥梁。为方便斜腹板中预应力束的布置，除特殊情况外，斜率一般不超过 $1:\sqrt{3}$，对变截面箱梁斜率控制在 1∶5～1∶4，不至于支点处底板宽度过小。梯形截面也有许多不足之处。对于变截面箱梁，为保证斜腹板是一个平面，随梁高增大，底板宽度减小，布置在底板中的预应力束的锚固和弯起较为复杂；支点截面因底板过窄，为满足受压面积的需要而增厚过多。此外，截面形心较之矩形截面偏高，减小了顶板预应力筋的力臂。这些情况对承受负弯矩都是不利的。故对承受负弯矩为主的连续刚构桥很少采用斜腹板箱形截面。我国修建的悬臂体系预应力混凝土桥，多数是带挂梁的。为预制安装方便，挂梁基本上采用 T 形截面。为使侧面外观上衔接平顺，悬臂部分都做成矩形箱梁。鉴于上述原因，梯形截面箱梁多用于等高度连续梁桥，曲线形的箱形截面则用于对桥梁外观、桥墩宽度要求较高的城市高架桥上。

(2) 箱梁截面细部尺寸。

箱梁截面由底板、顶板、腹板等部分组成。它的细部尺寸的拟定既要满足箱梁纵、横向的受力要求，又要满足结构构造及施工的需要。如果布置不当，将会增加结构的自重及材料用量。下面给出横截面细部尺寸拟定的一些原则及根据国内外已建成桥的一些设计参数的统计，供设计时参照，并根据具体条件进一步优化。

①底板厚度。

因接近悬臂端的截面承受的负弯矩较小，箱形梁跨中底板厚度主要由构造要求决定，T 构悬臂端箱梁底板厚度一般为 160～180 mm；连续梁跨中区段，截面主要承受的是正弯矩，若为预应力混凝土连续梁，则底板中需要配置一定数量的预应力束与普通辅助钢筋，底板厚度一般为 200～250 mm。

无预应力束筋的箱梁底板厚度尽可能满足 $l_1/30$(l_1 为箱梁底部内壁净距)，但不小于 120 mm。如箱梁底板上有预应力束筋管孔，其最小厚度应为 $3.3D$(D 为管孔直径)，并要加强辅助钢筋。如管孔过密，在管孔间应设吊筋。

在 T 形刚构和连续梁墩顶处截面，随着负弯矩的增大，底板厚度也逐步增大，以适应受压的要求。此外，在破坏阶段，还应使中和轴保持在底板以内，并留有余地。一般墩顶处底板厚度为梁高的 1/12～1/10。

底板除承受自身荷载外，还承受一定的施工荷载。用悬臂施工法施工箱梁时，底板还承受挂篮底模梁后吊点的反力。因此，设计时应对这些因素给予考虑。

②顶板厚度。

确定箱形截面顶板厚度通常考虑两个因素：桥面板横向弯矩的受力要求、布置纵向预应力束和横向受力钢筋(或横向预应力束)的构造要求。其中，前者与箱梁腹板的间距及集中活载大小有关。

箱形截面顶板两侧悬臂的长度也是调节顶板内弯矩的重要因素。当悬臂自由长度增加时，集中活载的荷载纵向分布长度也随之增加，所以对弯矩数值影响不大。这就使选择悬臂长度时自由度更大。而恒载及人群荷载弯矩随悬臂长度几乎呈平方关系增加，故在大悬臂状态时，宜设置横向预应力束以减小悬臂根部的厚度。悬臂长度一般采用 2～5 m。当长度超过 3 m 后，一般需要布置横向预应力束筋。在布筋时可利用桥面板的横向坡度和板截面的变高度，以发挥预应力筋的偏心效应。

国内已建成的悬臂体系箱形截面梁桥，为配合挂梁（一般是 T 形截面梁）的翼缘尺寸，翼板的悬臂长度多数在 2 m 以下。翼板根部厚度与悬臂长度有关，一般为 0.2～0.6 m。翼板端部厚度视构造需要可减小到 0.08～0.1 m，如果设置防撞墙或需要锚固横向预应力束筋，则端部厚度不小于 0.2 m。

③腹板厚度。

箱形截面梁一般由两块以上腹板组成，每一块腹板的最小厚度必须满足结构构造及施工中浇筑混凝土的要求，一般经验如下：

a. 腹板内无预应力束筋管道布置时为 200 mm；

b. 腹板内有预应力束筋管道布置时为 300 mm；

c. 腹板内有预应力束筋锚固头时为 380 mm。

腹板高度大于 2.4 m 时，以上尺寸应予增加，以降低混凝土浇筑的难度。腹板的作用是承受截面的剪应力和主拉应力，腹板的最小厚度应满足剪切极限强度的要求。对侧腹板要满足弯扭剪切极限强度的要求，一般侧腹板比中腹板厚一些。在预应力箱梁中，弯束提供的预剪力可以抵消一部分弯曲剪切力，剪应力和主拉应力较普通钢筋混凝土梁小，故同样荷载条件下，如不考虑构造需要，其腹板比普通钢筋混凝土梁更薄一些。

(3) 梗腋（承托）。

在顶板与腹板接头处设置梗腋很有必要。梗腋提高了截面的抗扭刚度和抗弯刚度，降低了扭转剪应力和畸变应力。桥面板支点刚度加大后，可以吸收负弯矩，从而降低了桥面板的跨中正弯矩。此外，梗腋使力线过渡比较平缓，降低了次应力。从构造上考虑，利用梗腋所提供的空间布置纵向预应力筋和横向预应力筋，也为减小底板和顶板的厚度提供了构造上的保证。

加腋有竖向加腋和水平加腋两种。在顶板和腹板交接处如设置竖向加腋，则可加大腹板的刚度，对腹板受力有利，使腹板剪应力控制截面下移，错开了横向弯曲应力高峰，减小了主拉应力，并有利于竖弯束的布置。缺点是使预应力束合力位置降低，对桥面板跨中受力不利。水平加腋增加了桥面顶板与腹板之间的连接宽度，保证箱梁的整体性。

5.2　简支梁桥施工技术

5.2.1　就地浇筑法

就地浇筑施工法是一种传统的桥梁施工方法。它是在桥位处搭设支架作为工作平台，并在支架上安装模板，绑扎及安放钢筋骨架，现场浇筑混凝土以形成梁体结构的施工方法。

就地浇筑施工法有以下特点：

(1) 不需要专门的预制场地和大型起重、运输设备；

(2) 梁体结构中横桥向的主筋不中断，结构的整体性好；

(3) 支架、模板等周转材料用量大、周期长，施工工期长、费用高；

(4) 施工受季节影响大，质量不易控制，施工管理较复杂。

这种方法多用于中、小跨径桥梁或交通不便的偏远地区，在一些结构复杂的异形桥、弯桥等混凝土桥中也经常采用。

1. 支架

支架是施工过程中的临时性结构，用以支撑模板、浇筑的混凝土梁体结构以及施工设备、人员等其他施工荷载。支架形式应根据桥孔跨径、桥位处地形和地质条件、水位高低及漂流物影响等因素合理选择。要求支架及其构件和连接具有足够的强度、刚度和稳定性，支架基础稳固，同时构造和制作力求简单，既要拆装方便又要尽可能减少构件的损伤，以提高装、拆、运的速度并增加周转使用的次数。

(1) 常用的支架形式。

支架按材料的不同，可分为木支架、钢支架、钢木混合支架和万能杆件拼装支架等；按构造的不同，可分为立柱式、梁式和梁柱式等主要形式。

立柱式支架适用于旱桥、不通航河道以及桥墩不高的小桥施工；梁式支架的承重梁可用万能杆件或贝雷桁架拼装，跨径小于 20 m 时可采用钢板梁；梁柱式支架适用于桥墩较高、跨径较大且支架下需要排洪的情况。

卸架设备可采用木楔、砂筒及千斤顶等装置。

木楔可分为简单木楔和组合木楔。简单木楔由两块 1∶10～1∶6 斜面的硬木楔形块组成。落架时，用锤轻轻敲击木楔小头，将木楔取出，支架即下落。它的构造最简单，但缺点是敲击时震动较大，而易造成下落不均匀。因此一般可用于中、小跨径桥梁。组合木楔由三块楔形木和拉紧螺栓组成。卸架时只需要扭松螺栓，木楔则徐徐下落，下落速度较均匀。

跨径较大时，宜将砂筒作为卸架设备。砂筒是由内装砂子的金属（木）筒及活塞（木制或混凝土制）组成的。卸落是靠砂子从筒下部的预留泄砂孔流出。要求筒里的砂子干燥、均匀、清洁。砂筒与活塞间用沥青填塞，以免砂子受潮而不易流出。通过砂子泄出量可控制支架卸落高度，这样就能根据泄砂孔的开与关，分数次进行卸架，并能使支架均匀下降而不受震动。

（2）支架基础。

为了保证现浇梁体不产生大的变形，除保证支架本身的强度、刚度以及整体性外，支架的基础必须坚实可靠，以将其沉陷值控制在容许范围内。桥孔跨径不大且采用满堂支架时，可将支架基脚设置在枕木上，枕木下设置垫层并夯实；对于梁式或梁柱式支架，因其荷载较集中，应设置桩基础或混凝土扩大基础，也可直接支承在墩（台）身或永久性基础上。

（3）支架预拱度。

现浇施工过程中和卸架后，梁体会产生一定的挠度。为了使上部结构在卸架后能保持设计规定的线形，必须在施工时设置一定数值的预拱度。在确定预拱度时应考虑以下因素：

①卸架后上部结构自重及活载一半所产生的挠度；

②施工期间支架结构在恒载及施工荷载（施工人员、机具、设备等）作用下的弹性压缩和非弹性变形；

③支架基底土在荷载作用下的非弹性沉陷；

④由混凝土收缩及温度变化引起的挠度等。

2. 模板工程

模板的作用是使混凝土按照设计的形状、尺寸和位置成型。它不仅控制着梁体的尺寸和外观，也直接影响施工进度和混凝土浇筑质量。

（1）模板的类型。

模板按其面板所用材料，可分为木模板、钢模板、钢木结合模板、钢丝网水泥模板、竹木模板、玻璃钢模板等；按模板的装拆方法，可分为拼装式、整体式等。

（2）模板的安装。

采用现浇法施工的桥梁，其横截面形式多为实心板或肋梁模板。实心板的模板比较简单，这里着重介绍肋梁模板。

跨径不大的肋梁模板一般用木料制作。安装时，首先在支架纵梁上安装横木，横木上钉底板，然后在其上安装肋梁的侧模和桥面板底模。当梁肋的高度较高时，模板一般采用框架式。梁肋的侧模及桥面板的底模，可用镶板钉在框架上。

模板的制作与安装，除满足强度、刚度、稳定性以及制作安装方便、安全等方面的要求外，还应符合以下要求。

①保证工程构造物的设计形状、尺寸及各部分相互之间位置的正确性。

②模板板面平整。浇筑混凝土之前，在模板内表面涂刷石灰乳浆、肥皂水等隔离剂，以防止与混凝土黏连，保证混凝土外观质量。

③接缝严密，确保混凝土在浇筑、振捣过程中不致漏浆。

3. 钢筋工程

钢筋工程包括钢筋整直、切断、除锈、弯制、焊接或绑扎成型等工序。混凝土梁中钢筋的规格和型号尺寸比较多，而且钢筋的加工、布置在混凝土浇筑之后再也无法检查，属于隐蔽工程，因此必须严格控制钢筋工程的施工质量。下面着重介绍钢筋加工的准备工作、钢筋的弯制和接头、钢筋骨架成型和安装。

（1）钢筋加工的准备工作。

首先应对进场的钢筋进行抽样检验，质量合格方可使用。抽样检验主要做抗拉、冷弯和可焊性试验。

钢筋的整直可根据钢筋直径的大小采用不同的方法。直径 10 mm 以上的钢筋一般锤打整直，直径小于 10 mm 的钢筋常用手摇或电动绞车通过冷拉整直（伸长率不大于 1%），冷拉还可以提高钢筋的屈服强度并清除铁锈。

整直后的钢筋用钢丝刷或喷砂枪喷砂除锈去污后，即可按设计图纸要求进行划线下料工作。为了保证下料精度，应计算图纸上所注明的折线尺寸与弯折处实际弧线尺寸之差值，同时还应计入钢筋在冷作弯折过程中的伸长量（通常可查阅现成的计算表格）。下料截断钢筋时，视钢筋直径的大小，可用手动剪切机和电动剪切机来操作。

（2）钢筋的弯制和接头。

下料后的钢筋可在工作平台上，用手工或钢筋弯曲机按规定的弯曲半径弯制成型，钢筋的两端亦应按设计图纸或施工规范要求弯成所需的标准弯钩。对于需要接长的钢筋，宜先进行连接然后再弯制，这样较易控制尺寸。

钢筋的接头应采用焊接，并以闪光接触对焊为宜。这种接头的传力性能好，且节省钢材。当缺乏闪光对焊条件时，可采用电弧焊。钢筋接头采用搭接或帮条电弧焊时，宜采用双面焊缝，焊缝的长度应不小于钢筋直径；双面焊缝困难时，可采用单面焊缝，焊缝长度不应小于 $10d$（d 为钢筋直径）。

采用搭接电弧焊时，两根钢筋搭接端部应预先折向一侧，使两根接合钢筋轴线一致。采用帮条电弧焊时，帮条应采用与主筋同级别的钢筋，其总截面面积应不小于被焊钢筋的截面面积。

焊接时，施焊场地应有适当的防风、雨、雪、严寒设施。气温低于－20 ℃时不得施焊。

直径不大于 25 mm 的受力钢筋，也可采用绑扎搭接，受拉钢筋绑扎接头的搭接长度，应符合表 5.1 中的规定；受压钢筋绑扎接头的搭接长度，应取受拉钢筋绑扎接头搭接长度的 70%。

表 5.1　受拉钢筋绑扎接头搭接长度

钢筋类型	混凝土强度等级		
	C20	C25	高于 C25
R235	$35d$	$30d$	$25d$
HRB335	$45d$	$40d$	$35d$
HRB400	$55d$	$50d$	$45d$

受力钢筋焊接或绑扎接头应设置在内力较小处，并错开布置。对于绑扎接头，两接头间距离不小于 1.3 倍搭接长度；对于焊接接头，在接头长度区段内，同一根钢筋不得有两个接头。配置在接头长度区段内的受力钢筋，其接头的截面面积占总截面面积的最大百分率应符合表 5.2 中的规定。

表 5.2　接头长度区段内受力钢筋接头面积最大百分率

接 头 形 式	接头面积最大百分率/(%)	
	受拉区	受压区
主钢筋绑扎接头	25	50
主钢筋焊接接头	50	不限制

(3) 钢筋骨架成型和安装。

钢筋多以骨架的形式存在于混凝土结构中。骨架成型是将加工好的钢筋按照设计要求进行焊接或绑扎形成钢筋网或钢筋骨架。钢筋骨架包括纵向主筋、弯起筋或斜筋、箍筋、架立筋、分布钢筋等。

进行骨架的拼装时,应考虑焊接变形和预留拱度。为了减少在支架上的钢筋安装工作,宜预先在工厂或工地制成平面或立体骨架,焊接或绑扎牢固,并临时加固,以防在运输和吊装过程中发生变形。当不能预先成型时,尽可能预先完成钢筋的接头。

用焊接方式拼装骨架时,施焊顺序由中间对称地向两端进行,并先焊下部后焊上部。

相邻的焊缝采用分区对称跳焊,不得顺方向一次焊成。

绑扎或安放钢筋骨架时,应在钢筋与模板间设置垫块,以保证保护层厚度符合设计或规范要求。垫块可采用砂浆垫块、混凝土垫块、钢筋头垫块或三角UPVC(unplasticized polyvinyl chloride,硬聚氯乙烯)垫块等。垫块应与钢筋扎紧,并互相错开,不得贯通全部断面。绑扎的铁丝头不得指向模板。

浇筑混凝土前,检查已安装好的钢筋的规格、数量、尺寸间距和保护层厚度以及预埋件(钢板、锚固钢筋等)。

4. 混凝土工程

该施工过程包括混凝土拌制、运输、浇筑、振捣、养护等工序。水泥、集料、水等原材料通过质量检验合格后方可使用。

(1) 混凝土拌制。

混凝土一般应采用机械搅拌,人工搅拌只用于少量混凝土工程的塑性混凝土或半干硬性混凝土,有条件的情况下可使用商品混凝土。混凝土搅拌应严格控制配合比,并掌握好搅拌时间,使石子表面包满砂浆,拌和料混合均匀、颜色一致。

(2) 混凝土运输。

混凝土应以最少的转运次数、最短的距离迅速从搅拌地点运往浇筑位置。运输道路要平整,防止混凝土因颠簸震动而发生离析、泌水和灰浆流失现象。

混凝土的运输能力应适应混凝土浇筑速度和凝结速度的需要,使浇筑工作不间断,并使混凝土运到浇筑地点时,仍保持均匀性和规定的坍落度。

采用泵送混凝土应符合下列规定。

①混凝土的供应必须保证混凝土输送泵连续工作。

②输送管线宜直，转弯宜缓，接头应严密。如果管道向下倾斜，应防止混入空气，产生阻塞。

③泵送前应先用适量的、与混凝土内成分相同的水泥浆润滑输送管内壁。混凝土出现离析现象时，应立即用压力水或其他方法冲洗管内残留的混凝土，泵送间歇时间宜不超过 15 min。

④在泵送过程中，受料斗内应有足够的混凝土，以防止吸入空气产生阻塞。

(3) 混凝土浇筑。

模板、钢筋以及预埋件等经检查无误后，即可浇筑混凝土。

对于跨径不大的梁桥，可将梁肋与桥面板沿跨长用水平分层法浇筑，或者用斜层法从梁的两端对称地向跨中浇筑，在跨中合龙。

对于较大跨径的梁桥，可用水平分层法或斜层法先浇筑纵横梁，然后沿桥的全宽浇筑桥面板混凝土，此时桥面板与纵横梁之间应设置工作缝。

分层浇筑时，必须在前层混凝土开始凝结之前，将次层混凝土浇筑完毕：当气温在 30 ℃以上时，前后两层浇筑间隔时间宜不超过 1 h；当气温在 30 ℃以下时，前后两层浇筑间隔时间宜不超过 1.5 h，或由试验资料来确定容许的间隔时间。当无法满足上述间隔时间时，就必须预先确定施工缝预留的位置，一般选择受剪力和弯矩较小且便于施工的部位，并应按下列要求进行处理：

①在浇筑接缝混凝土之前，先凿除老混凝土表层的水泥浆和较弱层，并将混凝土表面凿毛，用水洗干净；

②浇筑次层混凝土之前，对垂直施工缝宜刷一层水泥净浆，对于水平缝宜铺一层厚为 10～20 mm 的 1∶2 的水泥砂浆；

③斜面施工缝应凿成台阶状再进行浇筑；

④接缝处于重要部位或者结构物位于地震区时，浇筑之前应增设锚固钢筋，以防开裂。

(4) 混凝土振捣。

混凝土振捣是借助拌和料受振时产生暂时流动的特性，使粗骨料借助重力向下沉落并互相滑动挤紧，骨料间的空隙被流动性大的水泥砂浆充满，而空气则形成小气泡浮到混凝土表面被排除。这样会增加混凝土的密实度，从而大大地提高混凝土的强度和耐久性，并使之达到内实外光的要求。

混凝土的振捣可分为人工振捣和机械振捣两种。人工用铁钎振捣，适用于坍落度大、混凝土数量少或钢筋过密的情况。大规模的混凝土浇筑，必须使用机械振捣。

混凝土振捣设备有平板式振捣器、附着式振捣器、插入式振捣器和振动台等。

平板式振捣器用于大面积混凝土施工，如桥面、基础等；附着式振捣器是挂在模板外部振捣，借振动模板来振捣混凝土，使用这种设备对模板要求较高，但振动的效果不是太好，常用于薄壁混凝土构件，如梁肋部分等；插入式振捣器，常用的是软管式的，在构件断面有足够的位置插入振捣器，而钢筋又不太密时采用，其振捣效果较好；振动台又称振动激励器或振动发生器，是一种利用电动、电液压、压电或其他原理获得机械振动的装置，可以用于加速度计的校准，也可用于测试电声器件振动性能的振动试验。对于不同的测试物和技术指标，应注意选用不同结构和激励范围的振动台。

选用振捣器时，对于石料粒径较大的混凝土，选用频率较低、振幅较大的振捣器效率较高，反之则宜选用频率较高、振幅较小的，因为振幅太大容易使较小集料做无规则的翻动，造成混凝土的离析。

严禁利用钢筋振动进行振捣，必须掌握振捣的时间，不宜过短或过长，一般以混凝土不再下沉、无显著气泡上升、表面出现薄层水泥浆并达到平整为适度。采用附着式振捣器时因振捣效率较低，一般需要 2 min 左右；采用插入式振捣器时，一般为 15～30 s；采用平板式振捣器时，每个位置上的振捣时间为 25～40 s。

(5) 混凝土养护。

混凝土中水泥的水化反应过程，就是混凝土凝固、硬化和强度发育的过程，与周围环境的温度、湿度关系密切。当温度低于 15 ℃时，混凝土的硬化速度减慢，而当温度降至－2 ℃以下时，硬化基本停止。在干燥的气候条件下，混凝土中的水分迅速蒸发，使混凝土表面剧烈收缩而导致裂缝，同时当游离水分全部蒸发后，水泥水化反应停止，混凝土即停止硬化。因此，混凝土浇筑后即刻需要进行适当的养护，以保持混凝土硬化发育所需要的温度和湿度。

在现浇桥梁施工中，采用最多的是在自然气温条件下(5 ℃以上)的自然养护方法。

此法是在混凝土表面收浆后，在构件上覆盖草袋、麻袋、稻草或砂子，经常洒水，以保持构件处于湿润状态。

自然养护的时间与水泥品种以及是否掺用塑化剂有关。一般情况下，用普通硅酸盐水泥的混凝土自然养护时间为 7 个昼夜以上，用矿渣水泥、火山灰质水泥或掺用塑化剂的混凝土自然养护时间为 14 个昼夜以上。

每天浇水的次数，以能使混凝土保持充分潮湿为宜。

覆盖时，不得损伤或污染混凝土表面。养护期间应防止雨淋、日晒、受冻及受荷载的冲击。

5. 模板拆除及支架卸落

非承重侧模板在混凝土强度能保证其表面及棱角不致因拆模而受损坏时方可拆除，一般应在混凝土抗压强度达到 2.5 MPa 时方可拆除侧模板。承重模板、支架，应在混凝土强度能承受其自重及其他可能的叠加荷载时，方可拆除。当构件跨度不大于 4 m 时，在混凝土强度达到设计强度标准值的 50%后方可拆除；当构件跨度大于 4 m 时，在混凝土强度达到设计强度标准值的 75%后方可拆除。

支架的卸落应从梁体挠度最大处的支架节点开始，逐步卸落相邻两侧的节点，并要求对称、均匀、有序地进行。各节点应分多次进行卸落，以使梁的沉落曲线逐步加大到梁的挠度曲线。简支梁和连续梁桥可从跨中向两端进行支架的卸落。

5.2.2 预制装配法

预制装配法是中、小跨径桥梁常用的施工方法。它是在桥梁工地附近的预制场或专门的构件预制场内生产梁体构件，待桥梁墩台施工完成后，将预制梁运到桥位处起吊安装并连接成整体上部结构的施工方法。这种方法有以下特点：

(1) 桥梁上、下部结构可以平行施工，加快施工进度，缩短工期；

(2) 预制构件便于工厂化批量生产，质量容易控制，成本相对较低；

(3) 需要专门的预制场地和大型的起重、运输设备；

(4) 构件之间存在拼装接缝，结构整体性相对较差。

1. 预制钢筋混凝土简支梁的制作工艺

预制的钢筋混凝土简支梁多为中、小跨径的空心板和 T 形梁等形式，多采用标准跨径的定型设计。

预制梁的模板常采用钢模板和钢木组合模板，以及充气橡胶芯模。木模板常用于没有定型设计的构件或小跨径预制梁。有时为了节约钢材和木材，也可因地制宜利用土模或砖模来制梁。

一般情况下，预制梁的模板有底模、侧模、端模，空心板和箱形梁还需要有内模。底模支承在预制场地的台座上，常由 12～16 mm 厚钢板制成。预制过程中，底模不必拆除，只需要在下次周转使用前进行整平和校正。底模在构造上应设置与侧模、端模接长的连接构件。此外，底模与台座之间应设置减震胶垫。侧模沿梁长置于梁体两侧，由侧板、水平加劲肋、竖向加劲肋、斜撑等构件组成，模板常选用 4～8 mm 钢板。侧模可采用整体式模板或大模板拼装，考虑起吊重量和简化构造，单元长度取 4～5 m，可在横隔梁处分隔。侧模板在构造上应考虑安置侧模振捣器，同时加强连接构造并设置拆卸模板的装置。端模设置在梁的两端，与底模、侧模连接，用于形成两端形状，常由 4～8 mm 钢板加工而成。

空心板预制应考虑内模的立模和拆装方便、不易损坏，可重复利用。内模亦可采用木模或钢模，但其构造较为复杂。目前多使用充气橡胶芯模，具有施工方便、容易拆除的优点，缺点是芯模容易上浮和偏位，甚至漏气。橡胶芯模所充气压的大小与芯模直径、新浇混凝土压力、气温等因素有关。浇筑混凝土时，为防止芯模上浮和偏位，应用定位箍筋、压块等加以固定，浇筑过程中经常观察芯模是否漏气，发现问题及时采取补救措施。芯模放气时间与气温有关，应根据施工经验或通过试验确定。

此外，内模还可以采用不抽拔的芯模，如混凝土管、纸管和钢丝网管等。

预制钢筋混凝土梁的钢筋工程、混凝土工程以及模板拆除等施工过程与就地浇筑法施工基本相同，在此不再赘述。

2. 先张法预应力混凝土简支梁的制作工艺

先张法在浇筑混凝土之前先进行预应力筋的张拉，并将其临时锚固在张拉台座上，然后立模浇筑混凝土，待混凝土达到规定强度(不得低于设计强度的70%)，逐渐将预应力筋放张，利用预应力筋的弹性回缩及其与混凝土之间的黏结作用，使构件获得预应力。先张法一般用于直线布筋的中、小型构件。

先张法生产可采用流水机组法或台座法。采用流水机组法时，构件在移动式的钢模中生产，按流水方式通过张拉、浇筑、养护等各个固定机组完成每道工序。流水机组法可加快生产速度，但需要大量钢模和较高的机械化程度，且需要配合蒸汽养护，适用于工厂内预制订型构件。采用台座法时，构件施工的各道工序全部在固定台座上进行，因其不需要复杂机械设备，施工适用性强，故应用较广。这里仅对台座法进行介绍。

(1) 台座。

台座是先张法生产中的主要设备之一，要求有足够的强度和稳定性。按其构造形式的不同，台座可分为墩式台座和槽式台座两类。

①墩式台座。墩式台座亦称重力式台座，是靠自重和土压力来平衡张拉力所产生的倾覆力矩，并靠土壤的反力和摩擦力抵抗水平位移的台座。墩式台座由台面、承力架、横梁和定位钢板等组成。

台面有整体式混凝土台面和装配式两种，是制梁的底模。承力架要承受全部的张拉力，须保证足够的强度、刚度，并操作安全、方便。横梁将预应力筋张拉力传给承力架，常由型钢制成。定位钢板用来固定预应力筋的位置，其厚度必须保证承受张拉力后具有足够的刚度。定位钢板的圆孔位置按梁体预应力筋的设计位置来确定，孔径比预应力筋大 2～5 mm，以便穿筋。

②槽式台座。当现场地质条件较差，台座长度不大时，可采用槽式台座。槽式台座由台面、传力柱、横梁、横系梁等组成。传力柱和横系梁一般采用钢筋混凝土结构，其他部分与墩式台座相同。

(2) 预应力筋的张拉。

先张法预应力筋可采用钢绞线、高强钢丝、精轧螺纹钢筋等。预应力筋的下料长度应根据预应力筋种类的不同，通过计算来确定。计算时应考虑台座长度、夹具厚度、千斤顶长度、焊接接头或墩头预留量、冷拉伸长值、弹性回缩值、张拉伸长值和外露长度等因素。

①张拉前的准备工作。先在端横梁上安装预应力筋的定位钢板，检查其孔位和孔径是否符合设计要求，同时要保证最下层和最外侧预应力筋的混凝土保护层厚度。

检查无误后在台座上安装预应力筋，将其穿过端横梁和定位板后用夹具固定，穿筋时应注意不要碰掉台面上的隔离剂或沾污预应力筋。

采用长线法同时预制多片梁时，梁与梁间的预应力筋可用连接器临时串联。

对于张拉设备的各个部件在张拉前均应仔细检查，只有在一切无误的情况下才能开始张拉。

②张拉工艺。为了减少预应力筋的应力松弛损失，通常采用超张拉的方法。

为了避免台座承受过大的偏心力，应先张拉靠近台座截面重心处的预应力筋。

为了使每根力筋受力均匀，必须使它们的初始长度保持一致。为此，可在钢筋的一端选用螺纹锚具，另一端选用墩头夹具与张拉千斤顶连接。这样就可以利用螺丝端杆上的螺帽来调整各根钢筋的初始长度。对于直径较小的钢筋，在保证精确下料长度的情况下，两端都可采用墩头夹具。

张拉时，台座两端不得站人，操作人员要站在台座侧面的油泵外侧进行工作，以保安全。达到张拉力后，要静停 2～3 min，待稳定后再锚固。

(3) 预应力筋的放张。

预应力筋张拉并安放普通钢筋骨架、支立侧模后，即可进行混凝土浇筑工作。预应力混凝土梁的混凝土工程，除因强度等级较高而在拌制、浇筑、振捣和养护等方面更应严格要求外，基本操作与钢筋混凝土结构相仿。此外，在台座内每条生产线上的构件，其混凝土必须一次连续浇筑完成。振捣时，应避免碰击预应力筋。

混凝土经养护应达到设计规定的强度。设计未明确规定时，应达到设计强度等级值的 75%以上，方可放张预应力筋。放张过早会造成较多的预应力损失(主要是收缩、徐变损失)，或因混凝土与钢筋的黏结力不足而造成预应力筋弹性收缩滑动和在构件端部出现水平裂缝的质量事故；放张过迟则影响台座和模板的周转。放张操作时应缓慢、均匀。只有待放张结束后，才能切割每个构件端部的预应力筋。

放张的方法有多种，这里仅介绍两种常用的方法。

①千斤顶放张：首先要在台座上重新安装千斤顶，先将力筋张拉至能够逐步扭松端部固定螺帽的程度，然后逐渐放松千斤顶，让钢筋慢慢回缩完毕为止。

②砂筒放张：在张拉预应力之前，在承力架和横梁之间放置灌满干燥细砂的砂筒，张拉时筒内砂子被压实。当需要放张时，将出砂口打开，砂子慢慢流出，活塞徐徐顶入，直至张拉力全部放张。这种方法易于控制放张速度，故应用较广。

3. 后张法预应力混凝土简支梁的制作工艺

后张法先制作留有预应力筋孔道的梁体，待其混凝土达到规定强度后，再在孔道内穿入预应力筋，并进行张拉和锚固，最后进行孔道压浆并浇筑梁端封头混凝土。后张法工艺较复杂，除与钢筋混凝土梁相同的工序外，还要增加预留孔道、预应力筋下料、穿筋、张拉锚固、压浆、封锚等工序，而且需要专用锚具和埋设件，增加了制作成本。但后张法不需要强大的张拉台座，便于在现场施工，适用于配置曲线形预应力筋的大型和重型构件。

(1) 预应力孔道的成型。

预应力孔道是通过在浇筑混凝土前，按梁内预应力筋的设计位置安放制孔器形成的。

制孔器可分为埋置式和抽拔式两大类。

埋置式制孔器可采用铁皮管、铝合金波纹管等，浇筑混凝土前预埋在预应力筋的设计位置，梁体制成后留在梁内，形成孔道壁，使用方便，但加工成本高，不能重复使用。铁皮管用薄铁皮制作，安装时分段连接。由于加工困难，接缝和接头处易漏浆，影响以后穿束和张拉。铝合金波纹管用制管机卷制而成，横向刚度大，不易变形和漏浆，纵向也便于弯成各种线形，与混凝土的黏结较好。

抽拔式制孔器常用的有橡胶抽拔管、金属伸缩抽拔管和钢管等。在浇筑混凝土前，将抽拔式制孔器安放在预应力筋的设计位置上，待混凝土浇筑完成并终凝后将其拔出，即在梁体内形成孔道。这种方法的最大优点是能够周转重复使用，经济省料。

(2) 预应力筋的穿束。

预应力筋可在浇筑混凝土之前或之后穿入管道，称为“穿束”。对钢绞线，可将一根钢束中的全部钢绞线编束后整体装入管道中，也可逐根将钢绞线穿入管道。穿束前，可用空压机吹风等方法清理孔道内的污物和积水，以确保孔道畅通。一般可采用人工穿束，也可借助卷扬机牵引进行。

(3) 预应力筋的张拉。

预应力筋张拉时，构件的混凝土强度应符合设计要求。设计未规定时，构件的混凝土强度应不低于设计强度等级值的75%。

张拉应按顺序对称地进行，以防过大偏心压力导致梁体出现较大的侧弯现象。分批张拉时，先张拉的预应力筋应考虑随后张拉其他预应力筋所引起弹性压缩的预应力损失。

预应力筋的具体张拉程序和操作方法与所用的预应力筋种类、锚具类型和张拉机具有关，应按照设计要求进行。

在张拉工序中须特别注意安全，尤其在张拉或退楔时，千斤顶后方不得站人，以防预应力筋拉断或锚具、楔块弹出伤人。高压油泵在有压情况下，不得随意拧动油泵或千斤顶各部位的螺丝。油管接头处应加防护套，以防喷油伤人。已张拉完而尚未压浆的梁，严禁剧烈震动，以防预应力筋断裂而造成重大事故。

(4) 孔道压浆与封锚。

孔道压浆是为了保护预应力筋不致锈蚀，并使预应力筋与混凝土黏结成整体，从而减轻锚具的受力，提高梁的承载能力、抗裂性能和耐久性。孔道压浆用专门的压浆泵进行，压浆时要求密实、饱满，并应在张拉后尽早完成。

①准备工作。压浆前切断锚外钢丝时，应采取降温措施，以免锚具和预应力筋因过热而产生滑丝。用环氧砂浆或棉花和水泥浆填塞锚塞周围的钢丝间隙。

用压力水冲洗孔道，排除孔内粉渣杂物，确保孔道畅通，并吹去孔内积水。

②水泥浆的制备。水泥浆的制备宜采用硅酸盐水泥或普通水泥。水泥的强度宜不低于 42.5 MPa。

水泥不得含有任何团块。火山灰质水泥与矿渣水泥由于凝固慢、泌水率高，均不宜使用。水泥浆强度应符合设计规定。设计无具体规定时，应不低于 30 MPa。水泥装的水灰比应为 0.4～0.45。为了防止腐蚀预应力筋，掺加外加剂时须验明其中不含氯盐，不得掺用加气剂，可掺入适量的塑化剂以提高水泥浆的流动性，也可掺加铝粉（膨胀剂），但其自由膨胀率应小于 10%。当孔道直径较大而预应力筋的直径较小时，可掺适量细砂以减少水泥用量、减小水泥浆体积收缩并提高强度。

水泥浆自拌制至压入孔道的延续时间，视气温情况而定，一般为 30～45 min。水泥浆在使用前和压注过程中应连续搅拌。对于因延迟使用而导致流动度降低的水泥浆，不得通过加水来增加其流动度。

③压浆程序和操作方法。压浆工艺有“一次压注法”和“二次压注法”两种，前者用于长度不大的直线形孔道，后者用于较长的孔道或曲线形孔道。

压浆压力以 0.5～0.7 MPa 为宜，如压力过大，易胀裂孔壁。压浆顺序应先下孔道后上孔道，以免上孔道漏浆堵塞下孔道。直线孔道压浆时，应从构件的一端压到另一端。曲线孔道压浆时，应从孔道最低处开始向两端进行。

二次压浆时，第一次从甲端压入直至乙端流出浓浆时将乙端的阀门关闭，待灰浆压力达到要求且各部再无漏水现象时再将甲端的阀门关闭。待第一次压浆后 30 min，打开甲、乙端的阀门，自乙端再进行第二次压浆，重复上述步骤，待第二次压浆完成 30 min 后，卸除压浆管，压浆工作完成。

(4) 封锚。为了避免锚头锈蚀，并防止其在运营过程中松动，应将锚固端用混凝土封固。孔道压浆后应立即将梁端水泥浆冲洗干净，并将端面混凝土凿毛。在绑扎端部钢筋网和安装封端模板时，要妥善固定，以免在浇筑混凝土时因模板变位而影响梁长。封端混凝土的强度应不低于梁体的强度。混凝土浇筑完成后，应进行养护。

4. 装配式简支梁的运输与安装

为了将构件预制场或桥梁施工现场预制的梁板构件安放到桥孔设计位置，还需要完成两个重要的施工过程，即构件的水平运输和垂直安装。

(1) 预制构件的运输。

从工地预制场至桥头的运输称为场内运输，通常需要铺设钢轨便道，由预制场的龙门吊车或木扒杆将梁装上平车后用绞车牵引运抵桥头。对于小跨径梁或规模不大的工程，也可设置木板便道，利用钢管或硬圆木作为滚子，使梁靠两端支承在几根滚子上用绞车拖曳，边前进边换滚子运至桥头。为使构件平稳前进以确保安全，通常在用牵引绞车徐徐向前拖拉的同时，后面的制动索应跟着慢慢放松，以控制前进的速度。

从构件预制场至施工现场的运输称为场外运输。当预制场距桥梁工地较远时，通常可用大型平板拖车、火车或驳船将梁运至工地存放，或直接运至桥头或桥孔下进行架设。当采用水上浮吊架梁而需要使预制梁上船时，运梁便道应延伸至河边，并修筑临时栈桥(码头)。运输过程中，构件的放置要符合受力方向，一般应竖立放置。为了防止构件发生倾侧、滑动或跳动等现象，需要在构件两侧采用斜撑和木楔等临时固定。构件运输之前，首先要将其从预制底模上移出来，称为“出坑”或“出槽”，然后在预制场内合适的位置堆放待运。出坑的方法视构件重量、外形尺寸和设备条件而定，通常可采用龙门吊、汽车吊、扒杆等起吊设备，或横向滚移出坑。梁在起吊和堆放时，应按设计规定的位置布置吊点或支承点。

(2) 预制构件的安装。

预制梁的安装是装配式桥梁施工中的关键工序。应结合施工现场条件、工程规模、桥梁跨径、工期条件、设备能力等具体情况，以安全、可靠、经济、适用、快速为原则，合理选择架梁的方法。

简支式梁、板构件的安装，一般包括起吊、纵移、横移、落梁就位等工序。从架梁的工艺类别来分，有陆地架设、浮吊架设和高空架设等。每一类架设工艺中，按起重、吊装等机具的不同，又可分成各种独具特色的架设方法。随着土木建筑领域工业化和机械化程度的不断提高，新的架桥工艺、设备不断涌现，推动桥梁施工技术不断进步。必须指出，桥梁构件安装属于高空作业，需要使用较复杂的机具设备，施工过程中必须确保施工人员的安全并杜绝工程事故。这是工程技术和管理人员的重要职责。因此，在施工前应研究制订周到而妥善的安装方案，详细分析和计算承力设备的受力情况，采取周密的安全措施。在施工中加强安全教育，严格执行操作规程并加强施工管理工作。

5.3　混凝土连续梁桥施工技术

5.3.1　悬臂施工法

悬臂施工法就是从已建桥墩开始，对称逐段地向两边延伸施工，并通过张拉预应力筋将新建节段与已有节段联结成为整体的施工方法。悬臂施工过程中无须搭设支架。为了承受施工荷载产生的不平衡弯矩，首先将墩和梁临时固结，施工时先形成两端带悬臂的 T 形刚架，待合龙后才成为连续梁，因此施工过程中存在体系转换。

悬臂施工法建造预应力混凝土梁桥时，如果将悬伸的梁体与墩柱体做成刚性固结，就构成了能最大限度发挥悬臂施工优越性的预应力混凝土 T 形刚架桥。鉴于悬臂施工时梁体的受力状态与桥梁建成后使用荷载下的受力状态基本一致，施工中所施加的预应力也是使用荷载下所需预应力的一部分。这既节省了施工中的额外耗费，又简化了工序，使得这类桥型在设计与施工上达到完美的协调和统一。

用悬臂施工法来建造悬臂梁桥和连续梁桥，要比建造 T 形刚架桥复杂一些。因为在施工中需要采取临时措施使梁体与墩柱保持固结，而待梁体自身达到稳定状态时，又要恢复梁体与墩柱的铰接性质，对此应调整所施加的预应力以适应这种体系的转换。

1. 体系转换基本工序

悬臂施工法工序不同，体系转换的方式也不一样。

基本工序有如下 3 种。

(1) 逐跨连续悬臂施工，如图 5.3 所示。

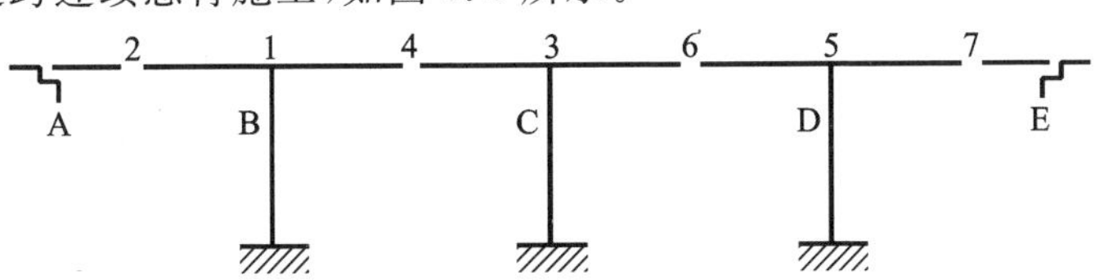

图 5.3　逐跨连续悬臂施工

此方法的步骤如下：

①首先从 B 墩开始进行悬臂施工；

②A 端边跨合龙，B 墩临时固结释放后形成单悬臂梁；

③从 C 墩开始进行悬臂施工；

④BC 跨中间合龙，释放 C 墩临时固结，形成带悬臂的两跨连续梁；

⑤从 D 墩开始进行悬臂施工；

⑥CD 跨中间合龙，释放 D 墩临时固结，形成带悬臂的 3 跨连续梁；

⑦E 端边跨合龙，完成 4 跨连续梁施工。

逐跨连续悬臂施工可以利用已建结构在桥面上运输，故机具设备、材料、预制节段的运输简捷。此外，每完成一个新的悬臂并在跨中合龙后，结构稳定性和刚度不断加强，因此常在多跨连续梁或跨径较大的桥上使用。

(2) T 构-单悬臂梁-连续梁施工，如图 5.4 所示。

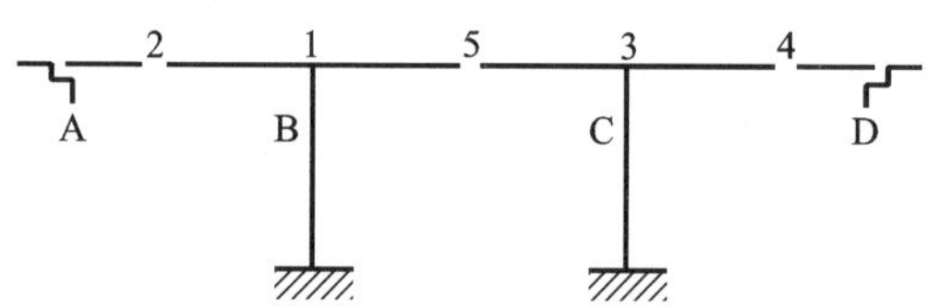

图 5.4　T 构-单悬臂梁-连续梁施工

此方法的步骤如下：

①首先从 B 墩开始进行悬臂施工；

②A 端边跨合龙，释放 B 墩临时固结，形成单悬臂梁；

③C 墩进行悬臂施工；

④D 端边跨合龙，释放 C 墩临时固结，形成单悬臂梁；

⑤BC 跨中段合龙，完成 3 跨连续梁的施工。

此方法可使结构稳定，受力对称，并便于结构内力调整，常在 3 跨、5 跨的连续梁中采用。

(3) T 构-双悬臂梁-连续梁施工，如图 5.5 所示。

此方法的步骤如下：

①首先从 B 墩开始进行悬臂施工；

②再从 C 墩开始进行悬臂施工；

③BC 跨中间合龙，并释放 B、C 墩的临时固结，形成双悬臂梁；

④A 端边跨合龙；

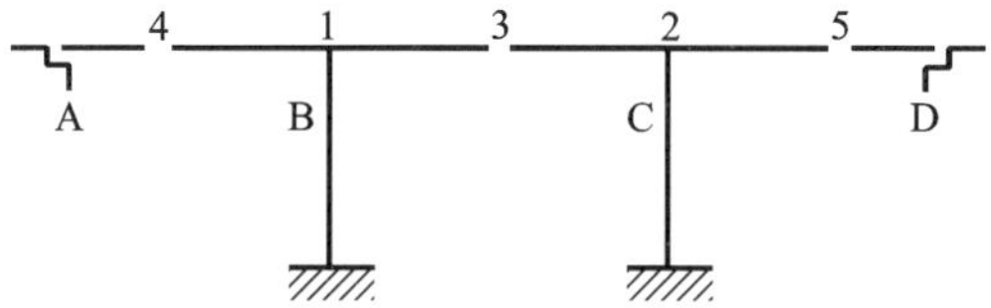

图 5.5　T 构-双悬臂梁-连续梁施工

⑤D 端边跨合龙，完成 3 跨连续梁的施工。

此方法在结构呈双悬臂状态时，一端施力将引起另一端产生较大的位移，因此稳定性差，且费用昂贵，故较少采用。

上述 3 种悬臂施工的顺序是施工的基本方法。对于某一具体桥梁的施工顺序，可选择其中的一种，也可兼顾各自优点，综合选用合适的顺序。无论采用哪种工序，都需要悬臂施工前先将桥墩与墩顶处梁段（称为 0＃块）临时固结，以承受施工过程中产生的不平衡弯矩。

悬臂施工法最大的优点是施工不受季节、河道水位的影响，不影响桥下通航，不需要大量的支架和临时设备，因此这种施工方法在国内外得到广泛的应用。

2. 悬臂施工法基本分类

悬臂施工法是大跨径连续梁桥的主要施工方法，根据施工方法的不同，可分为悬臂拼装法（简称悬拼）和悬臂浇筑法（简称悬浇）两类。悬臂拼装法是利用吊机将预制块在桥墩两侧对称吊装，张拉预应力筋后使悬臂不断接长的方法。悬臂浇筑法是在桥墩两侧利用挂篮对称浇筑混凝土，待混凝土达到张拉强度后，张拉预应力筋，而后移动挂篮继续下一段的悬臂浇筑的方法。

1）悬臂拼装法

悬臂拼装法利用移动式悬拼吊机将预制梁段起吊至桥位，然后采用环氧树脂胶和预应力筋连接成整体。采用逐段拼装，一个节段张拉锚固后，再拼装下一节段。悬臂拼装的分段，主要取决于悬拼吊机的起重能力，一般节段长 2～5 m。节段过长则自重大，需要悬拼吊机起重能力大，节段过短则拼装接缝多，工期也延长。一般在悬臂根部，因截面面积较大，预制长度比较短，以后逐渐增长。悬拼施工法适用于预制场地及运吊条件好，特别是工程量大和工期较短的工程。

悬拼和悬浇均利用悬臂原理逐段完成全联梁体的施工，悬浇是以挂篮为支承进行逐段浇筑，悬拼是以吊机逐段完成梁体拼装。实践表明，悬拼和悬浇、支架施工等方法除有许多共同优点外，还有以下特点。

(1) 进度快。传统的悬浇灌注一节段梁，在天气好时也需要 1 个星期左右；而采用悬拼，则梁体节段的预制可与桥梁下部构造施工同时进行，平行作业缩短了施工工期，且拼装速度快。

(2) 制梁条件好，混凝土质量高。悬拼法将大跨度梁化整为零，在地面施工，预制场或工厂化的梁体节段预制有利于保证整体施工的质量，操作方便、安全。悬浇的混凝土有时会因达不到强度而造成事故，处理起来较麻烦，延误了工期，损失较大。采用悬拼，则节段梁在地面有足够的预制时间，可以设法弥补工程施工中的不足。

(3) 收缩、徐变变形小。预制梁段的混凝土龄期比悬浇成梁的混凝土龄期长，从而减少了悬拼成梁后混凝土的收缩和徐变。

(4) 线形好。节段预制采用长线法。长线法是在按梁底曲线制作的固定底模上分段浇筑混凝土的方法，能保证梁底线形。

(5) 适合多跨梁施工。桥梁跨度越大、桥跨越多，则越能体现悬拼法的优越性，也就越经济。悬拼的核心是梁的吊运与拼装，梁体节段的预制是悬拼的基础。

悬拼施工法工序主要包括：梁体节段的预制、移位、堆放、运输；梁段起吊拼装；悬拼梁体体系转换；合龙段施工。

2) 悬臂浇筑法

悬臂浇筑法利用悬吊式的活动脚手架(或称挂篮)在墩柱两侧对称平衡地浇筑梁段混凝土(每段长 2～5 m)，每浇筑完一对梁段，达到规定强度后就张拉预应力筋并锚固，然后向前移动挂篮，进行下一梁段的施工，直到悬臂端为止。但梁体部分不能与墩柱平行施工，施工周期较长，而且悬臂浇筑的混凝土加载龄期短，混凝土收缩和徐变影响较大。

梁体一般要分为四部分浇筑，如图 5.6 所示。A 为墩顶梁段(又称 0＃块)，B 为由 0＃块两侧对称分段悬臂浇筑部分，C 为边孔在支架上浇筑部分，D 为主

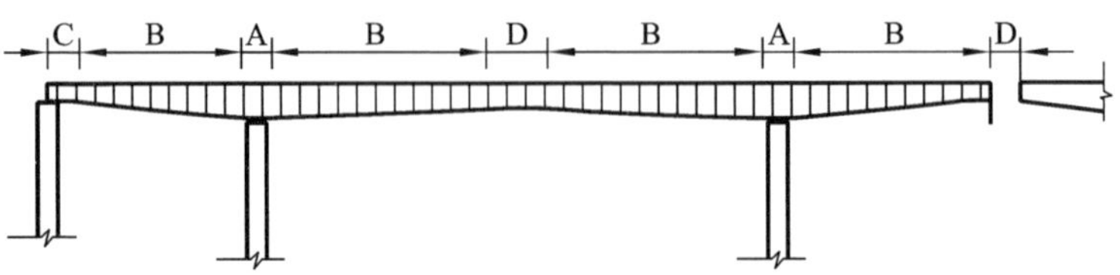

图 5.6　悬臂浇筑分段示意

梁在跨中合龙段。主梁各部分的长度视主梁形式和跨径、挂篮的形式及施工周期而定。0＃块一般为 5～10 m，分段悬臂浇筑部分一般为 3～5 m，支架上浇筑部分一般为 2～3 个悬臂浇筑分段长度，合龙段一般为 1～3 m。

悬浇中各独立 T 构的梁体处于负弯矩受力状态。随着各 T 构的依次合龙，梁体也依次转化为成桥状态的正负弯矩交替分布形式。这一转化就是连续梁的体系转换。因此，连续梁悬浇施工的过程就是其应力体系转换的过程，也就是悬浇时实行支座临时固结、各 T 构的合龙、固结的适时解除、预应力的分配以及分批依次张拉的过程。

现以某工程案例施工为基础来阐述悬臂浇筑法的工序。

(1) 墩顶现浇段(0＃块)施工。

0＃块施工方案有 2 种，墩身不高时采用落地支架方法施工；墩身较高时采用附着支架法施工。

①落地支架法。

连续箱梁 0＃块的临时固结通过设置临时支墩和临时支座的方式来实现。临时支墩设硫黄砂浆临时支座，电阻丝内通电融化硫黄砂浆，即可解除临时支墩。在临时支墩顶设塑料薄膜隔离层。

具体工序如下。

a. 地基处理。连续箱梁 0＃块支架施工前，首先将桥墩处场地推平、碾压，压实度达到 95％以上(软弱地基采用换填块石和碎石，分层夯实的方法)，然后浇筑混凝土基础，同时做好地基排水，防止雨水或混凝土浇筑和养生过程中滴水对地基的影响。水中墩连续箱梁 0＃块支架可直接搭设在承台上。

b. 支架设计。支架设计应考虑支架强度、刚度、稳定性、地基承载力和地基沉降的验算。各项验算指标符合规范要求后按设计图进行支架搭设。

c. 支架搭设。在墩身不高情况下，连续箱梁 0＃块支架采用万能杆件拼装而成。翼板及箱室内支架采用门式或碗扣式脚手支架。

d. 支架预压。在搭设底模时，按估算预留拱度支好后，按设计或规定要求进行加载预压。预压荷载按箱梁重的 1.1 倍计。采用砂袋作加载物，使加载的荷载强度与梁的荷载强度分布一致。

当试压沉降稳定后，记录各测点的最终沉降值，从而推算出底模各测点的高程，然后卸载。卸载后，精确测出底模各测点的高程，此高程减去加载终了时的高程，即为支架支撑的回弹值。余下的沉降值为支架系统不可恢复的塑性变形值。根据计算结果，对底模高程进行调整，使预留拱度值更加准确，同时也是对支架的强度、刚度和稳定性的检验。

e. 模板。

梁底模板：两端悬臂部分采用大块钢模板(挂篮底模)，悬臂端梁底纵坡可利用调模装置调整坡度，从而使底模达到要求。

外侧模：采用大块钢模板，在梁变宽部分利用调模装置调整立模宽度，当内外侧模板拼装后用 $\phi18$ 对拉螺杆对拉。翼板底模与外侧模连接处镶橡胶条塞紧，以防漏浆。

隔墙模板及腹板内模板：均采用定型组合钢模板现场拼装，内模板的紧固主要用对拉螺杆，并用脚手架连接。倒角模板采用木模。

过人洞模板及支架：隔墙过人洞采用木模板、木支架，顶板临时过人洞模板采用钢板焊接，支撑用 $\phi12$ 钢筋与梁顶板钢筋网片焊接。

端模：采用自行加工的钢模板，与内外模及其骨架连接牢固。

②附着支架法。

a. 墩身托架法。

托架采用槽钢加工成三角桁架，墩身每侧设 4 片，通过预埋钢板同墩身连为一体。托架各节点均采用焊接连接，以减少托架的非弹性变形。上铺设型钢立柱和方木纵梁托架，搭设完毕后采用吊挂水箱法，进行等载预压。

b. 墩旁支架法。

可直接以承台为基础，0＃块应在初凝时间内全部浇筑完成。支架应根据各桥具体情况进行结构设计和检算。支架拼装完成后，按设计受力大小、受力分布对其进行预压，预压重为箱梁恒载的 120％～130％。根据支架的弹性变形设置底模的预拱度。0＃块与墩身采取临时固结措施，临时固结措施需要满足悬浇施工中出现的最大不平衡弯矩和相应竖向反力。

0＃块纵向顶板束管道预埋时，每隔 50 cm 以 $\phi8$ 定位钢筋焊于梁体钢筋骨架上，以保证管道定位准确牢固。为防止水泥浆渗入波纹管，堵塞预应力管道，混凝土浇筑前在纵向管道内插入 PVC(polyvinyl chloride，聚氯乙烯)管。

0＃块混凝土水平分 2 层浇筑：第一次浇筑底板及腹板；第二次浇筑顶板及翼板，由中间向两边浇筑。混凝土浇筑完后及时进行覆盖养护，特别是加强箱内混凝土的养护，避免养护不当造成混凝土开裂。

(2) 挂篮施工。

挂篮是一个能沿梁顶滑动或滚动的承重构架。其锚固悬挂在已施工的前端梁段上，在挂篮上可进行下一梁段的模板、钢筋、管道的安设，混凝土灌注和预应力张拉，灌浆等作业。完成一个节段的循环后，挂篮即可前移并固定，进行下一节段的悬浇，如此循环直至悬臂浇筑完成。

挂篮按构造形式可分为桁架式（包括平弦无平衡重式、菱形、弓弦式等）、斜拉式、型钢式及混合式 4 种；挂篮按抗倾覆平衡方式可分为压重式、锚固式和半压重半锚固式 3 种；挂篮按走行方法可分为一次走行到位和两次走行到位 2 种；而按其移动方式可分为滚动式、滑动式和组合式 3 种。

施工挂篮采用自行设计制作的液压轻型菱形挂篮，主要由主桁架、行走及锚固系统、吊带系统、底平台系统、模板系统 5 个部分组成。挂篮利用率系数一般采用 0.4。挂篮承载能力和刚度大，机械化程度高，操作方便快捷、安全可靠。

挂篮结构构件运达施工现场后，利用机械吊至已浇梁段顶面，在已浇好的 0＃梁段顶面拼装。拼装完毕后，对挂篮施加梁段荷载进行预压，充分消除挂篮产生的非弹性变形。悬浇施工过程中，将挂篮的弹性变形量纳入梁段施工预拱度计算。

(3) 挂篮悬臂浇筑施工。

挂篮悬臂浇筑施工主要按照挂篮前移、挂篮调整及锚固、钢筋及孔道安装、混凝土灌注及养护、预应力施加、孔道压浆 6 个工序循环进行。悬臂浇筑梁段施工长度 3～4.5 m，当混凝土强度和弹性模量达到设计要求后进行预应力张拉，根据梁体情况具体调整。

梁段悬浇时，桥墩两侧悬臂浇筑梁段对称、平衡施工，实际不平衡重量不得大于设计允许数值。梁段混凝土采用水平分层一次浇筑成型，混凝土材料及配合比的选定及施工工艺满足高性能混凝土的要求。

预施应力采用对称张拉逐次完成。张拉应在梁体混凝土强度、弹性模量达到设计要求后进行，且必须保证张拉时梁体混凝土龄期大于 5 d。预施应力采用张拉力、伸长值双指标控制，各节段先张拉纵向束，再张拉竖向筋，最后张拉横向束。

张拉完成后在 2 d 之内进行管道压浆，压浆材料和工艺应满足《铁路后张法预应力混凝土梁管道压浆技术条件》(TB/T 3192—2008)的各项规定。

(4) 边跨现浇段施工。

边跨直线段采用支架法浇筑。支架拼装完毕，按直线段梁体自重的 120%～130%荷载进行预压，以消除支架的非弹性变形，并测定其弹性变形，检验支架的承载能力、强度、刚度、稳定性等情况。

①地基处理。同落地支架法。

②支架设计。同落地支架法。

③支架搭设。搭设型钢支架进行边墩现浇段施工。支架基础采用 $\phi800$ 钢管桩，并在钢管桩上设置型钢及底模，箱梁内模支承系为脚手架，一次性连续浇筑箱梁。支架分水中和陆上两种。支架搭设后，设纵、横向斜杆，以确保支架结构稳定。

铺设底模时，在底模与分配梁间设置圆钢管作为滑动层，以确保边跨合龙前，临时束张拉时梁体与支架之间的相对滑动；但在边跨合龙锁定前，采取临时措施限制底模的纵向移动。

④支架预压。搭设底模时，应预留拱度，并按设计或规定要求进行加载预压。预压荷载按箱梁重的 1.1 倍计。采用砂袋作为加载物，使加载的荷载强度与梁的荷载强度分布一致。

⑤模板。底模、外模采用大块钢模板，内、外侧模板拼装后用 $\phi18$ 的对拉螺杆对拉；内模采用组合钢模，箱梁内顶板采用钢管支架支模。

采用泵送混凝土浇筑，混凝土施工顺序由悬浇端向支架支点位置进行，以减少支架沉降的影响。

(5) 合龙段施工及结构体系的转换。

全桥共 3 个合龙段，先合龙 2 个边跨，再合龙中跨。合龙段采用吊架施工。合龙段混凝土浇筑时间应在一天中温度最低时进行，并以混凝土浇筑后温度开始上升为宜，宜使混凝土在受压的状态下达到终凝，以防混凝土开裂。

为切实保证浇筑质量，在边跨、中跨合龙段应设置可靠的临时刚接措施。

合龙温度应符合设计要求，合龙段两端悬臂高程及轴线偏差应符合设计或规范要求。

①边跨合龙。

a. 施工准备。悬臂梁段浇筑完毕，后移拆除悬臂挂篮；清除箱顶、箱内的施工材料、机具，以堆放合龙段施工的材料、设备；在 T 构两悬臂端预备配重水箱；了解近期气温变化规律并测量记录。

b. 边跨合龙段吊架及模板。边跨合龙段采用挂篮底篮改吊架的方法进行施工。悬臂梁段浇筑完毕，挂篮主桁后移，将挂篮的底篮整体前移，使底篮前端支撑于合龙段另一端的现浇段的支架上，后端通过锚杆锚固于悬臂梁段，以此作为边跨合龙段施工的吊架。边跨合龙段的外模及底模采用挂篮模板，内模采用组合钢模。

c. 设平衡重。采用在悬臂端的水箱中加水的方法设平衡重，近端及远端所加平衡重吨位由施工平衡设计确定。

d. 普通钢筋及预应力管道安装。普通钢筋在地面集中加工成型，运至合龙段绑扎安装，绑扎时将劲性骨架安装位置预留，待劲性骨架锁定后补充绑扎。底板束管道安装前，应试穿所有底板束，发现问题及时处理。合龙段底板束管道采用钢管（或双层波纹管替代），管道内穿入钢绞线，以保证合龙段混凝土浇筑后底板束管道的畅通。其余预应力束及管道安装同箱梁悬浇梁段。

e. 合龙锁定。合龙前使悬臂端与边跨等高度现浇段临时连接，尽可能保持相对固定，以防止合龙段混凝土在浇筑及早期硬化过程中产生裂缝，锁定时间按合龙段锁定设计执行。临时锁定是合龙的关键，合龙锁定遵循又拉又撑的原则，即锁定包括焊接劲性骨架和张拉临时预应力束。劲性骨架采用“预埋槽钢＋连接槽钢＋预埋槽钢”三段式结构。其断面面积及支承位置根据锁定设计确定。合龙时，在两预埋槽钢之间设置连接槽钢，并由联结钢板将连接槽钢与预埋槽钢焊接成整体，同时注意焊缝应设在不同截面处。临时预应力束按设计布置，临时预应力张拉吨位按锁定设计确定，劲性骨架顶紧后进行张拉，临时束张拉锚固后不压浆，合龙完毕后将其拆除。

f. 浇筑合龙段混凝土。合龙段混凝土浇筑过程中，按新浇筑混凝土的重量分级卸去平衡重（即分级放水），保证平衡施工。

g. 预应力施工。合龙段永久束张拉前，采取覆盖并洒水降温的措施以减小箱梁悬臂端的日照温差。底板预应力束管道安装时要采取措施保证管道畅通，待合龙段混凝土达到设计规定强度和相应龄期后，先张拉边跨顶板预应力束，再张拉底板第一批预应力束，按照设计要求的张拉吨位及顺序两端对称进行张拉。横向、竖向及顶板纵向预应力施工同悬浇梁段，合龙段施工完毕后，拆除临时预应力束并对其管道压浆。

h. 合龙段吊架下落，拆除模板及支架。

②中跨合龙。

a. 合龙步骤：施工挂篮后移→中跨合龙吊架安装→加配重水箱→钢筋绑扎→预应力管道安装→合龙锁定→选择当天最低温度时间浇筑混凝土→逐级卸除配重水箱→合龙段预应力筋张拉、锚固、压浆→拆除合龙吊架→边跨合龙→中跨合龙。

b. 吊架及模板安装。中跨合龙梁段采用合龙吊架施工，合龙吊架和模板采用施工挂篮的底篮及模板系统。

c. 设平衡重。采用在悬臂端的水箱中加水的方法设平衡重，近端及远端所加平衡重吨位由施工平衡设计确定。

d. 钢筋安装。普通钢筋及预应力管道安装与边跨合龙段相同。

e. 合龙锁定。合龙前使合龙段两端悬臂端临时连接，应尽可能保持相对固定。合龙前除 T 构悬臂端按平衡要求设置平衡重外，如施工控制有要求，还将对合龙段处采取调整措施。合龙段支撑劲性钢骨架施工及临时预应力束张拉施工同边跨合龙段施工。

f. 解除临时锁定。解除连续梁墩顶的临时锁定，并切断该墩临时支座锚固钢筋，完成体系转换。

g. 浇筑合龙段混凝土。中跨合龙段混凝土浇筑与边跨合龙段施工相同。

h. 预应力施工。中跨合龙完成后，张拉中跨预应力束，再张拉边跨底板第二批预应力束，合龙段施工完毕后，拆除临时预应力束并对其管道压浆。

i. 拆除模板及吊架。

(6) 钢筋工程。

钢筋由钢筋车间加工制作，运至现场由吊车提升、现场绑扎成型。

0＃块钢筋分两次绑扎：第一次安装底板及腹板钢筋，第二次安装翼板及顶板钢筋，其他梁段钢筋一次绑扎成型。

顶板和腹板内有大量的预埋波纹管。为了不使波纹管损坏，一切焊接在波纹管埋置前进行，管道安装后尽量不焊接。当普通钢筋与波纹管位置发生矛盾时，适当移动普通钢筋位置，准确安装定位钢筋网，确保管道位置准确。

钢筋绑扎前由测量人员复测模板的平面位置及高程。其中，高程包括按吊架的计算挠度所设的预拱度，无误后方可进行钢筋绑扎。纵向普通钢筋在两梁段的接缝处的连接方法及连接长度应满足设计及规范要求。

悬浇梁段及现浇段钢筋绑扎流程：先进行底板普通钢筋绑扎及竖向预应力钢筋梁底锚固端(包括垫板、锚固螺母及锚下螺旋筋)的安装，再进行腹板钢筋的绑扎、竖向波纹管及预应力钢筋的接长、腹板内纵向波纹管的安装，最后进行顶板普通钢筋的绑扎、顶板内纵向波纹管的安装、横向钢绞线及波纹管的安装。

(7) 预埋件。

预埋件分为结构预埋件和施工用预埋件。安装预埋件时先进行施工放样，在每次浇筑混凝土之前，仔细检查各预埋件的数量并复测其位置，确认无误后方可进行混凝土浇筑。

(8) 混凝土工程。

混凝土通过搅拌站供应、搅拌车运输、输送泵泵送入模、插入式振捣器振捣。

试验室工作人员将原材料检验报告单、混凝土配合比报监理工程师签认。待模板、钢筋及预应力系统和各种预埋件安装完毕，经监理工程师检查认可后即可进行浇筑。为减少混凝土收缩徐变等影响，应严格掌握混凝土的配合比，并规定施工所用碎石、砂要与试验一样，并且每次浇筑混凝土时，试验人员现场值班，控制混凝土的坍落度，不合格的要及时清除，以免影响梁体的质量。梁体混凝土浇筑要求现场质量检查员旁站作业。

0＃块混凝土水平分两层浇筑，第一次浇筑底板及腹板，第二次浇筑顶板及翼板，由中间向两边浇筑；其他梁段分段一次浇筑成型，先底板，后腹板，再顶板，悬臂段浇筑时确保每个 T 构对称进行，混凝土输送从中间向两端对称泵送，分层浇筑，每层 30 cm，从前端向后端浇筑，保证层间无施工缝。

混凝土的振捣严格按振动棒的作用范围进行，严防漏捣、欠捣和过度振捣。当预应力管道密集、空隙小时，配备小直径的振捣棒，振捣时不可在钢筋上平拖，不可碰撞预应力管道、模板、钢筋、辅助设施(如定位架等)。混凝土在振捣平整后即进行第一次抹面，顶板混凝土应进行二次抹面。第二次抹面应在混凝土近初凝前进行，以防早期无水引起表面干裂。

在浇筑箱梁混凝土的过程中，要及时测量挂篮主桁、前后横梁、底板、腹板、顶板挠度变化。发现实际沉降与预留量不符合时，采取措施避免结构超限下垂。箱梁质量检查包括已成型各梁段的线形、截面尺寸及中线检查。在早晨温度变化较小的时候测出顶板上观测点的中线，定出基线，检查主梁中线偏位情况，将检测结果报监理工程师和设计单位。混凝土浇筑完毕后，顶面采用麻袋覆盖并浇水养护。

(9) 预应力工程。

①预应力筋及其管道的安装。

a. 竖向预应力筋。为确保竖向预应力筋的位置准确、垂直，在中部采用定位钢筋、在顶面采用角钢定位。竖向预应力筋锚固端与墩身钢筋位置发生矛盾时，应调整墩身钢筋位置，保证锚垫板和锚下螺旋筋的位置准确。竖向预应力筋用切割机切割，垂直预先安装。

b. 纵向预应力筋。纵向预应力管道，设置定位钢筋定位，管道中穿入 PVC 管保持管道顺直。在混凝土浇筑过程中，经常转动 PVC 管，以防预应力波纹管漏浆“凝死”PVC 管，在混凝土浇筑完毕初凝后抽出。纵向预应力钢绞线用穿束机穿短束，卷扬机整束牵引穿长束。

c. 横向预应力筋。横向预应力钢绞线及波纹管在竖向和纵向预应力管道安装完毕后安装。横向预应力钢绞线采用先穿后安的方法。

②预应力筋张拉及锚固。

预应力张拉设备使用与锚具相配套的千斤顶及油泵,使用前应先进行标定,确保张拉质量。张拉时做到对称、平衡。

a. 纵向预应力筋。纵向预应力筋张拉顺序为先腹板束,后顶板束,左右对称两端同时张拉。

b. 横向预应力筋。横向预应力钢束为扁形锚具锚固,采用千斤顶,利用悬臂板的支架搭设工作平台,由 0# 块中心向两侧逐束双向张拉。

c. 竖向预应力筋。竖向预应力钢筋在安装前均按设计张拉力在台位上进行预拉。其锚固端在施工前先将螺母及垫板用环氧树脂将螺母下端与粗钢筋固定,采用千斤顶由 0# 块向两边与桥轴线对称单向张拉。

d. 张拉控制。预应力筋张拉采用张拉力与伸长量双控,以张拉力为主,实际伸长量与计算伸长量差值控制在±6%,张拉时混凝土强度必须达到设计规定强度以上,张拉步骤严格按照设计或规范要求进行。对伸长量不足的查明原因,采取补张拉措施,并观察有无滑丝、断丝现象,做好张拉记录。

③压浆及封锚。

a. 压浆。纵向预应力除在两端分别设置压浆孔和出浆孔外,还应按规范要求在中间设接力压浆孔。横向和竖向预应力管道,每一段设压浆嘴、排气孔各一个。相邻两根竖向预应力管道下部采用钢管相连,上部一根为进口,一根为出口,上端排气孔采用在锚板上拉缝留孔的方法处理。

预应力管道压浆采用不低于设计等级的水泥浆,并按规定比例加入符合要求的膨胀剂。施工中采用真空压浆工艺,使得管道水泥浆更密实。竖向预应力钢筋压浆时,由相连的一根向另一根压浆,纵、横向预应力管道由一端向另一端压浆。

压浆注意事项:压浆前先用清水清洗预应力管道,严格按规范要求配浆及压浆,压浆时注意观察有无串孔、漏浆,做好压浆记录。若串孔,立即检查原因,及时处理。

b. 封锚。采用不低于设计等级的水泥砂浆或混凝土封锚。

5.3.2 顶推安装法

顶推安装法施工的构思,源于钢桥架设中普遍采用的纵向拖拉法。但由于混凝土结构自重大,滑道设备过于庞大,而且配置承受施工中变号内力的预应力筋也比较复杂，因而这种方法未能很早实现。随着预应力混凝土施工技术的发展和高强低摩阻滑道材料（聚四氟乙烯塑料）的问世，至 20 世纪 60 年代初，德国首次使用此法架设预应力混凝土桥梁并获得成功。

(1) 顶推安装法施工原理及基本工序。

顶推安装法的施工原理：沿桥纵轴方向的台后开辟预制场地，分节段预制混凝土梁身，并用纵向预应力筋连成整体，然后通过水平液压千斤顶施力，借助不锈钢板与聚四氟乙烯模压板（亦称四氟板）特制的滑动装置，将梁逐段向对岸顶进，就位后落架，更换正式支座完成桥梁施工。

顶推安装法施工的基本工序：在桥台后面的引道上或在刚性好的临时支架上设置制梁场，集中制作（现浇或预制装配）等高度的箱形梁段（10～30 m 一段），待有 2～3 段后，在上、下翼板内施加能承受施工中变号内力的预应力，然后用水平千斤顶等顶推设备将支承在四氟板与不锈钢板滑道上的箱梁向前推移，推出一段再接长一段，这样周期性地反复操作直至最终位置，进而调整预应力（通常是卸除支点区段底部和跨中区段顶部的部分预应力筋，并且增加和张拉一部分支点区段顶部和跨中区段底部的预应力筋），以满足后加恒载和活载内力的需要，最后将滑道支承移置成永久支座，至此施工完毕。

由于四氟板与不锈钢板间的摩擦系数小，仅为 0.02～0.05，故梁重即使达 1×10^5 kN，5000 kN 以下的力也可将其推出。

(2) 顶推安装法施工方法及特点。

①顶推安装法施工方法。

顶推安装法施工的关键是顶推工作，核心问题在于应用有限的顶力将梁顶推就位。聚四氟乙烯的问世，为我们提供了摩擦系数很小的材料，使施工水平有了很大的提高。

顶推的施工方法很多，依照顶推的施力方法、顶推的方向和支承系统等可以分为很多类：按施力方法分为单点顶推和多点顶推；按顶推方向分为单向顶推和双向顶推；按支承系统分为临时滑动支承和使用与永久支承兼用的滑动系统。

a. 单点顶推。

单点顶推水平力的施加位置，一般集中设置于主梁预制场附近的桥台或某一桥墩，其他墩台支点只设置滑道支承。

顶推设备只设在一岸桥台处。在顶推中为了减少悬臂负弯矩，一般要在梁的前端安装一节长度为顶推跨径 60%～70% 的钢导梁，导梁应自重轻而刚度大。单点顶推适于建造跨度为 40～60 m 的多跨连续梁桥。当跨度更大时，就需要在桥墩间设置临时支墩。国外已用顶推法修建了跨度达 168 m 的桥梁。至于顶推速度，当水平千斤顶行程为 1 m/h 时，一个顶推循环需要 10～15 min。国外最大速度已达到 16 m/h。

b. 多点顶推。

在每个墩台上设置一对小吨位(400～800 kN)的水平千斤顶，将集中的顶推力分离到各墩上。利用水平千斤顶传给墩台的反力来平衡梁体滑移时在桥墩上产生的摩阻力，使桥墩在顶推过程中承受较小的水平力，因此多在柔性墩上采用多点顶推施工。

对于特别长的多联多跨桥梁也可以应用多点顶推的方式，使每联单独顶推就位。在此情况下，在墩顶上均可设置顶推装置，且梁的前后端都应安装导梁。三跨不等跨连续梁采用从两岸双向顶推施工的方式。用此法可以不设临时墩而建中跨跨径更大的连续梁桥。

②顶推装置和滑道装置。

顶推施工中采用的主要设备是千斤顶和滑道。根据不同的传力方式，顶推工艺又有推头式和拉杆式 2 种。

图 5.7 表示推头式顶推装置。图 5.7(a)是设置在桥台上进行顶推的装置，利用竖向千斤顶将梁顶起后，启动水平千斤顶推动竖顶(推头)。由于推头与梁底间橡胶垫板(或粗齿垫板)的摩擦力显著大于推头与桥台间滑板的摩擦力，这样就能使梁向前移动。一个行程推完后，降下竖顶使梁落在支承垫板上，水平千斤顶退回，竖顶返回原位置，然后又重复上述循环将梁推进。图 5.7(b)为多点顶推时安装在桥墩上的顶推装置。顶推时梁体压紧在推头上，水平顶拉动推头使其沿钢板滑移，这样就将梁推动前进。水平顶走完一个行程后，用竖顶将梁顶起，水平顶活塞杆带动推头退回原处，再落梁并重复将梁推进。推头式顶推工艺的主要特点是在顶推循环中必须有竖向千斤顶顶起和放落的工序。

图 5.8 表示拉杆式顶推装置的布置。图 5.8(a)的顶推工艺：水平千斤顶通过传力架固定在桥墩(台)顶部靠近主梁的外侧，装配式的拉杆用连接器接长后与埋固在箱梁腹板上的锚固器相连接，驱动水平千斤顶后活塞杆拉动拉杆，使梁借助梁底滑板装置向前滑移。水平千斤顶每走完一个行程，就卸下一节拉杆，然后水平千斤顶回油使活塞杆退回，再连接拉杆并进行下一顶推循环。也可以用图 5.8(b)中所示的穿心式水平千斤顶来拉梁前进。在此情况下，拉杆的一端固定在梁的锚固器上，另一端穿过水平千斤顶后用拉杆夹具锚固在活塞杆尾端，水平千斤顶每走完一个行程，活塞杆退回，拉杆夹具自动放松，然后重新用拉杆夹

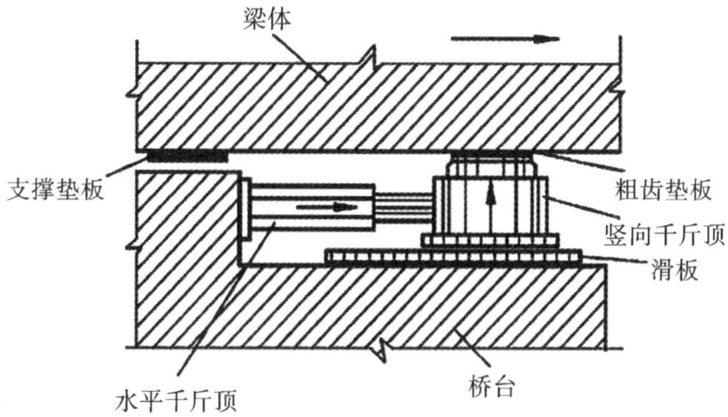

(a) 推头式顶推装置1

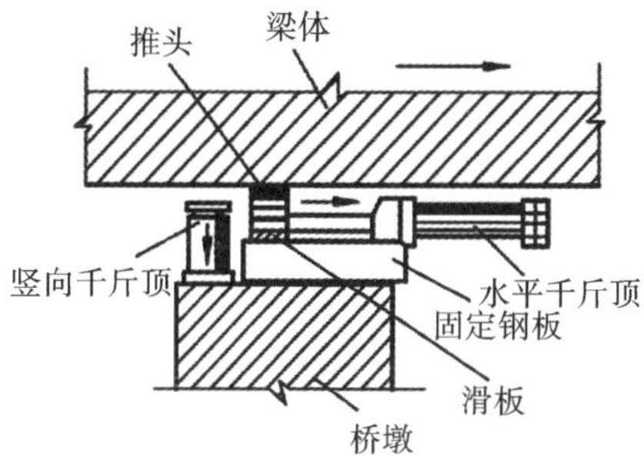

(b) 推头式顶推装置2

图 5.7　推头式顶推装置

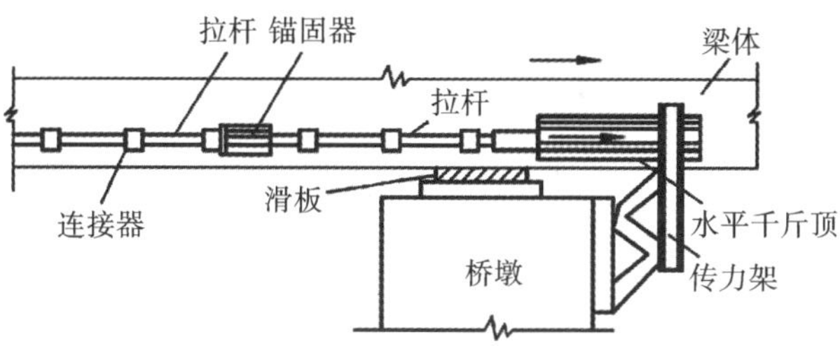

(a) 拉杆式顶推装置布置形式1

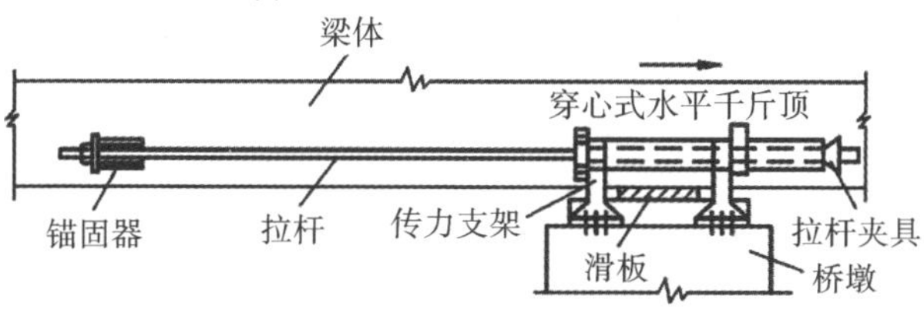

(b) 拉杆式顶推装置布置形式2

图 5.8　拉杆式顶推装置

具锚固拉杆并进行下一顶推循环。采用拉杆式顶推装置的主要优点:在顶推过程中不需要用竖顶做反复顶梁和落梁的工序,简化操作并加快推进速度。

在顶推过程中要严格控制梁体两侧千斤顶同步运行。为了防止梁体在平面内发生偏移(特别是单点顶推),通常在墩顶梁体旁边设置横向导向装置。

图 5.9(a)和(b)为顶推法常用的滑道构造。滑道由设在墩顶的混凝土滑台、铬钢板和滑板组成。滑板由上层氯丁橡胶和下层聚四氟乙烯板镶制而成,橡胶板与梁体接触以增大滑板与梁体的摩擦力,而聚四氟乙烯板与铬钢板接触使摩擦力减至最小。滑板的外形尺寸有 420 mm×420 mm,200 mm×400 mm,500 mm×200 mm 等数种,厚度有 21 mm、31 mm、40 mm 等数种。

如图 5.9(a)所示的滑道,当滑板从铬钢板的一侧滑移至另一侧时须停止前进,而用竖向千斤顶将梁顶起,将滑板移至原来位置,然后再使竖向千斤顶回油,将梁体落在滑板上,重复顶推过程。

如图 5.9(b)所示的滑道,在滑道顶推时,应连续喂入滑板,可节省竖向千斤顶的操作工序,加快顶进速度,但应注意滑板进出口处要做成顺畅的弧面,以免损坏昂贵的滑板。

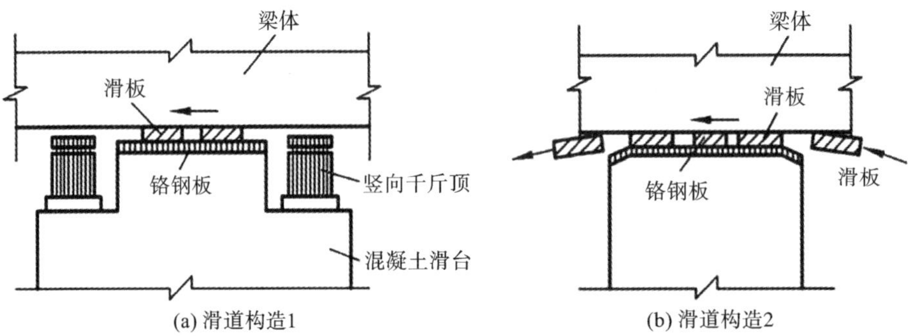

图 5.9　滑道构造

③顶推施工中预应力筋的布置。

采用顶推施工的连续梁预应力筋,分为满足顶推阶段受力要求的前期力筋和满足使用阶段受力要求的后期力筋。

顶推法施工的连续梁,施工过程中梁各截面都会出现最大的正负弯矩。为保证顶推过程中各截面有足够的抗弯强度,前期力筋常沿梁顶、梁底通长布置,使之产生中心的预加压力最为有效。锚头可采用吨位较小且便于接长和拆除的墩头锚、轧丝锚等,根据施工受力要求可随意拆装;顶推完毕后,在跨中底部和支点的顶部增加局部后期力筋，以满足使用荷载作用下的内力要求。有时除顶推时在上、下缘布置前期通长直线筋外，顶推完毕后也可在腹板内设置并张拉后期弯筋，在支点的顶部及跨中的底部设置后期直线短筋。由于顶推施工的连续梁施工阶段内力包络图与设计内力包络图不一致，有些前期力筋在最后形成连续梁后予以拆除。

顶推法施工采用逐段预制、逐段顶推、分段张拉力筋的施工方法，前期通长力筋常采用逐段接长张拉，力筋接长使用连接器，接长长度一般选用两个梁段，间隔排列，即在每个施工面上有半数力筋通过，半数力筋接长。这样可减少连接器数量，改善主梁受力，简化施工。

④顶推施工法的特点。

a. 顶推法施工时，主梁节段预制，连续作业，结构整体性较好。由于不需要大型起重设备，节段长度可根据预制场地条件选用，一般取 10～20 m。

b. 梁节段在预制场预制，避免高空作业，同时模板和设备可多次周转使用。

c. 顶推法宜在等截面梁上使用，但当桥跨过大时，选用等截面会造成材料的不经济，也增加施工难度。因此，顶推法应以中等跨径的连续梁为宜，推荐的顶推跨径为 40～50 m，桥梁的总长也以 500～600 m 为宜。

d. 顶推施工平稳、安全，可以在深水、山谷中采用，也可在曲率相同的弯桥上使用。

e. 顶推时，梁的受力状态变化较大，施工时的应力状态与运营时的应力状态相差较大。因此在截面设计和预应力筋布置时要同时满足施工与运营荷载的要求。在施工时也可采取加设临时墩、导梁或其他措施，以减少施工应力。

5.3.3　逐孔施工法

逐孔施工法是中等跨径预应力混凝土连续梁桥较常采用的一种施工方法。逐孔施工时不是在一联各跨内同时施工，而是用一套设备（移动支架造桥机或移动模架造桥机）从桥梁一端逐孔施工，也可以是预制梁的逐孔架设施工，即简支变连续或悬臂变连续的施工方法。

逐孔施工法的主要特点：施工能连续操作，可以使桥梁结构选择最佳的施工接头位置和合理的结构形式。同时，由于连续施工，也便于使用接长的预应力钢筋，不仅简化了操作，而且可以按最优的位置布置预应力钢筋，节省高强材料。但逐孔施工过程中会不断产生体系转换。

1. 预制梁逐孔架设施工

预制梁逐孔架设施工的基本思路:将整根连续梁按起吊安装设备的能力先分段预制,然后将预制构件安装至墩台或轻型的临时支架上,再现浇接头混凝土,最后通过张拉部分预应力筋,使梁体集整成连续梁。当起吊能力受到限制时,也可按梁横向分割、分别预制,在安装形成连续梁体系后再进行横向整体化施工。

1) 特点

(1) 不需要大量支架,上部结构的预制工作和下部结构的施工可同步进行,显著缩短工期。

(2) 此法适用的最大跨径为40～50 m,且宜等跨径布置,不需要大型起吊设备。

(3) 适合于主梁截面为矮箱梁及T形截面梁的情况。

(4) 施工过程存在体系转换。

若预制构件为简支梁,则称为简支-连续施工;若为悬臂梁,则称为悬臂-连续施工。

①简支-连续施工方法。施工时预制构件按简支梁的受力状态进行第一次预应力筋(正弯矩筋)的张拉锚固,安装完成后经调整位置(横桥向及高程),浇筑墩顶接头处混凝土,更换支座,进行第二次预应力筋(负弯矩筋)的张拉锚固,进而完成一联预应力混凝土梁的施工。

②悬臂-连续施工方法。用这种方法施工时,简支的预制梁段先连成单悬臂体系,待安装好中央段,浇筑接缝并张拉部分预应力筋,拆除临时支架后,结构成为最终的连续体系。

2) 预应力筋的布置

(1) 预应力筋的接长。

在预应力混凝土连续梁采用逐孔施工、顶推施工及悬臂施工时,纵向预应力筋往往需要接长,接长的方法常采用连接器。

钢绞线束连接器按使用部位不同,可分为锚头连接器和接长连接器:用于接长已张拉锚固的钢绞线常采用锚头连接器;用于接长未张拉锚固的钢绞线时采用接长连接器,接长连接器设置在孔道的直线区段,张拉时连接器应有足够的活动空间。

精轧螺纹钢筋的连接器可以使连接钢筋成为一体从而共同受力。

(2) 临时索和备用束。

预应力混凝土梁的配筋、张拉程序和截面应力既应当满足施工阶段要求,也应当满足使用阶段的要求。但是由于结构体系和内力的变化,有时在施工阶段需要的主筋,在使用荷载作用下将产生不利的影响,如保留这些主筋,对使用荷载作用下梁的受力不利。常采用在施工时布置临时索及控制张拉应力等措施消除其不利影响。

采用临时索时,国内常用做法是将临时筋与永久筋用连接器接长张拉,施工期间临时索不压浆,待施工结束后割断连接器与临时筋的锚头。这种处理方法需要预留临时索孔道及临时张拉锚固,施工较复杂。有时为简化施工,将临时索设置在箱体外,在箱梁内临时锚固,这样张拉、临时锚固及拆除临时索都比较方便。

此外,尚可用控制张拉力的方法,满足使用阶段和施工阶段的不同要求,即力筋的张拉力先按施工要求张拉,施工完成后张拉到设计吨位。这样做的优点是便于布索,同时可满足各阶段的受力要求,但张拉工艺较复杂,在施工阶段不能压浆,还必须选择预应力筋和锚头便于重复张拉的类型。对于施工期较长的桥梁,尚需考虑预应力筋的防锈问题。当施工阶段的受力大于使用阶段的受力,或施工阶段与使用阶段的预应力筋用量相差甚大时,不宜采取此法。

有时为了防止预应力筋预留孔道发生堵塞、漏浆而无法穿束张拉,需要预留备用孔道。一旦预应力筋穿束失败,可通过备用孔道补足预应力筋。这些预应力筋称为备用束。

(3) 预应力筋布置方式。

①逐孔现浇施工。在逐孔现浇的连续梁中,常采用以连接器接长的预应力筋来布置。

②简支-连续施工。采用这种施工方法时,可采用如下的配筋方式:

a. 装配后张拉连续力筋的方式;

b. 支座上部配短预应力筋的方式;

c. 跨径不大时,在支点上设帽筋;

d. 在支座设接头,用连接器对简支梁的预应力筋予以连接;

e. 小跨结构中,在支点顶部设非预应力筋;

f. 小跨结构中,在支点顶部设预应力块件及横向预应力筋。

2. 移动支架逐孔现浇施工

逐孔现浇施工与在支架上现浇施工的区别在于:逐孔现浇施工仅在一跨梁上设置支架,当预应力筋张拉结束后,移到下一跨逐孔施工,而在支架上现浇施工通常在一联桥跨上布设支架连续施工,因此前者在施工过程中有体系转换的问题。

移动支架常用落地式及梁式。落地式用于岸上桥跨或桥墩较低的情况,梁式支架的承重梁支承在锚固于桥墩的横梁上,也可支承在已施工完成的梁体上。现浇施工的接头最好设在内力较小的部位。

逐跨就地浇筑施工需要一定数量的支架,但比起在支架现场浇筑施工所需的支架数量要少得多,而且周转次数多,利用效率高。

3. 移动模架逐孔现浇施工

近年来,高架桥得到了很大的发展。它的特点是桥长跨多,桥梁的跨径为30～50 m。为适应这类桥梁的快速施工,节省劳力,减轻劳动强度和少占施工场地,利用机械化的支架和模板逐跨移动,现浇混凝土施工,即移动模架逐孔现浇施工。

该法需要一定数量的支架,但比起固定支架就地浇筑施工所需的支架数量要少得多,周转次数多,利用效率高。而移动模架是以移动式桁架为主要支承结构的整体模板支架,施工速度也比在支架上现场浇筑快得多,但相对预制梁段逐孔施工要长些,同时后支点位于悬臂端,产生较大的施工弯矩。因此,这种施工方法可一次完成中、小跨径桥一跨梁体混凝土的浇筑,适用于50 m以下多跨简支和连续梁桥的就地浇筑。

连续梁施工时每孔仅在(0.2～0.25)L处(L为跨长)设一道横向工作缝,浇完一孔后,将移动模架前移到下孔位置,如此重复推进和连续施工。

常用的移动模架除移动悬吊模架、活动模架、落地移动模架,还有整体移动模架和滑移钢梁专用模架。采用移动模架法施工,无论哪一种形式,其共同的特点在于:高度的机械化,模板、钢筋、混凝土和张拉工艺等整套工序均可在模架内完成。同时,由于施工作业是周期进行,且不受气候和外界因素干扰,不仅便于工程管理,又能提高工程质量,加快施工速度。

根据国外20余座使用移动模架法施工的桥梁统计,从构造上看,大多数的桥为外形等截面梁桥,箱梁截面在支点位置可设置横隔梁。另外,从桥长和跨径方面分析，大多数桥长均超过 200 m，常用 400～600 m，也有超过 1000 m 的。当桥很长时，则应考虑材料、设备的合理运输问题。对于中等跨径的桥梁采用移动模架法施工较为适宜。采用非支承式的移动模板、支架逐孔现浇施工，近年来发展很快，机械化、自动化的程度也很高，给施工带来了较高的经济效益。此外，对于弯桥和坡桥都有成功的先例。

移动模架逐孔现浇施工法需要一整套设备及配件，除耗用大量钢材外，还应有整套机械动力设备和自动装置，一次投资相当可观。为了提高使用效率，必须解决装配化和科学管理的问题。装配化就是设备的主要构件采用装配式，能适用不同跨径、不同桥宽和不同形状的桥梁，扩大设备的使用面，降低施工成本。科学管理的目的在于充分发挥设备的使用能力，因此必须要做到机械设备的配套，注意设备的维修养护。如果能够做到具有专业队伍固定操作，并能持久地在它所适用的桥梁上施工，必将收到较好的经济效益。

4. 移动模架造桥机

移动模架造桥机制梁适用于现场浇筑预应力混凝土简支或连续箱梁。其外模、底模和支架及导梁可纵向移动，如用于连续梁则可一次浇筑数孔，减少移动支架次数，加快制梁进度。其内模可收缩后从箱室内逐节退出。

第6章　刚构桥施工

6.1　刚构桥概述

刚构桥，主要承重结构采用刚构的桥梁，即梁和腿或墩（台）身构成刚性连接。刚构桥的主要承重结构是梁与桥墩固结的刚架结构，墩梁固结使得梁和桥墩整体受力。桥墩不仅承受梁上荷载引起的竖向压力，还承担弯矩和水平推力。刚构桥在竖向荷载作用下，梁的弯矩通常比同等跨径连续梁或简支梁小，跨越能力大于梁桥；墩梁固结省去了大型支座，结构整体性强、抗震性能好。

6.1.1　刚构桥的分类

刚构桥按受力体系，可分为连续刚构桥、斜腿刚构桥、门式刚构桥和T形刚构桥4种主要类型。刚构桥的主梁一般均需承受正、负弯矩作用，横截面宜采用箱形截面。连续刚构桥主梁受力与连续梁基本相同，横截面形式和尺寸与连续梁也基本相同。

1. 连续刚构桥

连续刚构桥属于多次超静定结构。在大跨连续刚构桥中，体系温度变化、混凝土收缩等作用将使梁产生较大的纵向变形（伸长或缩短），从而导致墩顶产生较大的水平位移；为了减小墩顶水平位移产生的墩顶水平推力、墩底弯矩及结构中的其他附加内力，在设计中一般应减小墩顶的水平抗推刚度。因此，对于墩高较矮的连续刚构桥，通常采用水平抗推刚度小的双肢薄壁墩，高墩连续刚构桥则可采用双肢薄壁墩或单肢薄壁墩。

对于跨数多、连续长度很长的桥，为了减小桥墩对梁纵向位移的约束作用及在结构中产生的附加内力，往往在两侧的一个或多个边跨上设置滑动支座，成为刚构-连续梁组合体系桥。连续刚构桥主梁连续无缝，行车平顺；特别适合于悬臂施工法，并且高墩的柔性有利于减小温度变化产生的墩顶水平推力等结构附加内力。因此大跨预应力混凝土连续刚构桥是跨越深谷、河流的合理桥型。

2. 斜腿刚构桥

刚构桥的主墩斜置，称为斜腿刚构桥，属于超静定结构。在竖向荷载作用下，斜腿底端除承受竖向反力外，还存在较大的水平推力。中跨主梁与斜腿组成的部分，相当于折线形拱桥。其压力线接近于拱桥，因此受力状态也接近于拱桥，斜腿与中跨主梁均承受较大的轴向压力。温度变化与收缩等将使斜腿刚构桥产生较大的附加内力。为了减小这种附加内力，一般在斜腿底部设置铰支座。由于斜腿施工难度大，斜腿与主梁联结处构造及受力较复杂，一般需要在斜腿底部设置永久性铰支座等，这种桥型一般用于中、小跨径桥（跨线桥或跨越深谷），大跨径桥不常采用。

3. 门式刚构桥

门式刚构桥在竖向荷载作用下，梁的跨中弯矩值比相同跨径的简支梁小，可以降低跨中建筑高度、增大桥下净空。但是，墩柱受力严重不对称，即使在结构自重作用下，墩柱也会产生较大的弯矩，使得主梁与墩柱相联结的节点部位承受很大的外缘受拉的弯矩，节点外缘混凝土产生较大的拉应力，内缘混凝土产生较大的压应力，对于钢筋混凝土结构，节点往往容易产生裂缝。因此，这种桥型仅适用于桥下净空受到限制的小跨径跨线桥，并且目前较少采用。

4. T 形刚构桥

T 形刚构桥有跨中带剪力铰的和跨内设挂梁的两种基本类型。混凝土 T 形刚构桥是 20 世纪 50 年代至 70 年代曾经使用的一种桥型，属于静定或低次超静定结构。其受力特点是长悬臂体系，除挂孔以外，主梁以承受负弯矩为主；在混凝土徐变与车辆荷载共同作用下悬臂端的挠度较大，从而在悬臂端和挂梁（或剪力铰）的结合处形成折角，不仅导致伸缩缝与剪力铰容易损坏，且车辆跳动，行车不适。跳车影响对桥梁动力冲击作用较大，使得结构受力不利，容易开裂与损坏。因此，这种桥型目前已较少使用。

6.1.2 刚构桥的构造

1. 连续刚构桥的构造要点

(1) 受力特点。

混凝土连续刚构桥的主要受力特点叙述如下。

①连续刚构桥是梁墩固结体系,梁墩整体受力。

②采用悬臂施工法的同等跨径的连续刚构桥与连续梁桥相比,在结构自重作用下两者的结构内力与变形基本一致。例如,主梁跨中正弯矩、支点截面负弯矩及跨中挠度等,两者基本相等。

③由于梁墩固结,活载作用下,连续刚构桥主梁跨中截面正弯矩及支点截面负弯矩都小于相同跨径的连续梁桥,连续刚构桥的梁高一般略小于相同跨径的连续梁,比连续梁桥适应更大的跨径。

④连续刚构桥由于温度变化、混凝土收缩等,桥梁产生较大的纵向变形及在墩顶产生较大的水平推力等结构附加内力。为了减小结构附加内力,设计中在确保桥墩抗压与抗弯刚度的前提下,应尽量减小桥墩的水平抗推刚度。

⑤由于高墩的水平抗推刚度小,属柔性墩,连续刚构桥多采用高墩。

(2) 适用范围。

混凝土连续刚构桥一般适用于跨径 100～240 m,最大跨径可达 300 m;一般采用预应力混凝土结构,施工方法适合悬臂法,较多采用悬臂浇筑法。

(3) 构造。

①跨径布置。

预应力混凝土连续刚构桥一般采用 3～5 跨布置,如果采用刚构-连续组合体系桥,则跨数可以更多。边跨与中跨的跨径之比 l_1/l 一般取 0.5～0.7;当采用悬臂法施工时,在深谷条件下,支架现浇很困难,为了减小边跨的支架现浇长度,或取消边跨落地支架采用导梁合龙的方式,往往取边中跨比 l_1/l 为 0.5～0.55。

②主梁截面形式、梁高及预应力筋布置。

连续刚构桥的主梁一般采用箱形截面;根部梁高一般取(1/20～1/16)l,跨中梁高与根部梁高之比 $h_{中}/h_{支}$ 一般取 1/3.5～1/2.5,略小于连续梁的跨中梁高;连续刚构桥箱梁截面的细部尺寸与连续箱梁基本相同;大跨连续刚构桥一般采用悬臂施工法,箱梁预应力筋布置方式与采用悬臂施工法的连续箱梁相同。

③桥墩。

连续刚构桥桥墩主要有竖直双薄壁墩、竖直单薄壁墩及 V 形墩（或 Y 形柱式墩）三种基本形式。对于连续刚构桥的桥墩设计，在满足桥墩抗压、抗弯刚度的前提下，应减小其水平抗推刚度，以适应桥梁纵向变形、减小结构次内力，可采用水平抗推刚度较小的单肢薄壁墩或双肢薄壁墩。一般情况下，墩的长细比可取 16～20；双肢薄壁墩的中距与主跨之比 a/l 可取 1/25～1/20。

因薄壁墩的防撞能力较弱，在通航河流上建桥时，应充分注意桥梁薄壁墩抵抗船舶撞击的安全度，采取合适的防撞措施；大跨连续刚构桥在横桥的约束也较弱，桥梁在横向不平衡荷载或风荷载作用下，易产生扭曲变位，为了增强其横向稳定性，桥墩的横向刚度应设计得大一些。

a. 竖直双薄壁墩。它是用两个相互平行的薄壁与主梁固结的桥墩，墩壁可以做成实心的矩形或者空心的箱形截面形式。竖直双薄壁墩抗弯刚度大、稳定性好，同时其水平抗推刚度小，适应桥梁的纵向变形。由于是双薄壁墩，主梁的负弯矩峰值出现在两肢墩的墩顶，且比单壁墩小一些，可以减小墩顶主梁截面尺寸，节约材料。因此，双薄壁墩是连续刚构桥理想的桥墩形式，被广泛采用。

b. 竖直单薄壁墩。在高墩连续刚构桥中，也采用竖直单薄壁墩，其截面形式有实心的矩形或空心的箱形截面。

c. V 形墩（或 Y 形柱式墩）。为了减小墩顶处主梁的负弯矩峰值，可将墩柱做成 V 形墩形式。Y 形柱式墩上部为 V 形托架，下部为单柱式，施工较麻烦。

2. 斜腿刚构桥与门式刚构桥的构造要点

斜腿刚构桥与门式刚构桥属于非常用桥型，主梁与墩柱的构造与一般梁式桥相同，这里仅介绍节点构造。

单跨刚构桥的节点指立柱（或斜支撑腿）与主梁相连接的部位，又称角隅节点。该节点必须具有强大的刚性，以保证主梁和立柱的可靠连接。角隅节点和主梁（或立柱）相连接的截面承受很大的负弯矩，因此节点内缘的混凝土会产生很高的压应力，而节点外缘的拉力则由钢筋承担，于是压力和拉力形成一对巨大的对角压力，对隅节点产生不利的劈裂作用。

关于隅节点的配筋，当采用普通钢筋混凝土时，一定要有足够的连续钢筋绕过隅节点外缘，否则外缘混凝土由于受拉会产生裂缝。对于受力较大的节点，在对角力的方向要设置受压钢筋，在和对角力相垂直的方向要设置防劈裂钢筋。如果是预应力混凝土刚架桥，与隅节点相邻截面的预应力钢筋宜贯穿隅节点，并在隅角内交叉后锚固在梁顶和端头上。预应力钢筋锚头下面的局部应力区段内还应设置箍筋或钢筋,用以承受局部拉应力。对于加设梗腋的隅节点,要设置与梗腋外缘相平行的钢筋。

6.2 连续刚构桥施工技术

6.2.1 0#块施工工艺

1. 施工工艺流程

(1) 墩旁托架施工流程。

墩旁托架一般采用在墩身预埋钢板锚筋,牛腿支架由型钢组拼而成。托架应有足够的刚度和承载能力,在铺设底模前托架结构应按规范要求对其进行预加载,以考核结构的安全度,同时消除非弹性变形,测定结构的弹性变形值,确定立模标高。施工偏差和定位要求应符合有关规范的规定,以确保施工质量。

(2) 落地支架施工流程。

落地支架分为满布式支架和钢管墩支架等。它们都是自地面开始向上搭设支架,形成箱梁施工作业平台。

2. 操作要点

(1) 支(托)架搭设、预压。

根据设计文件及规范要求,临时托架或支架应在0#块施工之前进行模拟加载试验,检验支架各部分的承载能力及受力变形情况。临时支架的下沉量及弹性、塑性变形采用高精度水准仪测量。通过临时支架的挠度变形情况,对支架的安全性进行综合评价,同时确定立模标高。加载过程分别按设计荷载的50%、100%、120%三种工况进行加载试验。

(2) 临时固结。

对于连续梁桥,为承受悬臂施工中T构梁体重量及不平衡弯矩,应设置临时支座或墩旁钢支撑。设置原则:64 m及以下跨度梁跨可考虑在墩顶设置临时支座,大于64 m的梁跨原则上应采用墩旁钢支撑。

①墩顶临时支座。

一般在墩顶设两排 4 个临时支座。临时支座设在相应正式支座近梁体中心线内侧，临时支座底部为 20 cm 厚 M30 硫黄砂浆，其内部布置加热电阻丝，以便箱梁落于正式支座时，软化硫黄砂浆，临时支座硫黄砂浆层上面为 M30 混凝土。各临时支座横桥向靠外侧分别设置精轧螺纹钢筋，上、下端分别锚固于梁体与墩身内，以增加抗震、防滑能力并承受一定的拉力。临时支座设计时应对锚固方法及固定结构强度进行详细的分析计算。

②墩旁临时支撑。

墩旁临时支撑一般采用大直径无缝钢管，内填高强混凝土。钢管结构的大小、尺寸，应根据主梁悬臂浇筑过程中的不平衡弯矩等因素确定。支撑可支承在承台顶面或承台外专设的基础上，基本要求是受力时不得发生不均匀沉降，结构自身受力行为良好。

(3) 支座安装。

支座安装前，按规定复查其规格及产品合格证，并进行配套检查，同时对支承垫石顶面进行凿毛，对锚栓孔位置、孔径大小与深度进行检查并将孔内清理干净，对支座中心放线。支座安装过程中，上、下板整体吊装。为防止上、下板间相互错动，先予以临时固定，支座下板按设计标高进行调整。将下锚栓旋紧螺母后在预留孔内填塞环氧树脂砂浆，支座按设计中心线布置，支座顶面四角高差不得大于 2 mm。支座安装预偏量设置，应根据合龙段施工时的温度计算确定预偏量。

(4) 模板工程。

①底模安装。

0＃块施工，应严格按照结构尺寸要求控制顶面分配梁的标高，模型安装时应精确测量定位后进行锁定。为保证梁体的外观质量，模板的板面要求平整、打磨干净并保证有一定的光洁度，严密不漏浆，保证混凝土表面的美观。底模的高度调节及卸架可采用杂木楔，还应按设计要求设好预拱度。木楔高度调节好后，应将两块木楔用钉子连接，以防止木楔脱落。

②侧模安装。

0＃块的侧模有条件时可采用挂篮的外模，辅以木模拼装。若采用木模，板面之间要求平整，接缝采用平缝，模板缝隙采用双面胶密封，防止漏浆。侧模制作时，根据 0＃块的侧面面积，加工成一定大小面积的整体模型，利用塔吊安装。内模可采用组合钢模板或木板，模型内部在拉筋附近设置钢管内支撑，以控制结构尺寸准确。模型安装应派专人检查安装质量，结构尺寸应符合设计要求，线条流畅。

③端模安装。

端模安装是保证0♯块端部及预应力管道成型要求的关键环节之一。端模可采用钢板或木板制作，将设计预应力管道、钢筋的位置准确布置在端模上，然后割出预应力管道和钢筋的预留孔，预留孔的直径应比预应力管道和钢筋直径大2～3 mm。应在底模和侧模内侧准确放样端模的设计位置线，采用外支撑加固定位。在安装纵向预应力管道和钢筋时，将其从端模预留孔的相应位置穿入和穿出。在混凝土浇筑前，用棉纱堵塞端模上预留孔的缝隙，以防止漏浆。

④模型加固。

侧模可采用对拉螺杆和钢管内支撑加以固定，以保证混凝土浇筑时不发生胀模。端模采用外支撑加固定位。模型安装完成后必须经过技术人员、测量人员和技术负责人等验收合格，保证构件几何尺寸、坐标均满足设计及规范要求后方可浇筑混凝土。

⑤拆模。

混凝土强度达到2.5 MPa后，对表面进行拉毛处理，桥面结构的接缝处混凝土做凿毛处理。混凝土强度达到设计强度的50%，方可拆端模。混凝土强度达到设计强度的75%，方可拆侧模等承重模板。拆模时应避免损坏梁面棱角，拆除后做好保护工作，防止梁面污染。

(5) 钢筋及预应力工程。

钢筋的制作应严格按照设计图和规范施工。因0♯块的钢筋型号繁多，加工好的各种型号钢筋要有标示牌，部分腹板钢筋为平均值，下料时应分别计算，以免在制作、安装的过程中出错。普通钢筋与预应力管道干扰时，应首先保证管道的基本坐标位置，移动普通钢筋。若普通钢筋移动困难，可断开普通钢筋，采用桥接钢筋加强，以绕过预应力管道。安装顶板钢筋时同时安装防撞护栏的预埋钢筋、桥面泄水管等。压浆完成后，外露锚头封锚时先将锚槽处的水泥浆等杂物清理干净，并将端面混凝土凿毛，同时清除支承垫板、锚具及端面混凝土的污垢，绑扎封锚钢筋，浇筑封锚混凝土，洒水养护。

(6) 混凝土工程。

①原材料。

a. 水泥。

水泥进场后，应按其品种、强度、证明文件以及出厂时间等情况分批检查验收，对水泥应进行复查试验。袋装水泥应防止受潮，堆垛高度宜不超过 10 层，不同强度等级、品种和出厂日期的水泥应分别堆放。水泥受潮或存放时间超过 3 个月，应重新取样试验，并按其复检结果使用。同一结构部位应使用同一种水泥，以保证混凝土外观、色泽一致。

b. 细骨料。

细骨料应级配良好、质地坚硬、颗粒洁净，最大粒径不小于 5 mm。混凝土用细骨料的质量标准：含泥量≤3%(其中泥块含量≤1%)；云母含量<2%；轻物质含量<1%；硫化物和硫酸盐<1%；重点控制砂的细度、含泥量、坚固性等指标。

c. 粗骨料。

粗骨料应采用连续级配与单级配配合使用，对粗骨料每批检验不超过 400 m^3。粗骨料最大粒径不超过结构最小边尺寸的 1/4 和钢筋最小净距的 3/4；在两层或多层密布钢筋结构中，不得超过钢筋最小距离的 1/2。粗骨料质量技术要求：C55～C40 混凝土石料压碎指标≤12%；片状颗粒含量≤15%；含泥量≤1%；泥块含量(按质量计)≤0.5%；小于 2.5 mm 颗粒含量≤0.5%；硫化物及硫酸物(按质量计)≤1%；材料必须做碱活性试验。

d. 拌和水。

拌和水应不含有影响水泥正常凝结与硬化的有害杂质或油脂、糖类、游离酸类等，pH 值小于 5 的酸性水及硫酸盐含量超过水质量 0.27 mg/cm^3 的水不得使用。供饮用的水一般满足施工要求。所采用的外加剂必须是经过有关部门检验并有合格证的产品。不同品种的外加剂应分开放，做好标记，在运输和存放过程中不得混入杂物和遭受污染。

②配合比设计。

梁体多为高强(高性能)混凝土，根据其结构特点及施工工艺要求，梁体混凝土应具有良好的工作性(流动性、黏聚性、保水性及坍落度等)。

混凝土按以下原则配制。

a. 满足高强(高性能)混凝土的各种特性指标。

b. 混凝土初凝时间不小于 10 h，3 d 强度达到设计强度的 80%(普通高强混凝土)或设计强度的 90%(高性能混凝土)。

c. 弹性模量指标 3 d 达到设计要求。

d. 泵送混凝土的入模坍落度，普通高强混凝土不小于 14 cm，高性能混凝土不小于 18 cm，扩展度不小于 50 cm。

③混凝土浇筑顺序。

0＃块混凝土的顺序：中部底板→悬臂端底板→中部腹板→悬臂端腹板→墩顶隔板→顶板，尽量做到对称施工。沿线路前进方向左右对称浇筑，以墩顶为界两悬臂端及墩顶隔板要求前后对称浇筑。

④混凝土施工及养护。

混凝土浇筑时设专人进行混凝土振捣。采用插入式振动器，移动间距应不超过振动器作用半径的1.5倍，与侧模应保持50～100 mm距离，垂直、自然地插入下层混凝土50～100 mm。该处振捣完毕后应边振动边慢慢拔出振动器，应避免振动器碰撞模板、钢筋和其他预埋件。每一振动部位，必须振动到该处混凝土密实为止，一般以混凝土不再下沉及冒泡、表面呈现平坦、泛浆为止。设专人进行混凝土养护，混凝上浇筑完毕后采用草帘、麻袋等对混凝土外表面进行覆盖，浇筑后8 h左右开始对混凝土进行洒水养生，并随时保持混凝土表面湿润，养生时间不得少于14 d。

(7) 临时支座(撑)拆除。

待边跨合龙段终张拉，并压浆完毕后，即可解除中支墩的临时支墩约束，进行体系转换。在移除临时支墩后，应注意梁体的外观质量，对梁体底板临时支座(撑)位置的混凝土应打磨平整。

6.2.2 0＃及1＃块支架现浇施工工艺

1. 施工工艺流程

施工准备→支架搭设→底模铺设→临时支座、永久支座安装(若有)→外模安装→钢筋安装→预应力管道安装→内模安装→混凝土浇筑→养护及预应力施工。

2. 施工方法

根据施工图及挂篮施工工作面要求，在不改变设计意图的前提下，将0＃及1＃块一起浇筑。0＃块体积、质量均较大，又是以后各悬浇段的基础，其施工的成败关系到全桥的质量。

(1) 支架搭设。

严格按照支架设计方案进行搭设，调整支架顶标高，控制搭设过程中各工序的质量，确保安全。

支架分为落地式支架和非落地式支架。

①落地式支架。

a. 落地满堂式门式支架。

落地满堂式门式支架主要以承台为支架基础，承台尺寸较小时可在承台侧面周围预埋钢板安装牛腿，或在承台周围布设钻孔桩、钢管桩、粉喷桩等作为基础。承台周围地基承载力较大时可将地基硬化处理后，直接将支架布设在地基基础上，但施工时要注意进行预压处理，最大限度消除地基沉降，防止承台和地基承载力不同造成的支架沉降差。在支架上摆放纵横向方木、槽钢或工字钢作为底模、侧模纵横肋，底模、侧模亦可采用定型框架结构钢模。

b. 落地柱式支架。

落地柱式支架采用大钢管作为支撑主结构。

②非落地式支架。

a. 托架。

0＃及 1＃块在混凝土浇筑过程中，由于混凝土龄期较短，其抗剪强度较低，随着混凝土的浇筑，支架逐渐产生变形，底模发生不均匀沉降，造成下部已初凝的混凝土内部产生剪应力。当剪应力超过其抗剪强度时，即产生竖向裂缝(纹)，影响结构的强度和使用安全。因此，要求托架具有足够的强度和刚度，并尽量减轻自重。托架采用 N 型万能杆件或贝雷梁拼装成空间悬臂结构，主桁架为三角形，墩身每侧主桁架数量可根据计算确定。

b. 预埋件。

预埋件将托架承受的施工荷载传递到墩身，是整个支撑结构的关键部位。预埋件的形式既要保证结构受力安全，又要考虑工地施工条件，避免加工质量不稳定而降低结构的安全度。预埋件的结构形式要进行设计计算，预埋件与主桁架的连接形式可采用焊接或栓接。

c. 垫梁。

垫梁是以分配荷载为目的而设置的。为保证托架的节点受力，所有垫梁均布置在节点处。为保证各主桁片均匀受力，垫梁要求具有较大的刚度，常采用工字钢。

d. 底模支架。

根据 1＃块箱梁底部线位高程设置底模支架，支撑底模纵梁，并设置适当数量的钢楔形块，以调整高程和方便拆除模板及支架。

③拼装施工要点。

为保证预埋件的埋设位置准确，先在地面将预埋件与部分杆件拼装成空间结构，用塔吊整体提升到墩顶，并采取适当的加固措施，防止发生扭曲变形。然后拼装剩余部分杆件，完成整个支架的拼装，并将横向分配垫梁及底模纵梁吊装到位。非落地式支架实际结构是螺栓连接，螺栓与栓孔间存在间隙，在荷载作用下将产生较大的非弹性变形。因此，结构需要进行预压，以充分消除支架的非弹性变形，验证支架的弹性变形和结构安全，并据此设置预拱度，调整模板高程。传统的预压方法为配重预压法和千斤顶法。配重预压法是在支架上堆放重物或悬吊重物，受场地和材料限制较大。千斤顶法利用梁部施工的张拉机具，通过在托架上安放千斤顶，张拉锚固于承台上的钢绞线对托架进行等效加载，完成托架的预压，是比较经济适用的一种方法。预压重量或张拉力宜取 1.1～1.2 倍的 1＃块钢筋混凝土、托架系统、模板系统自重与各种施工荷载的总和。

(2) 底模铺设。

支架高程调整好后铺底模，底模采用大块定型竹胶板模或钢模。模板间拼缝应严密，不得有错台、翘曲或较大缝隙，防止浇筑混凝土时漏浆及底板不平顺。0＃块底模完成后等载预压，消除非弹性变形，设观测点测量弹性变形，作为施工高程控制的依据。

(3) 临时支座、永久支座安装。

临时支座采用 C40 混凝土，临时支座浇筑时在支座顶、底面涂隔离剂，便于体系转换时凿除，临时支座通过预埋筋与墩柱及梁体固结。根据当地最高与最低气温，计算由此产生的连续梁伸缩量和支座位移量，确定 0＃段底部永久支座安装时预留的偏移量。永久支座垫石必须严格抹平，以确保支座安装水平。支座螺栓通过环氧树脂砂浆与墩柱固结牢靠。

(4) 外模安装。

外模包括侧模及翼缘模板，通常这两部分加工成整体。可采用大块定型木模或钢模，用全站仪精确定出梁中心线及底板边线，安装外模。

(5) 钢筋绑扎。

钢筋绑扎要事先安排好钢筋的绑扎先后次序，选择好钢筋保护层的支垫方式，注意各种预埋件及预留孔的位置、尺寸、规格，不得遗漏。

(6) 预应力管道安装。

0＃段波纹管较多且集中，又是以后悬浇段预应力束的基础段，所以安装定位要准确，定位筋焊接必须牢固。为避免混凝土施工中，波纹管进浆堵塞，在波纹管内穿直径稍小的硬质塑料管防止堵塞。

(7) 内模安装。

底板、腹板钢筋和预应力管道安装完成后进行内模安装。内模可采用组合钢模或木模，内模加固采用钢管支架加固，确保梁体几何形状。

(8) 混凝土浇筑。

混凝土浇筑采用泵送方式。搭设混凝土作业平台，在顶板上预留天窗，布置输送混凝土的漏斗和串筒。从底板开始前后、左右对称浇筑0#段混凝土，混凝土浇筑顺序由0#段中心分别向1#段分层浇筑，按照底板→腹板→顶板的顺序进行。底板浇筑完毕后，将腹板、顶板一次性浇筑完成。

(9) 养护及预应力施工。

混凝土浇筑完毕后，加强对梁段尤其是箱体内侧与外侧的洒水养护。当混凝土强度达到设计强度的95%(或设计规定要求)时，张拉预应力束并封头压浆。

6.2.3　合龙段及体系转换施工工艺

边跨、中跨合龙段施工顺序应严格按照设计文件规定进行。

1. 施工准备、合龙前施工测量

合龙段施工前应积极做好各项准备工作，包括技术准备(施工技术方案编制及报批、技术交底和施工测量等)、施工组织准备(施工人员安排、设备及物资准备及进度安排)以及各项施工预案编制等。在最终的合龙段施工技术方案确定前，应安排专人负责环境气温监测、合龙口空间变形(纵、横、竖向)监测以及关键控制截面应力监测，以此确定最终的合龙段施工技术方案并准备配重设施。

2. 挂篮就位或支架安装

(1) 边跨合龙段施工。

一般采用支架法机型施工，在特殊条件下也可将挂篮作为合龙段施工支架，但是必须考虑平衡问题。在最后一个悬浇段施工时应注意预留孔道，悬浇完成后即可将挂篮走行就位并锚固在边跨与悬浇段上，以挂篮为合龙段施工平台。采用落地支架施工合龙段时，先进行支架地基处理、搭设边跨现浇段落地支架施工，在搭设支架上进行边跨合龙施工。

(2) 中跨合龙段施工。

中跨合龙段施工一般将挂篮作为合龙段施工支架，在最后一个悬浇段施工时应注意预留孔道，待悬浇完成后即可将一个挂篮后退或拆除，另一个挂篮走行就位并锚固好。

3. 模板安装

（1）底模安装。

采用挂篮作为合龙段施工支架时，底模系统直接利用悬灌段施工的底模系统，随挂篮一起就位；采用落地支架施工合龙段时，底模系统一般采用木模结构（胶合板面板＋方木加劲肋＋分配梁），人工由下至上安装。

（2）侧模安装。

侧模系统一般情况下直接利用悬浇段施工的外侧模系统，随挂篮一起就位。

（3）内模安装。

内模在底、腹板及横隔墙钢筋、预应力管道安装完成后进行，一般采用组合钢模与木模相配合的结构，在进行安装时应注意加固，尤其对斜腹板的加固。如加固不到位，有可能造成模板上浮。

4. 合龙段钢筋及预应力管道安装

合龙长度设计一般为 2 m。其结构尺寸复杂，钢筋、预应力管道、预埋件较多。为了保证其施工质量，必须按照制订的工序及工艺实施。

（1）钢筋加工制作及安装严格按设计和施工规范要求进行。

（2）波纹管制作和安装应特别注意：布置波纹管时首先用钢筋加工井字架作为波纹管的定位架，纵、横向位置按设计图纸尺寸定位，波纹管中穿内衬管，为保证波纹管的成孔质量，在浇筑混凝土时派专人来回拉动内衬管；在波纹管接头处一定要将波纹管接口剪平后外套接头管，用胶带裹紧，以防止漏浆或在穿束时引起波纹管翻卷导致管道堵塞；浇筑混凝土前应检查波纹管是否有孔洞或变形，尤其是接头处是否密封好；浇筑混凝土时应尽量避免振捣棒直接接触波纹管，以防损坏波纹管，造成漏浆堵孔。

5. 合龙段配重、换重施工

合龙段配重和换重施工应在劲性骨架锁定和临时预应力索张拉前进行。配重和换重一般均采用水箱或砖砌水池装水，便于加载和卸载计量；也可以采用混凝土块或钢材，但应注意准确计量。采用水箱加水换重具体方法：在劲性骨架锁定前，在梁端加设水箱与合龙段混凝土换重（每端水箱装水重量与吊点承受的重量一致,水箱重心位置与吊杆合力作用点重合)。在浇筑合龙段混凝土时,根据混凝土浇筑量,边浇筑混凝土边放水,放水速度根据混凝土浇筑速度而定,原则是同一时段内浇筑的混凝土质量尽可能与放出的水质量相等(浇筑混凝土前先要在水箱上做好标志,以便控制放水量,放水量与合龙段混凝土浇筑量相差不超过 5 t)。水箱放水使合龙段两端悬臂在混凝土浇筑过程中受力保持一致,从而使合龙段两边悬臂高差始终保持不变,尽可能避免施工引起结构附加应力,实现“无应力”合龙。边跨合龙采用挂篮合龙时,中跨挂篮与边跨的重量可能不一致,此时应根据实测标高及边中跨挂篮的重量,经过计算后在边跨加配重,配重加设完成后重新测量标高,标高确定后再根据合龙段混凝土的重量确定需要加设的换重重量。边跨合龙采用落地支架时,由于合龙段混凝土的重量直接由支架传递给地面,对梁部线形无影响,不必考虑换重。

6. 合龙段劲性骨架安装及临时预应力束施工

合龙临时锁定有两个步骤:焊接锁定劲性骨架,张拉临时预应力束。劲性骨架用来连接两端梁,保证合龙段净空,防止在浇筑合龙段混凝土的过程中及合龙段混凝土未达到设计强度的养护过程中梁两端错动,同时用来抵抗合龙段因温度升高而产生的压应力及梁体可能错动而产生的竖向剪应力。劲性骨架采用焊缝连接,焊缝抗拉能力低,故采用临时预应力来抵抗合龙段两端梁体因温度降低收缩而在合龙段混凝土中产生的拉应力。临时预应力束一般采用与设计合龙段相同的预应力束。根据混凝土因温度降低而产生的拉应力确定每根束临时张拉预应力,临时预应力束张拉力未达到设计张拉力,待合龙施工完成、合龙段混凝土强度达到设计强度后,再将其补拉至设计吨位。

劲性骨架安装时应注意以下事项。

(1) 合龙前几天连续观测昼夜温度变化、合龙口高程变化、合龙口长度变化,确定温度变化与高程、长度的关系,选定适当的安装时间。

(2) 安排技术水平高的焊工负责焊接,确保劲性骨架焊缝质量。

(3) 认真做好施工组织,尽量缩短劲性骨架的安装时间。

7. 合龙段混凝土施工

(1) 合龙段混凝土强度设计。

合龙段混凝土强度设计要求一般与其他悬浇节段强度一样,但是为了保证合龙段的施工质量,一般情况下合龙段的混凝土强度在实际施工中要提高一个等级。

(2) 合龙段混凝土生产、运输、现场浇筑、养护。

合龙段混凝土采用拌和站集中生产、罐车运输,要求与一般悬浇段混凝土生产、运输相同。混凝土浇筑时间应在全天最低温度、温差变化小的时段进行,一般选择在晚上12点至第二天清晨6点。合龙段混凝土浇筑完成后,应加强混凝土养护,减少混凝土收缩;合龙段混凝土养护阶段,应禁止施工荷载上桥,避免扰动开裂。

8. 桥梁体系转换施工

桥梁体系转换施工主要包括滑动支座约束解除、限位支座安装、临时支座拆除和后期预应力张拉等内容,施工顺序应严格按照设计文件规定进行。在桥梁合龙段施工过程中,主梁由悬臂状态向固定状态转变,桥梁体系转换施工也同步进行。此时梁段处于比较复杂的受力状态,施工的好坏将直接影响整个桥梁的结构安全和质量,因此在施工时应注意以下事项。

(1) 保证劲性骨架及临时预应力束的施工质量,劲性骨架及临时预应力束锁定的好坏将决定合龙段的施工好坏。

(2) 滑动支座和现浇段的约束应及时解除,保证现浇段能随主梁温度变化自由伸缩。

(3) 限位支座安装和临时支座拆除应严格按照设计要求的时间和方法进行,确保桥梁整个体系与设计一致。

(4) 后期预应力束一般比较长,制索、穿索及张拉施工均比较麻烦,应认真做好施工组织安排和施工质量控制工作,确保成桥质量。

6.2.4 后支点挂篮悬臂现浇施工工艺

1. 施工工艺流程

施工前必须进行安全交底,组织全体操作人员详细谋划讨论,明确各施工阶段挂篮施工特点,安装方法、安装步骤和注意事项,以免因顺序错误发生事故。现以某工程案例施工为基础进行阐述。后支点挂篮悬臂现浇施工工艺流程如图6.1所示。

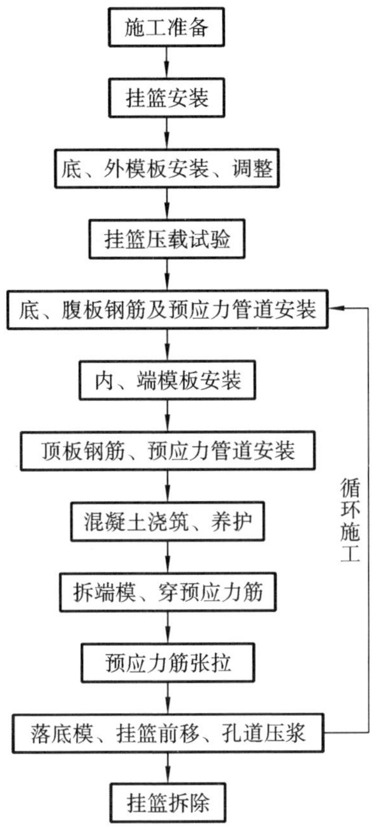

图 6.1　后支点挂篮悬臂现浇施工工艺流程

2. 操作要点

挂篮根据不同结构、不同受力特点，分为平行桁架式挂篮、弓弦式挂篮、三角挂篮和菱形挂篮，下面主要以三角挂篮为例说明。

(1) 挂篮组成。

挂篮由承重系统、底模系统、侧模系统(内、外)、走行系统、后锚固系统组成。一个挂篮由两片三角形组成，每片梁承受梁段混凝土重量。考虑施工现场的加工能力，主梁、滑梁、上横梁等未采用合理的桁架结构，而采用型钢结构。

①承重系统。

每个挂篮有两片三角形组合梁。三角形组合梁由主梁、立柱、斜拉带及联系角钢组成。三角形组合梁下设支座和滑道。

②底模平台。

底模平台在混凝土悬臂施工中承担钢筋混凝土重量及施工机具重量，并兼作施工操作平台。底模支撑系统为型钢组成的纵梁，纵梁与前后下横梁栓接。

③侧模系统（内、外）。

外模一般用[10 槽钢及∠80 角钢做骨架，钢模面板用 5 mm 冷轧板，骨架与模板连接均采用焊接，侧模用滑梁悬吊，骨架上设滑轮，以便安装滑梁、侧模于主梁，其他构件同时滑出，内模也采用其上设滑轮，脱模后滑梁与外侧模同时滑出。

④走行系统。

走行系统分为三角形组合梁走行系统、侧模走行系统及内模走行系统三部分。

三角形组合梁走行系统：在每片梁中部设滑动支点，后中设平衡导向滚轮，箱梁顶面上设滑道，向前滑移。

侧模走行系统：外模走行，在侧模滑梁上装滚动轴，当松开后锚栓及支撑拆模时，在自重作用下，外模落在滑梁上，与主梁、侧模、内模滑梁前进。

内模走行系统：放松内模后，内模板即落在滑道上，然后滑出。

⑤锚固系统。

后锚栓一般采用 $\phi32$ 精轧螺纹钢筋，作用是将挂篮承受的荷载传至箱梁上，并防止挂篮倾覆。主梁移动的倾覆稳定由主梁后端压紧器来维持。

（2）结构检算要点。

①结构检算依据。

挂篮总重控制在设计范围内，允许最大变形（包括吊带变形的综合）≤20 mm。自锚系统的安全系数为 2.0。现浇混凝土和挂篮行走时的抗倾覆稳定系数为 2.0。

②荷载组合。

荷载组合Ⅰ：混凝土自重＋动力冲击荷载＋挂篮自重＋人群和施工机具荷载（计算强度）。

荷载组合Ⅱ：混凝土自重＋挂篮自重＋人群和施工机具荷载（计算刚度）。

荷载组合Ⅲ：挂篮自重＋冲击附加荷载＋风载（计算走行）。

③挂篮结构检算。

根据梁段细部情况，梁截面可以分为地板、腹板、顶板和翼板进行荷载计算：地板和腹板荷载由底模系统承担，顶板荷载由内膜系统承担，翼板荷载由外模系统承担，通过前后吊杆吊带传递到前上横梁和已浇梁段上。各个部分传递到前上横梁的所有荷载都传递到主桁架上。主桁架再通过前支点和后锚点把力传递到已浇梁段顶板。悬吊系统部分在整个挂篮受力中起到力系转换的作用。在计算中主要验算底模系统、外模系统、内模系统、主桁系统、悬吊及走行系统、细部构件等的刚度、强度、稳定性满足承载力要求。

(3) 挂篮安装。

在 0＃块上先进行放样，定出滑道安放位置，铺设滑道底垫块，找平，安放滑道，然后通过扁担梁与锚杆将滑道锚固在箱梁上。将走行轮组装好后，穿入滑道后段，主桁就位后与主梁销接。将三角主桁拼装好后，整体吊装至滑道上，前端伸出箱梁端头，后端与走行轮销接，然后通过扁担梁与锚杆将主桁锚固。四片主桁全部安装并锚固好后，安装主桁立柱竖联。安装前上横梁及主桁平联，将主桁与前上横梁形成整体。做好检查，要求各构件都配套联结，位置准确，所有联结螺栓型号不得混淆，平、斜垫圈应配齐，并注意其方向性，同型号螺栓松紧程度一致，各锚杆用测力扳手每根初拉到 15 t。将滑梁穿入侧模桁架，并将滑轮穿入滑梁，通过卷扬机或导链提升，将侧模系统整体提升就位，然后前端通过Ⅳ级钢吊杆固定于前上横梁，后端经侧模滑轮固定于已成箱梁翼板上。在 1＃块地面上将底模纵梁、前下横梁、后下横梁及底模板形成的底模系统拼好，然后用卷扬机或导链一次提升吊装到位，再安装Ⅳ级钢后吊杆及前吊杆。底模系统拼时，还应做好前后工作平台。检查并调整底模中线及标高。用千斤顶将底模与前段箱梁底板密合，并将后吊杆带上保险螺母。用千斤顶将侧模与翼板及腹板外侧密合，调侧模板标高。安装箱梁底板、腹板及顶板堵头模板。绑扎底板、腹板钢筋，预埋锚垫板、预应力管道及其他预埋件。安装内模系统。绑扎顶板钢筋、预埋锚垫板、预应力管道及其他预埋件。检查，复核中线、标高，合格后方可灌注混凝土。

(4) 挂篮验收。

在使用挂篮之前，应对挂篮进行验收检查。从最初的原材料及成品进场、焊接工程、紧固件连接工程、零件及部件加工工程、挂篮拼装工程到钢结构涂装工程，进行有计划的阶段性检查，记录各阶段检查结构，对挂篮进行综合拼接。采用的原材料及成品应进行进场验收。做好质量检查记录，质量证明文件等资料应完整。各工序按施工技术标准进行质量控制。每道工序完成后，应进行检查。

(5) 挂篮静载试验。

挂篮静载试验采用底模逐级加载的方法。选择多个受力点，用钢丝绳滑轮机构进行受力分配，总荷载为节段最大重量的 1.2 倍。首次加载 50%，第二次加载至 75%，每一级加载后持荷 20 min，最后加载至 120%；对挂篮全面检查，并对挂篮各项数据做好记录，待各项数据稳定后，即可卸除加载。静载实验目的是检测挂篮的应力和变形，并清除挂篮非弹性变形，同时为1#块立模高程提供依据。实验时用应变仪测量应力，用水平仪观测变形，其结果符合挂篮设计要求的方可合格。

(6) 梁段浇筑。

挂篮调整好后，安装堵头模板，绑扎底板钢筋，安装预应力束管道。绑扎腹板钢筋和安装预应力束管道。立内模，调整位置并固定。绑扎顶板钢筋和安装预应力束管道。按照设计要求，进行预埋件安装，预留后期施工所需的孔槽。浇筑混凝土前检查挂篮后端锚固情况。经检查合格后方可浇筑混凝土，桥面混凝土要力求平整。箱梁混凝土浇筑应先中部后两端，先底板后腹板、顶板。同一桥墩两侧箱梁节段混凝土浇筑采用对称同步施工方法，控制两侧不平衡荷载。

(7) 挂篮移动。

上一段箱段浇筑完毕，混凝土达到强度要求，完成预应力张拉后，方可移动挂篮，进行下一段箱梁的施工。挂篮移动前先脱除侧模系统，然后脱除底模系统，使侧模与底模系统松动地悬挂于前上横梁及侧模滑梁上。挂篮后端锚固放松一点，用千斤顶将挂篮主梁靠前端顶起一定高度，拆除部分垫块，铺设至前段箱梁，用卷扬机牵引滑道移动至前一段箱梁上，然后锚固滑道，并在滑道上涂上黄油。放下千斤顶，然后启动卷扬机，牵引着挂篮主桁系统随着走行轮及滑块的移动而前移，同时带动侧模系统与底模系统一起前移。挂篮移动到位后，将主桁后端进行锚固。锚固时用千斤顶将后锚杆预拉，上紧，同时将各锚杆受力调节均匀。提升底模系统，调整挂篮底板中线及标高，锚固后吊杆，上紧前吊杆。提升侧模系统，调整侧模高度及垂直度，并进行固定。至此准备施工下一梁段。以此类推，挂篮移动按上述步骤进行。

(8) 预应力施工。

混凝土浇筑完成达到强度后，进行预应力施工。预应力施工顺序为先纵向、后竖向、再横向，张拉结束后，尽快进行压浆，采用水灰比为0.4～0.5的水泥浆，用活塞式压浆泵压浆。压浆时用0.7 MPa的恒压，连续注入浆液。压浆灌满管道时，塞住前排气孔，再进行一次补浆，使管道内浆液密实。

6.2.5 悬臂浇筑挂篮施工工艺

1. 工艺流程

挂篮组拼及试压→调整立模高程、轴线→绑扎底板、腹板钢筋→安装竖向预应力筋(安装底板预应力管道)→安装腹板内模板→绑扎顶板钢筋、安装顶板横向预应力筋及纵向预应力管道→混凝土浇筑→养生、拆堵头模板、凿毛→清孔穿束→张拉→压浆→落模板→移挂篮,进入下一段施工。

2. 操作方法

(1) 挂篮组拼及试压。

墩顶现浇段完成后,依据挂篮设计资料,确定挂篮组拼控制线。依据实际起重能力选择合理的起重方案。按照先主桁次底篮再模板,最后其他附属结构的顺序进行挂篮的组拼。挂篮组拼完成后,为了检验挂篮的性能和安全,消除结构的非弹性变形,获取挂篮弹性变形曲线的参数,为箱梁施工提供数据,应对挂篮进行试压。试压通常采用试验台座加压法、水箱加压法等。

(2) 调整立模高程、轴线。

依据设计资料,复核悬浇梁段轴线控制网和高程基准点,确定并调整立模的轴线及高程。经驻地监理工程师检查、批准后才能绑扎钢筋。立模时应留预拱度。预拱度包含挂篮的弹性变形及通过计算软件分析而得的施工及后期预拱度值。

(3) 绑扎底板、腹板钢筋。

依据设计资料,先在加工厂将钢筋制作成型,然后用塔吊、吊车或浮吊将钢筋运到已完成的箱梁顶面,先绑扎底腹板钢筋,再绑扎顶板钢筋。在施工过程中,施工负责人根据设计图纸,合理地确定不同种类钢筋的绑扎顺序,自检人员再检查钢筋种类、根数、间距及保护层控制是否满足要求。

(4) 安装竖向预应力筋。

预应力管道及定位钢筋等一般在钢筋绑扎过程中已安装完成。在预应力管道布设过程中,应用胶带纸将锚头与波纹管连接处及波纹管接头处密封,封住压浆管管口,将压浆管和钢筋绑扎连接牢固,并在纵向波纹管内插入 PVC 管,以免浇筑混凝土时振动脱落而进浆。预应力管道布设时,要注意按施工设计方案布置出气孔、出浆孔。

(5) 安装腹板内模模板。

挂篮设计应考虑能使内模与挂篮其余部分分两次行走到位的构造。底板及腹板钢筋、预应力安装经驻地监理工程师检查、批准后,才能安装腹板内模模板。

(6) 绑扎顶板钢筋、安装顶板横向预应力筋及纵向预应力管道。

按要求绑扎钢筋,安装预应力管道及需要张拉钢丝索的锚垫板。另外,还要预埋护栏筋、翼板和底板泄水孔以及挂篮预埋孔。护栏钢筋和翼板钢筋同时绑扎,在顶板上适当位置预留适当尺寸的人孔,以利于人员上下和设备的运输。以上工作完成后,支堵头模板。

(7) 混凝土浇筑。

试验室工作人员将原材料检验报告单、混凝土配合比等报监理工程师签认。待模板、钢筋及预应力系统和各种预埋件施工完毕,经监理工程师检查认可后,即可进行混凝土浇筑。桥墩两侧梁段悬臂施工应对称、平衡,实际不平衡偏差不得超过设计要求值。箱形截面混凝土浇筑顺序应按设计要求办理。当采用两次浇筑时,各梁段的施工应错开。箱体分层浇筑时,底板可一次浇筑完成,腹板可分层浇筑,分层间隔时间宜控制在混凝土初凝之前且应保持覆盖。

(8) 养护、拆堵模板、凿毛。

在混凝土浇筑完毕后,及时在顶板表面拉毛并进行混凝土养护。用土工布、麻布等覆盖,并经常洒水,养护时间要≥7 d,气温较低时表面覆盖棉被,保证混凝土强度。当混凝土强度达到 2.5 MPa 后方可拆除堵头模板,进行凿毛。经凿毛处理的混凝土面,应用水冲洗干净。

(9) 清孔穿束。

箱梁混凝土浇筑后,应对混凝土管道进行冲洗后用空压机吹干,然后人工穿入合格的钢绞线。当管道较长时采用卷扬机穿束,安装锚具。

(10) 张拉。

待混凝土强度达到设计要求(当设计无要求时按设计强度的 75%控制),即可开始张拉。张拉要严格按照设计规定顺序进行。如设计无要求,应注意上下、左右对称张拉,张拉时注意梁体和锚具的变化。施加预应力所用的机具设备及仪表由专人使用和管理,并定期维护和保养。千斤顶与压力表应配套校验,以确定张拉力与压力表之间的关系曲线,校验应由主管部门授权的法定计量机构定期进行。当千斤顶使用超过 6 个月,或 200 次,或在使用过程中出现不正常现象,或检修以后,应重新检验。预应力筋采用应力控制方法张拉时,应以伸长值进行校验,实际伸长值与理论伸长值的差值控制在 6%以内,否则应暂停张拉,待查明原因并采取措施予以调整后,方可继续张拉。必要时,应对孔道摩阻损失进行测定,并向有关单位反映,张拉时予以调整。预应力筋的锚固应在张拉控制应力处于稳定状态下进行。锚固阶段张拉端预应力的内缩量,应不大于设计规定或规范允许值。认真填写施工记录。

(11) 压浆。

预应力筋张拉后,孔道应尽早压浆。水泥浆的强度应符合设计规定。设计无具体规定时,应不低于 30 MPa。对截面较大的孔道,水泥浆中可掺入适量的细砂。水泥浆的技术条件应符合下列规定:水灰比宜为 0.40～0.45,掺入适量引水剂时,水灰比可减小到 0.35。水泥浆的泌水率最大不得超过 3%,拌和后 3 h 泌水率宜控制在 2%,泌水应在 24 h 内重新全部被水泥浆吸回。通过试验,水泥浆中可掺入适量膨胀剂(严禁用铝粉),但其自由膨胀率应小于 10%。水泥浆稠度应控制在 14～18s。

水泥浆自拌制至压入孔道的延续时间,视气温情况而定,一般为 30～45 mm。水泥浆在使用前和压注过程中应连续搅拌。对于延迟使用所致的流动度降低的水泥浆,不得通过加水来增加其流动度。压浆时,对曲线孔道和竖向孔道应从最低点的压浆孔压入,由最高点的排气孔排气和泌水。压浆宜先压注下层孔道。压浆应均匀地进行,不得中断,并应将所有最高点的排气孔依次放开和关闭,使孔道内排气通畅。当采用真空压浆时,要使用专用塑料波纹管及接头,用配套锚具,按真空压浆的要求配制水泥浆,并按真空压浆流程进行施工。规范要求压浆强度达到设计要求后才能移运。为满足此要求,挂篮移动工序必须在水泥浆初凝前或压浆强度达到规定值后进行。

(12) 落模板。

预应力张拉完成后即可拆除腹板模板、模板对拉杆,卸落吊模杆。安装行走小车,拆除后锚杆,使挂篮由锚固状态转换为行走状态。

(13) 移挂篮。

挂篮完成体系转换后即可进行挂篮的前移。挂篮行走时,首先控制轨道的中线和间距,防止挂篮走偏。主桁轨道必须要放水平,轨道与箱梁必须固定牢靠。为保证挂篮就位时不扭曲、偏移,在主桁上设置垂直于主桁纵向轴线的标记线,用仪器观测来控制。如相差过大要及时调整。挂篮行走到位后安装后锚杆,拆除行走小车,完成挂篮的体系转换。

第7章 拱桥施工

7.1 拱桥概述

拱桥是我国常用的一种桥梁形式，其样式之多，数量之大，为各种桥型之首。拱桥是指在竖向荷载作用下，两铰支承处除有竖向反力外，还产生水平推力的桥梁结构。正是水平推力的存在，使拱内产生轴向压力，并大大减小了跨中弯矩，提高了桥的跨越能力。

7.1.1 拱桥的基本特点

拱桥与梁桥的区别，不仅在于外形的不同，更重要的是两者受力性能有很大的差别。梁桥在竖向荷载作用下，支撑处仅仅产生竖向的支撑力；而拱桥在竖向荷载作用下，支撑处产生竖向反力和水平推力。水平推力使拱的弯矩比相同跨径梁的弯矩小很多，而拱圈内主要承受压力。特别对于大跨径桥梁，静载占全部荷载的绝大部分，因此合理选择拱的轴线，使拱圈在静载作用下主要受压，就可以充分利用抗压性能较好的石料和混凝土材料。

1. 拱桥的主要优点

拱桥的主要优点有：跨越能力大；能充分做到就地取材；耐久性好，养护、维修费用低；外形美观；构造较简单，有利于广泛采用。

2. 拱桥的主要缺点

(1) 拱桥是有推力的结构，而且自重较大，因而水平推力也较大，增加了下部结构的工程量，对地基要求也高。

(2) 施工方面的缺点多。

(3) 由于水平推力较大，在连续多孔的大、中桥中，为防止一孔破坏而影响全桥的安全，需要采取较复杂的措施，或设置单向推力墩，提高了造价。

(4) 上承式拱桥的建筑高度较高。

拱桥的缺点正在逐步改善和克服，在 200～600 m 范围内，拱桥仍然是悬索桥和斜拉桥的竞争对手。如在地质条件不好的地区修拱桥，可从结构体系、构造形式上采取措施，利用轻质材料来减轻结构自重，或采取措施提高地基承载能力。为了节约劳动力，加快施工进度，可采用预制装配式及无支架施工。这些都有效地扩大了拱桥的适用范围，提高了拱桥的跨越能力。

7.1.2　拱桥的组成和分类

1. 拱桥的组成

拱桥和其他桥梁一样，也由上部结构及下部结构两部分组成(表 7.1)。拱桥上部结构由主拱圈(main arch ring)和拱上建筑(spandrel construction)组成，拱圈是拱桥的主要承重结构。由于拱圈是曲线形的，一般情况下车辆无法直接在弧面上行驶，所以在桥面系与拱圈之间需要有传递荷载的传力构件或填充构造物。这些传力构件或填充构造物和桥面系统称拱上建筑。拱上建筑可做成实腹式或空腹式，相应称为实腹式拱桥或空腹式拱桥。

表 7.1　拱桥的基本组成

组　成			作　用
上部结构	主拱圈	拱圈或拱肋	主要承重结构
	拱上建筑	桥面系	车辆、行人通行
		传力构件或填充构造物	介于桥面系和主拱圈之间，用于形成平顺的桥道以支撑桥面系
下部结构	桥墩、桥台及基础		支撑上部结构，将荷载传至地基，桥台还与两岸路堤衔接

2. 拱桥的分类

拱桥的结构形式多样，基本的组成部分包括基础、墩台、拱圈及拱上建筑。拱桥可以按照以下几种方式进行分类。

(1) 拱桥按建筑材料可以分为石拱桥、混凝土拱桥、钢筋混凝土拱桥、钢管混凝土拱桥以及钢拱桥。

(2) 拱桥按拱圈位置可以分为上承式拱桥、中承式拱桥和下承式拱桥。

(3) 拱桥按结构体系可以分为简单体系拱桥、组合体系拱桥。

(4) 拱桥按截面形式可以分为板拱桥、肋拱桥、箱形拱桥、双曲拱桥等。

(5) 拱桥按拱上建筑形式可以分为实腹式拱桥、空腹式拱桥、组合体系式拱桥。

(6) 拱桥按拱轴线可以分为抛物线拱桥、圆弧拱桥、悬链线拱桥。

7.1.3 拱桥的构造

1. 上承式拱桥构造

(1) 主拱圈。

普通型上承式拱桥的主拱圈根据截面形式不同主要分为板拱、肋拱、箱形拱、双曲拱等。

①板拱。

板拱是指主拱圈采用整体实心矩形截面。按照主拱所用材料不同，板拱又分为圬工板拱(石板拱)、混凝土板拱、钢筋混凝土板拱等。

②肋拱。

拱圈由两条或多条分离的拱肋组成称为肋拱。其每条拱肋相对来说窄而高，抗弯惯性矩大。上承式肋拱桥包括横隔梁、立柱和有横梁支撑的行车道部分；下承式肋拱桥则将吊杆锚固在肋拱背上。肋拱质量轻，恒载内力减小，相应活载内力的比重增大，可充分发挥钢筋等材料的性能，具有较好的经济性，现已在大、中型拱桥中广泛使用，并逐渐取代板拱。

③箱形拱。

箱形拱的拱圈，可以由一个闭合箱(单室箱)或由几个闭合箱(多室箱)组成。每个闭合箱又由顶板、底板、肋板(侧板)组成。底板厚度、预制腹板厚度及预制顶板厚度均应不小于 100 mm。腹板的现浇混凝土厚度(相邻板壁间净距)及顶板的现浇混凝土厚度应不小于 100 mm。预制边箱宜适当加厚。为提高拱箱抗扭能力，加强箱壁的局部稳定性，拱箱内每隔一定距离设一道横隔板。

箱形拱的拱箱内宜每隔 2.5～5.0 m 设置一道横隔板，横隔板厚度可为 100～150 mm，在腹孔墩下面以及分段吊装接头附近均应设置横隔板，在 3/8 拱跨长度至拱顶段的横隔板应取较大厚度，并适当加密。箱形板拱的拱上建筑采用柱式墩时，立柱下面应设横向通长的垫梁，其高度宜不小于立柱间净距的 1/5。

④双曲拱。

双曲拱是 20 世纪 60 年代中期我国江苏省无锡的建桥职工首创的一种主拱圈截面形式，由于拱圈在纵、横向均呈拱形而得名。双曲拱桥的主拱圈由拱肋、拱波、拱板和横向联系 4 部分组成。双曲拱主拱圈的特点是先化整为零，再集零为整，适应于无支架施工和无大型起吊机具的情况。由于双曲拱的刚度和施工稳定性不及箱形拱，加上构件小、工序多，与目前桥梁吊装能力的增长和装配化效率的提高不相适应，故在大跨径拱桥中，双曲拱有被箱形拱取代的趋势。

(2) 拱上建筑。

桥面系与传力构件或填充构造物统称为拱上建筑。按照拱上建筑采用的不同构造方式，可将拱桥分为实腹式和空腹式两种。一般情况下，小跨径拱桥多采用实腹式，大、中跨径拱桥多采用空腹式，以利于减小恒载，并使桥梁显得轻巧美观。

①实腹式拱上建筑。

实腹式拱上建筑由侧墙、拱肩填料、护拱以及变形缝、防水层、泄水管等部分组成。

拱腹填料分为填充式和砌筑式两种。填充式拱腹填料应尽量做到就地取材，通常采用透水性好、土侧压力小的砾石、碎石、粗砂或卵石类黏土等材料，分层夯实。当地质条件较差，要求减轻拱上建筑质量时，可采用其他轻质材料，如炉渣与黏土的混合物、陶粒混凝土(其重度可小到 10 kN/m^3)等。砌筑式就是在散粒料不易取得时采用的一种干砌圬工方式。

侧墙的作用是围护拱腹上的散粒填料，设置在拱圈两侧，通常采用浆砌块、片石，若有特殊的美观要求，可用料石镶面。对混凝土或钢筋混凝土板拱，也可用钢筋混凝土护壁式侧墙。这种侧墙可以与主拱圈浇筑为一体，其内配置的竖向受力钢筋应伸入拱圈内一定长度(规定的锚固长度)。侧墙一般要求承受填料土侧压力和车辆作用下的土侧压力，故按挡土墙进行设计。对浆砌圬工侧墙，顶面厚度一般为 50～70 cm，向下逐渐增厚，墙脚厚度取该处墙高的 40%。

护拱设于拱脚段，在提高结构强度的同时，便于在多孔拱桥拱腹上设置防水层和泄水管，通常采用浆砌块石、片石结构。

②空腹式拱上建筑。

空腹式拱上建筑除具有实腹式拱上建筑相同的构造外，还具有腹孔和支承腹孔的墩柱。空腹式拱上建筑的腹孔通常对称布置在拱上建筑高度所容许的自拱脚向拱顶一定范围内，一般在半跨内以 1/4～1/3 为宜，孔数以 3～6 跨为宜。

(3)拱桥其他细部构造。

①拱上填料、桥面铺装及行车道。

无论是实腹拱,还是拱式空腹拱,都需要在拱顶截面上缘以上做适当的拱腹填充处理,以使拱圈与桥头(单孔)或相邻两拱圈之间同拱顶截面上缘齐平,形成桥面。在进行上述填充后,通常还需要设置一层填料,即拱上填料,在该填料以上才是桥面铺装。

拱上填料能起扩大车辆荷载分布面积的作用,同时还能减少车辆荷载的冲击作用。《公路桥涵设计通用规范》(JTG D60—2015)规定,当拱上填料厚度(包括桥面铺装厚度)大于或等于 50 cm 时,设计计算中可不计汽车荷载的冲击力。在地基条件很差的情况下,为了最大限度地减轻拱上建筑重量,可减少拱上填料厚度,甚至可以不设拱上填料,直接在拱顶截面上缘以上铺筑混凝土桥面,此时,其行车道边缘的厚度至少为 8 cm。为了分布车轮重力,拱顶部分的混凝土桥面内可设置钢筋网。不设拱上填料时应计入汽车荷载的冲击力。拱顶填料用料选择与拱腹相同。

对具有拱顶实腹段的梁式空腹拱(肋拱除外),拱顶实腹段的拱上填料与上述相同。全空腹梁式空腹拱不存在拱上填料问题。

拱桥桥面铺装应根据桥梁所在的公路等级、使用要求、交通量大小以及桥型等条件综合考虑确定。低等级农村公路上的中、小跨径实腹拱或拱式空腹拱桥一般采用混凝土桥面,有条件时应采用沥青混凝土桥面,以降低噪声和减少扬尘,保护环境。大跨径拱桥以及高等级公路上的拱桥均应采用沥青混凝土桥面。

行车道两侧根据需要可设人行道及护栏,其构造与梁桥相似。

②排水及防水层。

对于拱桥,不仅要求能够及时排除桥面的雨、雪水,而且对于透过桥面铺装渗入拱腹内的雨水也要求及时排除,如渗水不及时排除,则会增大拱腹填料的含水量,降低承载能力,影响路面层的强度,使路面更易开裂破坏,并且渗水会沿着拱上建筑的一些缝隙(如变形缝或裂缝等)渗透,在冬季冰冻时使结构产生冻胀损坏。

对于小桥的桥面雨水,可利用顺桥向的纵坡,将水引到两端桥台后面排除,但应注意防止冲刷桥头路堤。大、中桥面应设横坡,并每隔适当距离设置泄水管,将桥面雨水排除。混凝土和沥青桥面的横坡坡度一般为 1.5%~2.0%,碎石桥面的横坡坡度宜不小于 3%。人行道应设置与行车道反向的横坡,其坡度一般为 1%~2%。渗入拱腹内的水,应通过防水层汇集于预埋在拱腹内的泄水管排除，排水管和泄水管的敷设方式，与上部结构的形式有关。

排水管可用铸铁管、混凝土管或陶瓷(瓦)管，其内径一般为 6～10 cm，严寒地区须适当加大，但宜不大于 15 cm。为便于排水管的检查和清理，排水管应用直管、短管并尽可能减少管节数量。泄水管应伸出结构表面，以不小于 10 cm 为宜，以免雨水顺着结构物的表面流下。

排水管不宜设置在墩台边缘，以免排水集中冲刷砌体。排水管进口处周围的桥面应做成集水坡度，以利雨水向排水管汇集。桥面的排水管口要有保护设施，拱腹内的进水管口须围以大块碎石做成倒滤层，以免杂物堵塞。

实腹式拱桥的防水层应沿拱背护拱、侧墙铺设。如果是单孔，可不设拱腹泄水管，积水沿防水层流至两个桥台后面的盲沟，然后沿盲沟从路堤排除。如果是多孔拱桥，可在 1/4 跨径处设泄水管。对于空腹式拱桥，防水层应沿腹拱上方与主拱圈跨中实腹段的拱背设置，泄水管宜布置在 1/4 跨径处。

防水层在全桥范围内不宜断开，当通过伸缩缝或变形缝处时应妥善处理，使其既能防水又可以适应变形。

防水层有粘贴式与涂抹式两种。粘贴式防水层是由 2～3 层油毛毡与沥青胶交替贴铺而成的，效果较好，造价较高，施工烦琐。涂抹式防水层是由沥青或柏油涂抹于砌体表面的，施工简便，造价低，效果较差，适合于少雨地区。当要求较低时，可采用石灰三合土、石灰黏土砂浆、黏土胶泥等简易办法代替粘贴式防水层。

③伸缩缝与变形缝。

拱上建筑与主拱圈，在构造和受力上都有密切的联系。由于拱上建筑与主拱圈的共同作用，一方面拱上建筑能够提高主拱圈的承载能力，但另一方面，拱上建筑对主拱圈的变形又起约束作用，产生附加内力，故应设置伸缩缝及变形缝来使拱上建筑与墩台分离，并使拱上建筑和主拱圈一起自由变形。

对于实腹式拱桥，在主拱圈拱脚的上方设置伸缩缝，缝宽 2～3 cm，直线布置，纵桥向贯通侧墙全高，横桥向贯通全宽，从而使拱上建筑和主拱圈一起自由变形。

对于大跨径空腹式拱桥，一般将紧靠墩台的第一个腹拱圈作为三铰拱，并在靠墩台的拱铰上方的侧墙设置伸缩缝，在其余两铰上方的侧墙设置变形缝(断开而无缝宽)。在特大跨径的拱桥中，对靠近主拱圈拱顶的腹拱，宜设置成两铰或三铰，腹拱铰上方的侧墙仍应设置变形缝。

在人行道、栏杆、缘石和混凝土桥面，均应相应设置伸缩缝或变形缝。在 2～3 cm 的伸缩缝缝内填料，可用锯末沥青，按 1∶1 的重量比制成预制板，施工时嵌入缝内。上缘做成能活动而不透水的覆盖层。缝内填料亦可采用沥青砂等其他材料。变形缝不留缝宽，其缝可干砌、用油毛毡隔开或用低标号砂浆砌筑，以适应主拱圈的变形。

④拱铰构造。

通常，拱桥中有 4 种情况应设铰：①主拱圈按两铰拱或三铰拱设计时；②空腹式拱上建筑，其腹拱圈按构造要求需要采用两铰或三铰拱，或高度较小的腹孔墩上、下端与顶梁、底梁连接处应设铰时；③在施工过程中，为消除或减小主拱圈的部分附加内力，以及对主拱圈内力做适当调整时，往往在拱脚或拱顶设临时铰；④主拱圈转体施工时，需要设置拱铰。前两种为永久性铰，必须满足设计要求，并能保证长期正常使用；后两种为临时性铰。永久性铰的要求较高，构造较复杂，又需要经常养护，所以费用较高。临时性铰是适应施工需要而暂时设置的，待施工结束时将其封固，故构造较简单。

2. 中、下承式拱桥构造

中承式拱桥的行车道位于拱肋的中部，桥面系（行车道、人行道、栏杆等）一部分用吊杆悬挂在拱肋下，一部分用刚架立柱支承在拱肋上。

下承式拱桥的桥面系通过吊杆悬挂在拱肋下，在吊杆下端设置横梁和纵梁，在纵、横梁系统上支承行车道板。

中、下承式拱桥保持了上承式拱桥的基本力学特性，可以充分发挥拱圈混凝土材料的抗压性能，一般适用于以下几种情况。

（1）桥梁建筑高度受到严格限制时，如采用上承式拱桥则矢跨比过小，可采用中、下承式拱桥满足桥下净空要求。

（2）在不等跨拱桥中，为了平衡桥墩的水平力，将跨度较大的拱的矢跨比加大，做成中承式拱桥，从而减小大跨的水平推力。

（3）在平坦地形的河流上，采用中、下承式拱桥可以降低桥面高度，有利于改善桥头引道的纵断面线形，减少引道的工程数量。

（4）在城市景点或旅游区，为配合当地景观而采用中、下承式拱桥。

（5）由于是推力拱，需要较好的地基。

中、下承式拱桥的桥跨结构一般由拱肋、横向联系、吊杆和桥面系等组成。拱肋是主要的承重构件；横向联系设置在两片拱肋之间，以增加两片分离式拱肋的横向刚度和稳定性；吊杆和桥面系称为悬挂结构，桥面荷载通过它们将作用力传递到主结构拱肋上。

3. 钢管混凝土拱桥构造

钢管混凝土拱桥(concrete filled steel tubular arch bridge)简称 CFST 拱桥，常用跨径为 80～280 m。

钢管混凝土是在薄壁圆形钢管内填充混凝土而形成的一种组合材料。它一方面借助内填混凝土增强钢管壁的稳定性，同时又利用钢管对核心混凝土的套箍作用，使核心混凝土处于三向受压状态，从而使其具有更高的抗压强度和更强的变形能力。

钢管混凝土本质上是套箍混凝土，因此，除具有一般套箍混凝土强度高、塑性好、质量轻、耐疲劳、耐冲击等特点外，尚具有以下几方面的独特优点。

(1) 承载力高。借助内填混凝土，提高薄壁钢管的侧向刚度，保证局部稳定性；混凝土受到钢管约束，改变受力性能，提高抗压强度。

(2) 塑性性能好。混凝土受到钢管约束，处于三向受力状态，不仅改善了使用阶段的弹性性能，而且破坏时可产生较大的塑性变形。

(3) 经济效益显著。钢管混凝土结构与钢结构相比，可节省钢材 50%左右；与钢筋混凝土结构相比，可减少混凝土 50%左右，用钢量大致相当，减轻自重 50%以上；由于构件截面尺寸大大减小，增加了建筑物的使用面积和有效空间，经济效益显著。

(4) 施工简单，缩短工期。钢管既是模板，又是纵筋和箍筋，可以省去模板制作与安装，节省搭设脚手架、绑扎钢筋等工序。

(5) 抗震性能优越。结构自重轻，可以减小地震作用，钢管的存在提高了结构延性与抗震性能。

(6) 比钢结构抗火性能优越。钢管内混凝土能够吸收大量热能，增加构件的耐火时间，因此，钢管混凝土结构比钢结构具有更好的抗火性能。

(7) 有利于采用高强混凝土。将高强混凝土充填到钢管内，可以改善其延性差、脆性大的缺点，进一步发挥高强混凝土性能。

4. 其他类型拱桥的构造

(1) 拱式组合体系桥。

拱式组合体系桥是将梁和拱两种基本构件组合起来共同承受荷载，充分发挥梁受弯、拱受压的结构特性及其组合作用，达到节省材料的目的。按照拱脚是否产生推力，拱式组合体系桥一般可划分为有推力和无推力两种类型。

当建桥地质条件较好时，可以采用有推力拱式组合体系桥。

无推力拱式组合体系桥（也称系杆拱桥）是外部静定结构，兼有拱桥的较大跨越能力和简支梁桥对地基适应能力强的两大特点，因而使用较多。当桥面高程受到严格限制而桥下又要求保证较大的净空，或当墩台基础地质条件不良易发生沉降但又要保证较大跨径时，无推力拱式组合桥梁是较优越的桥型。

（2）系杆拱桥。

系杆拱桥一般由拱肋、吊杆或立柱、系杆、行车道梁（板）及桥面系等组成。拱肋结构一般为钢管混凝土和钢筋混凝土，在桥面上设置风撑。因为系杆拱桥在拱肋和系杆之间设吊杆或立柱，所以其外部为静定结构而内部为高次超静定结构。其主要承重结构除拱肋外，还有加劲梁。加劲梁与横梁组成平面框架，由吊杆上下联系以达到共同受力的目的。

（3）桁架拱桥。

桁架拱桥又称拱形桁架桥，是一种具有水平推力的桁架结构，其下弦杆为拱形，上弦杆一般与桥面组合成一个整体而共同工作。在跨中部分，因上、下弦杆很靠近，一般做成实腹段。拱形结构的水平推力减少了跨间弯矩，使跨中实腹段在恒载作用下主要承受轴向压力，在活载作用下将承受弯矩，成为偏心受压构件。空腹段的桁架杆件主要承受轴向力。桁架拱桥兼备了桁架和拱式结构的有利因素，因此能充分发挥材料的受力性能。同时在一般拱桥中，桥面和拱圈之间都需要设置传递荷载的拱上建筑，这里利用拱上建筑与拱圈形成桁架，使之整体受力，并不需要增加很多材料。因此桁架拱桥具有结构受力合理、整体性强、节省材料、自重较轻等特点。

桁架拱桥的构件除桥面外大部分都可预制，其安装块件的尺寸和重量根据运输和安装能力而定。通常，中等跨径的桁架拱片可分两至三段预制安装，每段重十余吨，当起重能力较大时，分段还可减少，或跨径还可增大，而且桁架拱桥的预制构件品种少，施工工序少，因此工期较短，但对构件的预制安装工艺有较高的要求。

（4）刚架拱桥。

刚架拱桥的上部结构由刚架拱片、横向联结系和桥面系等部分组成。刚架拱片是刚架拱桥的主要承重结构，一般由跨中实腹段的主梁、空腹段的次梁、主拱腿（主斜撑）、次拱腿（斜撑）等构成，与桥面板一起形成刚架拱的主拱。总体布置形式主要与桥梁跨径、荷载大小等有关。当跨径小于 30 m 时,可采用只设主拱腿、不设次拱腿的最简单形式。当跨径在 30～50 m 时,为了减小腹孔段次梁和斜撑的内力,可以设置一根次拱腿。随着跨径增大,为减小次梁和斜撑的内力,可设置多根斜撑。

横向联系的作用是将刚架拱片连成整体共同受力,并保证其横向稳定。为了简化构造,横向联系一般采用预制装配式的横系梁或横隔板形式,其间距视跨径大小酌情布置。一般在刚架拱片的跨中、主次梁端部等处设置横系梁。当跨径较大或者跨径小但桥面很宽时,为了加强跨中实腹段刚架拱片间的横向整体性,有利于荷载的横向分布,可增设直达桥面板的横隔板。

桥面系可由预制微弯板、现浇混凝土填平层、桥面铺装等部分组成,也可采用预制空心板、现浇混凝土层及桥面铺装等构成。

刚架拱片可以采用现浇或预制安装的方法施工,应根据运输条件和安装能力确定,后者采用较多。为了减小吊装质量,可将主梁和次梁、斜撑等分别预制,用现浇混凝土接头连接。当跨径较大时,次梁还可分段预制。

7.2　拱桥施工技术

7.2.1　拱架施工法

1. 拱桥主拱圈就地浇筑施工

1) 拱架计算

(1) 拱架的计算荷载应包括:

①拱圈自重乘系数 1.2;

②拱架和模板自重;

③施工人员、机具重,按 2.5 kPa 计算;

④振捣混凝土产生的荷载,按 2.0 kPa 计算。

还应根据实际情况,考虑作用在拱架上的风力、水流压力、流冰压力和船只漂流物的冲击力等荷载。

(2) 拱架应置于可靠基础上,不得产生不均匀沉降。对地基基础必须进行承载力验算,置于水中的拱架,还必须进行冲刷计算。

(3) 拱架宜采用标准化、通用化的常备式钢构件拼装，除非在特殊情况下，不宜采用木拱架。

(4) 强度及刚度要求。验算模板、拱架的刚度时，其变形值不得超过下列数值：

①结构表面的模板，挠度为模板构件跨度的 1/500，最大不超过 4 mm；

②钢模板的面板变形为 1.5 mm；

③落地式拱架受载后，其弹性挠度不得超过相应结构跨度的 1/2000，最大不超过 50 mm；

④拱式拱架受载后，其弹性挠度不得超过相应结构跨度的 1/1000，最大不超过 100 mm。

拱架各截面的应力验算，应根据拱架结构形式及所承受的荷载，验算拱顶、拱脚及 1/4 跨各截面的应力，同时应验算分阶段浇筑或砌筑时的强度及稳定性，抗倾覆稳定系数不得小于 2。

(5) 拱架设计拼装时，应设置施工预拱度。施工预拱度一般包括拱架的弹性变形和非弹性变形、地基的非弹性变形：

①施工荷载引起的弹性变形；

②受载后由于杆件接头的挤压和卸落设备压缩而产生的非弹性变形；

③拱架基础在受载后的沉降。

在计算出拱顶预拱度后，按二次抛物线方程分配于各控制点。该预拱度应与拱圈放样预拱度一致。

(6) 拱架应验算拼装过程中的稳定性，应设计缆风绳，使拱架在拼装过程中横向稳定满足要求。

2) 拱架安装与注意事项

(1) 拱架安装。

①拱架基础。

拱架基础必须稳固，承重后应能保持均匀沉降且沉降值不得超过预计范围。

基础为石质时，应挖去表土，将柱根处岩面凿低、凿平。基础为密实土壤时，如施工期间不致被流水冲刷，可采用枕木、石块铺砌或混凝土做基础；如施工期间可能被流水冲刷，或土质松软，需要采用桩基或框架结构，或采取其他加固措施。

②拱架的制作及安装。

拱架的弓形木及立柱等主要杆件，应采用材质较强、无损伤及湿度不大的木材。拱架制作及安装时，应以基础牢固、立柱正直、节点连接紧密为主要原则。高拱架应特别注意其横向稳定性。

拱架可就地拼装，或根据起吊设备能力预拼成组件后再进行安装。满布式拱架的制作及安装程序如下。

a. 在平台上，按拱圈拱腹弧线加预拱度放出拱模弧线，并将拱模弧线分成段，定出弓形木接头位置和排架、斜撑、拉杆的中心线。

b. 在样台上量出各杆件尺寸，制作各杆件大样。

c. 在拱架及卸落设备上抄平，定出拉杆水平线。

d. 安装拉杆、立柱、斜撑、夹木及弓形木等杆件。

e. 在弓形木各节点抄平(包括预拱度)，准确地按拱模弧线(减去模板、垫木和横梁的高度)控制弓形木高度。

(2) 拱架安装注意事项。

①拱架在拼装前，应复核桥轴线、高程、跨距。对支撑面详细检查，准确调整其标高，确认无误后方能进行安装。

②采用常备式钢构件拼装的拱架时，应遵循所采用的设备的相关要求。为保证拱架的稳定，应设置足够的斜撑、剪力撑和缆风绳。

③各类拱架顶部的标高应符合拱圈下缘的拱轴线，允许偏差为 $-10\sim20$ mm。

④拱架应稳定、坚固，应能抵抗在施工过程中有可能发生的偶然冲撞和振动。拱架立柱必须安装在有足够承载力的地基上，扣件式钢管立柱底端应设垫板来分布和传递压力，并保证浇筑混凝土后不超过允许沉降量。

船只或汽车通行孔的两边拱架应加设护桩，夜间应用灯光标明行驶方向。施工中易受漂流物冲撞的河中拱架应设坚固的防护设备。

⑤木拱架所用的材料规格及质量应符合要求。在制作时，各杆件应当采用材质较强、无损伤及湿度不大的木材。木拱架制作时，木板长短应搭配好，纵向接头要求错开，其间距及每个断面接头应满足使用要求。木拱架的强度和刚度应满足变形要求。在竖直与水平面内，要用交叉杆件连接牢固，以保证稳定。木拱架制作安装时，应基础牢固，立柱正直，节点连接应采取可靠措施以保证拱架的稳定，高拱架横向稳定应有保证措施。

制作木拱架时，长杆件接头应尽量减少，两相邻立柱的连接接头应尽量分设在不同的水平面上。主要压力杆的纵向连接，应使用对接法，并用木夹板或铁夹板夹紧。次要构件的连接可用搭接法。

⑥拱架安装完毕后,应对其平面位置、顶部标高、节点连接及纵、横向稳定性进行全面检查,符合要求后,方可进行下一道工序。

⑦对拱架宜进行预压,以检验拱架的安全性,并消除拱架的非弹性变形。

3）拱圈浇筑

(1) 施工工序。

现浇混凝土拱桥施工工序一般分三阶段进行。

第一阶段:浇筑拱圈(或拱肋)及拱上立柱的底座。

第二阶段:浇筑拱上立柱、联结系及横梁等。

第三阶段:浇筑桥面系。

(2) 浇筑混凝土方式。

①连续浇筑。跨径小于 16 m 的拱圈或拱肋混凝土,应按拱圈全宽度从两端拱脚向拱顶对称地连续浇筑,并在拱脚混凝土初凝前全部完成。如预计不能在限定时间内完成,则应在拱脚预留一个隔缝并最后浇筑隔缝混凝土。

②分段浇筑。跨径大于或等于 16 m 的拱圈或拱肋混凝土,应沿拱跨方向分段、对称浇筑。分段位置应以能使拱架受力对称、均匀和变形小为原则,宜设在拱架受力反弯点、拱脚等处。各段的接缝面应与拱轴线垂直,各分段点应预留间隔槽,其宽度一般为 0.5～1.0 m,如有钢筋接头,其宽度应满足钢筋接头的需要。如预计拱架变形较小,可减少或不设间隔槽,而采取分段间隔浇筑。

间隔槽混凝土,应待拱圈分段浇筑完成后且其强度达到 85%设计强度和结合面按施工缝处理后,由拱脚向拱顶对称进行浇筑。两拱脚间隔槽混凝土应在最后浇筑。拱圈合龙温度应选择当天最低温度。如需要在封拱合龙前用千斤顶施加压力的方法调整拱圈应力,拱圈(包括已浇间隔槽)的混凝土强度应达到设计强度。

浇筑大跨径拱圈混凝土时,宜采用分环(层)分段法浇筑,也可沿纵向分成若干条幅,中间条幅先行浇筑合龙,达到设计要求后,再按横向对称、分次浇筑合龙其他条幅。

③箱形截面拱圈(或拱肋)的浇筑。大跨径拱桥一般采用箱形截面的拱圈(或拱肋),为减轻拱架负担,一般采取分环、分段的浇筑方法。分段的方法与上述相同。分环的方法一般是分成 2 环或 3 环。分 2 环时,先分段浇筑底板(第 1 环),然后分段浇筑肋墙、隔墙与顶板(第 2 环);分 3 环时,先分段浇筑底板(第 1

环)，然后分段浇筑肋墙脚(第 2 环)，最后分段浇筑顶板(第 3 环)。

分环分段浇筑时，可采取分环填充间隔缝合龙和全拱完成后最后一次填充间隔缝合龙两种不同的合龙方法。

2. 拱架卸落

(1) 卸落设备。

为保证拱架能按设计要求均匀下落，必须采用专门的卸架设备。常用的卸架设备有砂筒、木楔和千斤顶。

①砂筒。砂筒一般由钢板制成，筒内装烘干的砂子，上部插入活塞(木制或混凝土制)。卸落靠砂子从筒的下部预留泄砂孔流出，因此要求筒内的砂子干燥、均匀、清洁。砂筒与活塞间用沥青填塞，以免砂子受潮而不易流出。由砂子泄出量来控制拱架卸落高度，这样就能通过泄砂孔的开与关，分数次进行卸架，并能使拱架均匀下降而不受震动，使用效果良好。

②木楔。图 7.1(a)为由两块 1∶10～1∶6 斜面的硬木模组成，落架时，只需要轻轻敲击木模小头，将木模取出，拱架即下落；图 7.1(b)为组合木模，由三块楔形木和一根拉紧螺栓组成，卸架时只需要扭松螺栓，木模下降，拱架即下落。

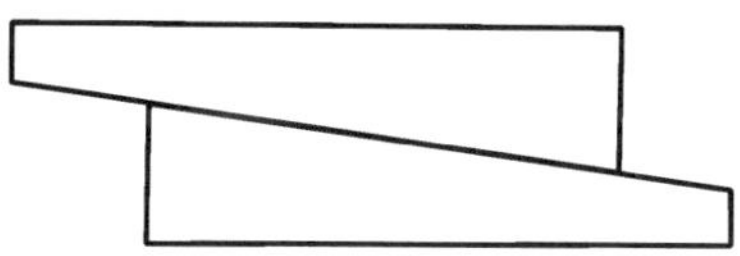

(a) 木楔1

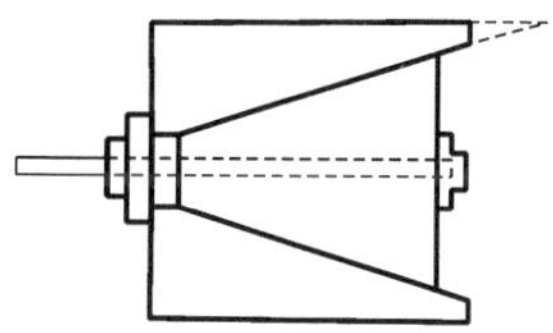

(b) 木楔2

图 7.1 木楔

(2) 卸落时间。

拱圈砌筑或现浇混凝土完毕，达到一定强度后即可拆除拱架。

如果施工情况正常，在拱圈合龙后，拱架应保留的最短时间与跨径大小、施工期温度、养护方式等因素有关。对于石拱桥，拱圈通常需要在砌筑完成 20～30 d，砌筑砂浆达到 85%的设计强度或规范规定的要求后才可卸落拱架。对于混凝土拱桥，应按设计强度要求、混凝土块试压强度等具体情况确定。有要求则按照设计要求，无设计要求则在混凝土强度达到设计强度的 85%后拆除拱架。

因施工要求必须提早拆除拱架时，应适当提高砂浆(或混凝土)的强度等级或采取其他措施。

(3) 卸落程序。

卸落拱架应按提前拟定的卸落程序进行,分几个循环卸完。卸落量开始宜小,以后逐渐增大。在纵向应对称、均衡卸落,在横向应同时卸落。应按以下要求确定卸落程序。

①卸落前应在卸架设备上做好每次卸落量的标记。

②落地式拱架可从拱顶向拱脚依次循环卸落;拱式拱架可在两支座处同时均匀卸落。

③多孔拱桥卸架时,若桥墩允许承受单孔施工荷载,可单孔卸落,否则应多孔同时卸落,或各连续孔分阶段卸落。

④在卸落拱架时应设专人用仪器观测拱圈挠度和墩台变化情况,并详细记录。另设专人观察是否有裂缝。

⑤不允许用猛烈地敲打和强扭等方法卸落拱架。拱架拆除后,应维修整理,妥善存放。

3. 拱圈主拱圈的砌筑施工

(1) 连续砌筑。

对于跨径不大于 16 m 的拱圈,当采用满布式钢管拱架施工时,可以从两拱脚处开始,向着拱顶方向对称地依次砌筑,最后在拱顶处合龙;对于跨径小于 10 m 的拱圈,若采用拱架施工,应在砌筑拱脚的同时预压拱顶以及距拱顶 $L/4$(L 为拱脚与拱顶的距离)部位的拱架,以提前消除拱架的非弹性沉降并预防拱架的弹性变形,从而有效地预防拱圈在砌筑过程中产生不正常的变形和开裂。预压物可采用拱石,随撤随砌,也可采用砂袋等其他材料。砌筑拱圈时,常在拱顶处预留合龙口,最后在拱顶处合龙。为防止拱圈因温度变化而产生过大的附加应力,拱圈合龙应在设计所规定的温度范围内进行:当设计无规定时,宜在气温为 10～15 ℃时进行。

(2) 分段砌筑。

当跨径为 16～25 m 的拱桥采用满布式钢管拱架施工,或跨径为 10～25 m 的拱桥采用钢桁式拱架施工时,可将半跨分成两段,然后逐段对称砌筑。

分段砌筑时,各段间可预留缝隙,缝隙宽 3～4 cm。在缝隙处砌筑的拱石应规则。为保证砌筑过程中不改变缝隙的形状和尺寸,也为了便于拱石传力,缝隙处可用铁条或水泥砂浆预制块作为垫块,待各段拱石砌完后再填塞缝隙。填塞缝隙应由两半跨对称进行,各缝隙同时填塞,或从拱脚开始向拱顶方向填塞,因用力夯填缝隙砂浆可使拱圈拱起，故此法宜在小跨径拱施工中使用。填塞缝隙砂浆使拱圈合龙时，应注意选择最后填塞缝隙的合龙温度。为加快施工进度并使拱架受力均匀，各段亦可交叉平行砌筑。

砌筑大跨径拱圈时，若拱脚与距拱脚 $L/4$ 段间的倾角大于拱石与拱架底模板间的摩擦角，则在砌筑上拱段时，其下端必须设置端模板并用撑木（称为闭合楔）支撑。闭合楔设置在拱架挠度转折点处砌筑闭合楔时，必须从中部开始随拆随砌，并且必须在先砌筑的拱石砂浆达到一定强度后再对称拆除两侧的闭合楔，砌筑相应位置处的拱石。

(3) 分环分段砌筑。

当拱桥跨度很大时，拱圈往往比较厚。若拱圈需要分三层以上进行砌筑，则可将拱圈分成几环砌筑，砌一环合龙一环。当下环砌筑完成并养护数日，砌缝砂浆达到规定强度时，再砌筑上环。

上、下环拱石的砌缝应交错，每环可采用分段砌筑。当跨径大于 25 m 时，每段长度一般宜不超过 8 m。段间可设置缝隙或闭合楔。对于采用分环砌筑且分段较多的拱圈，为了使拱架受力均匀、对称，可在拱跨跨中两侧 $L/4$ 处或在其他多处同时砌筑合龙。

7.2.2　缆索吊装施工法

1. 缆索吊装设备

缆索吊装设备，按其用途和作用可以分为主索、工作索、塔架和锚固装置四个基本组成部分。其中主要机具设备包括主索、起重索、牵引索、扣索、结索、缆风索、塔架（包括索鞍）、地锚（锚碇）、电动卷扬机及其他附属设备等。

(1) 主索（承重索）。

主索由钢芯或纤维芯钢丝绳组成，支承在两侧塔架的索鞍上，两端锚固于地锚，吊运构件的跑车支承于主索上。主索直径、型号和根数可根据索塔间距（主索跨度）、起吊质量等因素由计算确定。横桥向主索组数，可根据桥面宽度（两外侧拱肋间的距离）、塔架高度（塔架高度越大，横移构件的宽度范围也就相应地增大）及设备供应情况等合理选择，一般可选 1～2 组，每组主索一般由 1～4 根平行钢丝绳组成，起吊重量很大时由 6～8 根平行钢丝绳组成。

(2) 起重索。

起重索用于起吊构件。受吊重拉力影响，宜选用柔软耐磨、不易打结的钢丝绳，一端与卷扬机滚筒相连，另一端固定于对岸的地锚上。这样，当跑车在主索上沿桥跨往复运行时，可保持跑车与吊钩间的起重索长度不随跑车的移动而改变。

(3) 牵引索。

牵引索用来牵引跑车在主索上沿桥跨方向来回移动(水平运输)，需要在跑车两端各设置一根牵引索。这两根牵引索的另一端既可分别安装在两台卷扬机上，也可合拴在一台双滚筒卷扬机上，便于操作。

(4) 扣索。

拱肋分段吊装时，为暂时固定拱肋和调整拱肋高程所用的钢丝索称为扣索。扣索的一端系在拱肋接头附近的扣环上(钢筋混凝土)或分配梁上(钢管拱肋)，另一端可直接锚固在墩台、地锚或扣塔上，兼作张拉端用。钢筋混凝土拱桥节段数一般在 7 段以内，多采用普通钢丝绳作为扣索、卷扬机张拉；钢管混凝土拱桥跨径大、节段数多，多采用钢绞线作为扣索、千斤顶张拉，具有张拉行程准、节段高程容易控制的优点。

(5) 结索。

结索一般用于悬挂分索器，使主索、起重索、牵引索不至于互相干扰。它仅承受分索器(包括临时作用在其上的工作索)的重量及自重。

(6) 缆风索。

缆风索亦称浪风索，其作用是保证塔架的纵、横向稳定及拱肋安装就位后的横向稳定，调整拱肋安装过程中的横向偏位。

(7) 塔架(包括索鞍)。

塔架是用来提高主索的临空高度及支承各种受力钢索的重要结构，由塔身、塔顶、索鞍、塔脚组成。塔身一般采用万能杆件、六四式军用梁、贝雷架。塔顶一般采用单滑轮式索鞍。索鞍用来放置主索、起重索、扣索等，使塔架承受较小的水平力，并减小钢丝绳的磨损。塔脚用来固结钢结构或铰接钢结构。

(8) 地锚(锚碇)。

地锚亦称锚碇或地垄，用于锚固主索、扣索、起重索及绞车等。地锚的可靠性对整个缆索系统的安全有决定性影响，设计和施工都必须高度重视。按照承载能力的大小及地形、地质条件的不同，地锚的形式和构造多种多样。条件允许时，还可以利用桥梁墩台作为锚碇，以节约材料，否则需要设置专门的地锚。

(9) 电动卷扬机。

电动卷扬机是用作牵引、起吊等的动力装置，其速度快，但不易控制，一般多用于起重索和牵引索，也用于钢丝绳扣索的张拉。

（10）其他附属设备。

其他附属设备包括各种倒链葫芦、花篮螺栓、钢丝卡子（钢丝扎头）、千斤绳、横移索等。缆索吊装设备的形式及规格非常多，必须因地制宜，结合各工程的具体情况合理选用。

2. 拱箱（肋）预制

首先要按设计图的要求，在样台上用直角坐标法放出拱箱（肋）的大样。在大样上按设计要求分出拱箱（肋）的吊装节段，然后以每段拱箱（肋）的内弧下弦为 x 轴，在此 x 轴上作垂线为 y 轴，在 y 轴上每隔 1 m 左右量出内外弧的 y 坐标，作为拱箱（肋）分节放样的依据。在放样时，应注意各接头的位置力求准确，以减少安装困难。这种放大样的方法需要在室外宽阔的平地（如操场）上进行，费工费时，放样精度低，现大都采用 CAD（computer aided design，计算机辅助设计）软件或程序在计算机上放样。

拱箱（肋）的预制宜采用立式预制，便于拱箱（肋）的起吊及移运。

拱箱预制均采用组装预制。通常将拱箱分成底板、腹板、横隔板及顶板几个部分。

（1）预制腹板与横隔板块件，腹板块件长为两横隔板的间距，一般可将侧板上缘长度缩短 50 mm，下缘长度缩短 90 mm 左右，便于组装为折（曲）线形。

（2）在预制台座上绑扎底板纵、横钢筋，将预制好的腹板和横隔板块件安放就位，绑扎接头钢筋，浇筑底板混凝土及腹板与横隔板接头混凝土，组成开口箱。

（3）在开口箱内立顶板的底模，绑扎顶板钢筋，浇筑顶板混凝土，组成闭口箱，达到设计强度后即可移运拱箱，进行下一段拱箱的预制工作。

3. 吊装方法

采用缆索吊装施工的拱桥，其吊装方法应根据桥的跨径大小、桥的总长及桥宽等具体情况而定。

拱桥的构件一般在桥位附近预制，预拼后送至缆索下面，由起重车起吊牵引至预定位置安装。为了使端段基肋在合龙前保持一定位置，在其上用扣索临时扣住后才能松开起重索，吊装应自一孔桥的两端向中间对称进行。待其最后一节构件吊装就位，并将各接头位置调整到规定高程以后，才能放松起重索，实现合龙，最后才将所有扣索拆除。

基肋(指拱箱、拱肋或桁架拱片)吊装合龙要拟定正确的施工程序和施工细则,并坚决遵照执行。

当拱桥跨径较大时,施工稳定是关键,因此最好采用双肋或多肋合龙。对于肋拱桥,应及时安装永久性横向联结系,以提高已安装拱肋的稳定性。基肋和基肋之间必须紧随拱段的拼装及时连接,端段拱箱(肋)就位后,除上端用扣索拉住外,还应在左右两侧各用一对缆风索牵住,以免左右摇摆(控制拱肋轴线,防止出现横向偏位)。中段拱箱(肋)就位时,必须缓慢放松起重索,务必使各接头顶紧,避免简支搁置和冲击作用。

某拱桥按 5 段吊装合龙成型如下(图 7.2),图中数字为节段安装顺序。

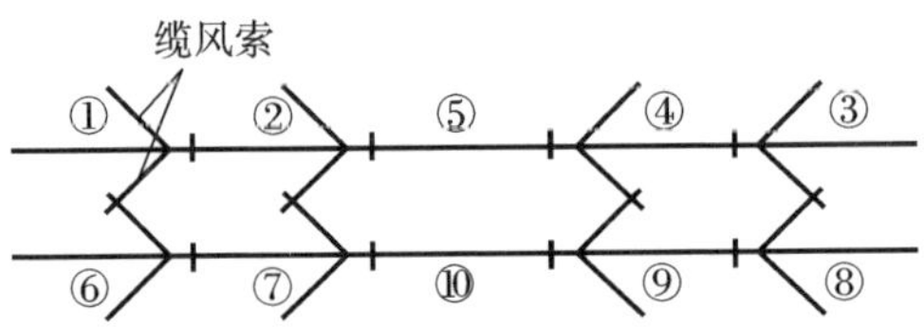

(a) 拱箱安装顺序

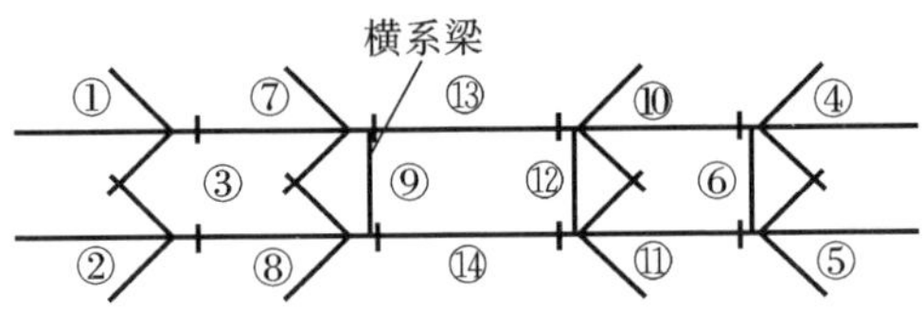

(b) 拱肋安装顺序

图 7.2　拱箱(肋)安装顺序

(1) 吊装左端的端段①就位,将拱座处与墩(台)帽直接抵接牢靠。上部用扣索扣好,下面将缆风索拉好,然后松去吊索。

(2) 吊运次段拱箱②并与端段①相接,将接头处用螺栓固定,上部用扣索扣好,下面用缆风索拉好,然后松去吊索。

(3) 再按上面的程序吊装右端的端段③和中段④。

(4) 最后吊运合龙段⑤至所吊孔的上空,徐徐降落并与两中段②、④的上接头相接,然后慢慢松扣,合龙成拱。

(5) 当拱圈符合设计高程后,即可用钢板楔紧接头,松吊、扣索,但暂不取掉,待全部接头焊接牢固后,方可全部取掉扣、吊索。

(6) 按同样的程序,进行下一个拱箱⑥～⑩段的吊装合龙。

这种吊装顺序通常称为单肋合龙,适用于跨径在 50 m 以内拱箱(肋)节段数少(通常在 7 段以内)的拱桥,且只需要一组主索。当吊装节段数较多时(如钢管混凝土拱桥)，多采用图 7.2(b)的安装顺序。需要指出的是，当缆索吊装设备只有一组主索时，除考虑施工稳定外，还应设法尽可能减少主索的横移次数，这样就可以加快安装速度，尽早完成拱箱(肋)合龙。

4. 加载程序

当拱箱(肋)吊装合龙成拱后，如何合理安排后续各工序的施工，如拱箱之间的纵缝混凝土和拱上建筑等，对保证工程质量和施工安全都有重大影响，如果采用的施工步骤不当，可能会导致拱轴线变形不均匀而使拱圈开裂，严重的甚至造成倒塌事故，因此对施工程序必须做出合理的设计。

施工加载程序设计的目的，就是在裸拱上加载时，使拱圈各个截面在整个施工过程中，都能满足强度和稳定的要求，并在保证施工安全和工程质量的前提下，尽量减少施工工序，便于操作，以加快桥梁建设速度。

施工加载程序设计的一般原则如下。

(1) 对于中、小跨径拱桥，当拱圈的截面尺寸满足一定的要求时，可不进行施工加载程序设计，按有支架施工方法对称、均衡地施工拱桥上部结构。

(2) 对于大、中跨径的箱形拱桥或肋拱桥，应按对称、均衡、多工作而加载的总原则进行设计。对于坡拱桥，必须注意其特点，一般应使低拱脚半跨的加载量稍大于高拱脚半跨的加载量。

(3) 在多孔拱桥的两个邻孔之间，两孔的施工进度不能相差太大，以免桥墩因承受过大的单向推力而产生过大的位移，造成施工进度快的桥孔拱顶下沉而邻孔拱顶上冒，从而导致拱圈开裂。

一座连续多孔等跨径(85 m)的箱形拱桥的施工加载程序(闭口箱吊装)如下(图 7.3)。

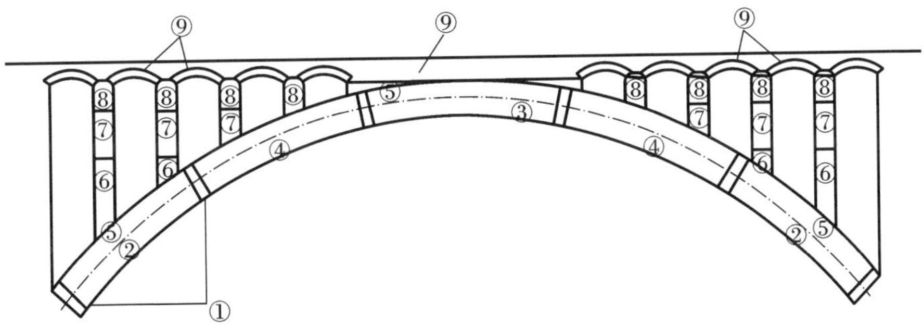

图 7.3　箱形拱桥的施工加载顺序

(1) 先将各片拱箱吊装合龙,形成裸拱,然后将全部纵、横接头处理完毕并浇筑接头混凝土,完成第一阶段加载。

(2) 浇筑拱箱间的纵缝混凝土。纵缝应分为两层浇筑,先只浇筑到大约箱高一半处,初凝后再浇筑其余部分。横桥向各缝齐头并进,注意下层纵缝应分段浇筑。图 7.3 中②、③、④、⑤各步骤为纵缝浇筑。

(3) 拱上各横墙加载。先砌筑①、②横墙至③横墙底面高度,再砌筑①、②、③横墙至④横墙底面高度,最后全部横墙(包括腹拱拱座)同时砌筑完毕(左、右两半拱对称、均衡同时进行),见图7.3中⑥、⑦、⑧各步骤。

(4) 安砌腹拱圈及实腹段侧墙。由于拱上横墙断面单薄,只能承受一片预制腹拱圈块件的单向推力,因此,安砌腹拱圈时,应沿纵向逐条对应安砌见图 7.3 中⑨步骤。

(5) 以后各步骤(包括主拱顶填料、腹拱顶填料、桥面系等)按常规工艺要求进行。

7.2.3 拱桥转体施工法

1. 平面转体施工

平面转体施工法,是将两个半跨的拱圈(肋)的桥轴线旋转至沿岸线或台后堤岸,利用地形及拱架按设计高程进行现浇或预制拼装,然后在水平面内绕拱座底部的竖轴旋转使拱圈(肋)合龙成拱。平面转体施工法分为有平衡重转体施工和无平衡重转体施工两种。

1) 有平衡重转体施工

有平衡重转体施工时一般以桥台背墙和配重为平衡重,将桥体上部转体结构前端用扣索锚固在反力墙上,用以稳定转动体系和调整重心位置。出于拱桥转动体系质量的限制以及经济成本方面的考虑,有平衡重转体施工一般仅适用于跨径 100 m 以内的拱桥。拱桥有平衡重转体施工的主要施工程序如下。

(1) 制作下盘。

(2) 制作上盘。

(3) 试转上盘到预制轴线位置。

(4) 浇筑背墙。

(5) 浇筑主拱圈上部结构。

(6) 张拉拉索，使上部结构脱离拱架并和上盘、背墙形成一个转动体系，通过配重将重心调整到轴心处。

(7) 引转动体系，使半拱平面转动合龙。

(8) 封上、下盘，夯填桥台背土，封拱顶，松拉索，实现体系转换。

2) 无平衡重转体施工

采用有平衡重转体施工法修建拱桥时，转动体系中的平衡重一般选用桥台背墙。但随着桥梁跨径的增大，需要的平衡重急剧增加，而实际上桥台并不需要如此巨大的圬工，转体质量太大也增加了转体难度。例如，某跨径为 144 m 的拱桥曾采用有平衡重转体施工法设计施工，其转体重量超过 7000 t。

无平衡重转体施工是把有平衡重转体施工中的拱圈扣索锚固在两岸的岩体中，从而节省了庞大的平衡重。由于锚碇的要求，此施工方法宜在山区地质条件好或跨越深谷急流处建造大跨度拱桥时选用。

(1) 构造。

拱桥无平衡重转体施工主要包含锚固、转动、位控三大体系。

(2) 拱桥无平衡重转体施工内容。

拱桥无平衡重转体施工主要包含以下各项。

①转动体系的施工：a. 设置下转轴、转盘及环道；b. 设置拱座，预制拱箱或拱肋，预制前应搭设必要的支架、模板；c. 设置立柱；d. 安装锚梁、上转轴、轴套、环套；e. 安装扣索。

这一部分施工应主要保证转轴、转盘、轴套和环套的制作、安装精度及环道平面的平整度，并要做好安装完毕到转体前的防护工作。

②锚碇系统的施工：a. 制作桥轴线上的开口地锚；b. 设置斜向洞锚；c. 安装轴向、斜向平衡撑；d. 张拉尾索；e. 张拉扣索。

其中，锚碇部分的施工应保证绝对可靠，以确保施工过程中的安全。张拉尾索在锚块端进行，张拉扣索在拱顶段拱箱内进行。张拉时，要按设计张拉力分级、对称、均衡地施加张拉力，要密切关注锚碇和拱箱的变形、位移和产生的裂缝，发现异常现象后应仔细分析研究，经处理后再进行下一道工序，直至拱箱张拉脱架。

③转体施工。正式转体前应再次对桥体各部分进行系统的全面检查，检查合格后方可实施转体。拱箱的转体是靠上、下转轴预设偏心值形成的转动力矩来实现的，启动时放松外缆风索，拱箱转到与桥轴线间的夹角约为 60°时开始收紧内缆风索，索力逐渐增大，但应控制在 20 kN 以下。当拱箱在索力接近 20 kN

仍然转不动时，则应用千斤顶在桥台上顶推马蹄形下盘。为了使缆风索的受力角度合理，可设置两个转向滑轮。缆风索的行走速度在启动时宜选为 0.5～0.6 m/min，在行走时宜选为 0.8～1.0 m/min。

④合龙卸扣施工。当转体就位时，通过张紧扣索提升拱顶、放松扣索降低拱顶来调整拱顶合龙端的高程，直至达到设计位置。封拱宜选择在低温时进行：先用 8 对钢楔楔紧拱顶，再焊接主筋和预埋钢件，最后封桥台拱座混凝土、浇筑封拱顶接头混凝土。当混凝土的强度达到设计强度 70%后即可卸扣索，卸扣索应对称、均匀、分级进行。

2. 竖向转体施工

当桥位处无水或水很浅时，可以将拱肋分成两个半跨放在桥孔下面预制。如果桥位处水较深，可以在桥位附近预制，然后浮运至桥轴线处，再用起吊设备和旋转装置进行竖向转体施工。这种方法适于钢管混凝土拱桥的施工。因为钢管混凝土拱桥的主拱圈必须先让空心钢管成拱以后再灌注混凝土，所以在旋转起吊时，不但钢管自重相对较轻，而且钢管本身强度也高，易于操作。其主要施工过程：将主拱圈从拱顶分成两个半拱在地面胎架上完成，经过对焊接质量、几何尺寸、拱轴线形等验收合格后，由竖立在两个主墩顶部的两套扒杆分别将其旋转拉起，在空中对接合龙。

竖向转体施工方法较拱架施工可节省投资和材料，但如果跨径过大，拱圈(肋)过长，则竖向转动不易控制，故一般只用在中、小跨径拱桥中使用。

根据河道情况、桥位地形和自然环境等方面的条件和要求，竖向转体施工有以下两种方式。

(1) 竖直向上预制半拱，然后向下转动成拱。其特点是施工占地少，预制可采用滑模施工，工期短，造价低。需要注意的是在预制过程中应尽量保持半拱轴线垂直，以减小新浇混凝土重力对尚未凝结混凝土产生的弯矩，并在浇筑一定高度后加设水平拉杆，以避免因拱形曲率影响而产生较大的弯矩和变形。

(2) 在桥面以下俯卧预制半拱，然后向上转动成拱。其主要适用于转体重量不大的拱桥，或某些桥梁预制部件(塔、斜腿、劲性骨架)。

3. 平竖转体施工

由于受到河岸地形条件的限制，拱桥采用转体施工时，可能遇到既不能按设计高程处预制半拱，也不可能在桥位竖平面内预制半拱的情况(如在平原区的中承式拱桥)。此时,拱体只能在适当位置预制后既需要平转又需要竖转才能就位。这种平竖结合转体基本方法与前述相似,但其转轴构造较为复杂。

7.2.4　劲性骨架施工法

该方法的优点是可以减少施工设备的用钢量,结构整体性好,拱轴线易于控制,施工进度快等。但结构本身的用钢量大,且用型钢较多,故一般用在大跨径拱桥工程中。劲性骨架施工法是一种较老的施工方法,1942 年西班牙就采用该法建成了跨径 210 m 的 Esla 混凝土拱桥。后来,因采用高强、经济的钢管混凝土等作为骨架材料,这一方法的应用逐渐广泛。

桁架式拱骨架最初均采用型钢(如角钢、槽钢等)做成劲性型钢骨架,刚度大,但用钢量也较大。为节省钢材,我国在 20 世纪 80 年代采用半刚性型钢骨架建成了多座大跨径混凝土拱桥。实践证明,半刚性型钢骨架虽可节省一定钢材,但其柔性较大,在混凝土拱圈形成过程中不但给施工控制带来困难,难以保证混凝土拱圈的设计线形(立面),而且在施工安全方面也存在一定风险。而钢管混凝土结构在桥梁上的应用,为改进劲性骨架开辟了一条新的道路。

采用劲性骨架进行混凝土拱桥施工的步骤如下。

(1) 在现场按设计图进行骨架 1∶1 放样、下料及分段拼装成型。

(2) 采用缆索吊装法进行骨架吊装、成拱。对于钢管混凝土骨架,成拱后采用泵送法浇筑钢管内的混凝土,以形成最终的骨架结构。

(3) 在骨架上悬挂模板浇筑混凝土拱圈(分环、分段、多工作面进行)。

在劲性骨架上现浇拱圈的过程中,由于已浇筑的混凝土逐渐参与骨架受力,骨架与混凝土成为一体后的结构受力状态不断变化,所以需要特别注意施工控制,即骨架在混凝土浇筑与混凝土拱圈形成过程中的变形、应力与稳定控制,确保骨架在任何施工时刻的结构安全和混凝土拱圈形成后的线形符合要求。为此,应进行详细的施工加载程序设计,并采取有效的手段调整、控制骨架在混凝土浇筑过程的变形。早期采用的是锚索加载法、水箱加载法。

锚索加载法是采用钢索在劲性骨架反弯点以上部分设置拉索,拉索的另一端和地锚连接起来,中间设拉力张紧器,在混凝土施工过程中通过对拉索施力达到对劲性骨架变形的控制。

水箱加载法是在骨架吊装成拱后,在拱顶部位设置多个水箱,在拱圈混凝土的浇筑过程中,根据预先计算的加载重量向水箱内注水,把拱轴线变形和截面应力控制在设计允许范围内。与此同时,进行变形和应力监测,如发现异常,立即停止施工，进行分析，并提出相应的处理措施，如调整水量和浇筑速度、张紧或放松八字缆风索等。由于水箱设备较复杂，故操作也较麻烦。

近年来又出现了千斤顶斜拉扣挂调载法。该法巧妙地利用缆索吊装骨架拱时用于扣挂骨架节段的拉索的索力调整（用千斤顶在锚板后进行）来控制吊装高程和调整混凝土浇筑过程中拱圈变形和结构应力。该法最先被用于广西邕江大桥和重庆万州长江大桥的建设。

在劲性骨架施工过程中，斜拉扣挂体系是关键技术之一。其中，拉索应强度高、弹性模量大、变形稳定，索长与索力调整方便、行程大、控制精度高，锚固系统安全、可靠。劲性骨架施工法是目前特大跨径混凝土拱桥施工的主要方法。当然，在实践过程中也发现该法存在空中混凝土浇筑工序多、时间长、质量控制较难等不足，有待今后进一步改进。

7.2.5 悬臂施工法

1. 塔架扣索悬臂浇筑施工法

塔架扣索悬臂浇筑施工法简称塔架扣索施工法，是国外采用最早、应用最多的大跨径钢筋混凝土拱桥无支架施工方法之一。应用塔架扣索施工法的关键在于如下设备：缆索吊、塔架、扣索。其施工要点在于：首先根据地形特点在拱脚附近合适的位置安装临时塔架，拱圈施工采用悬臂浇筑施工法或悬臂拼装施工法；当施工完一段拱圈后，用扣索的一端拉住拱段前端，扣索的另一端则绕过塔架顶部锚固在塔架后部的锚碇或岩盘上。用这种方法便可以将拱圈逐段向河中悬臂架设，直至在拱顶处合龙。采用塔架扣索施工法施工拱圈时，多采用悬臂浇筑施工法，也可采用悬臂拼装施工法。

塔架扣索施工法需要灵活应用。为了适应现场施工环境的需要，有时需要安装多个临时塔架，或者利用一个塔架的不同部位支撑扣索。

2. 斜吊式悬臂浇筑施工法

斜吊式悬臂浇筑施工法是使用专用挂篮，结合使用钢丝束或预应力粗钢筋作为斜吊杆构件，将拱圈、拱上立柱和预应力混凝土桥面板等同时浇筑，使之边浇筑边形成桁架，并利用已浇筑段的上部作为拱圈的斜吊点将其固定。斜吊杆的力通过布置在桥面上的钢索传至岸边地锚上（也可利用岸边桥台作为地锚），其施工顺序如下。

①在两岸引桥桥孔完成之后，于桥面板上设置临时钢索(或拉杆)，在吊架上浇筑第一段拱圈，待这段混凝土达到要求强度之后，在其上设置斜吊杆，并撤去吊架，然后在其前端安装悬臂挂篮。

②用挂篮逐段悬臂浇筑拱圈，在挂篮通过拱上立柱位置后立刻浇筑拱上立柱及立柱间的桥面板(可采用活动支架逐孔浇筑)，然后用挂篮继续向前浇筑拱圈，直至通过下一个立柱的位置，再安装前两个立柱之间桥面板上的临时钢索及斜吊杆，并浇筑新的桥面板，如此往复，每当挂篮前移一步，都要将桥面临时钢索收紧一次。

这样一边用斜吊钢筋形成桁架，一边向前悬臂浇筑，直至拱顶附近，撤去挂篮，再用吊架浇筑拱顶合龙混凝土。

采用斜吊式浇筑大跨径拱桥时，个别施工误差对整体工程的影响很大。对施工质量、材料规格和强度及混凝土的浇筑等必须进行严格的检查和控制，尤其应重视斜吊杆预应力钢筋的拉力控制、斜吊钢筋的锚固和地锚地基反力的稳定、预拱度以及混凝土应力的控制等。

1974 年日本首先在跨径 170 m 的外津桥上采用了这种方法。该桥拱肋除第一段(15 m)用斜吊支架现浇混凝土外，其余各段均用挂篮现浇施工，斜吊杆为预应力高强粗钢筋(ϕ32)。架设过程中作用于斜吊杆的力通过布置在桥面板上的临时拉杆传至岸边的地锚上(也可利用岸边桥墩作为地锚)。

3. 悬臂拼装法

悬臂拼装法是另一种悬臂施工方法。在悬臂拼装施工之前，拱片(圈)沿桥跨划分为若干预制段，箱形拱圈的顶、底板及腹板也可分开预制。对于非桁架型整体式拱桥，应将拱肋(箱或部分箱)、立柱通过临时斜杆和上弦杆组成临时桁架拱片。然后，再用横梁和临时风构将两个(临时)桁架拱片组装成空间框架。每段框架整体运输至桥孔，由拱脚向跨中逐段悬臂拼装至合龙。悬臂拼装过程中，悬臂结构通过桁架上弦拉杆及锚固装置固定在墩、台上，以维持稳定。以上是先形成桁架节段、组装成空间框架，再进行拼装的悬臂拼装法。这种悬臂拼装法的吊装要求较高。另一种悬臂拼装方法是先拼拱圈再组桁架，即先悬臂组拼一段拱圈，然后利用立柱、临时斜杆和上弦杆组拼成桁架，如此逐段拼装，直至合龙。

第8章 悬索桥施工

8.1 悬索桥概述

悬索桥也称吊桥，由桥塔、主缆、吊索、加劲梁、锚碇和鞍座组成，其行车和行人的桥道梁(通常称为加劲梁)挂在主缆上。悬索桥是以主缆为主要承重结构的桥梁结构，加劲梁是由从主缆上垂吊下来的吊索扣系固定的。现在的主缆一般由许多根高强钢丝组成，主缆两端用锚碇固定。锚碇用大体积混凝土做成，也有在山体中开挖隧道，然后灌注混凝土用作锚碇的。通常还用两个桥塔给主缆提供中间支承。悬索桥承重主要靠主缆，主缆的钢丝强度高且可根据需要增加钢丝数，所以悬索桥的跨越能力大。

8.1.1 悬索桥的特点

悬索桥是一种适合特大跨度的桥型。它以主缆、锚碇和桥塔为主要承重构件，以加劲梁、吊索、鞍座等为辅助构件。

悬索桥的优势如下。

1. 材料用量和截面设计方面

其他各种桥型的主要承重构件的截面积，总是随着跨度的增加而增加，致使材料用量增加很快。但大跨悬索桥的加劲梁却不是主要承重构件，其截面并不需要随着跨度的增加而增加。

2. 构件设计方面

许多构件截面积的增大是容易受到客观制约的，例如，梁的高度、构件的外廓尺寸等，但悬索桥的主缆、锚碇和桥塔这三项主要承重构件在扩充其截面积或承载能力方面所遇到的困难较小。

3. 作为主要承重构件的主缆具有非常合理的受力形式

众所周知,对于拉、压构件,其应力在截面上的分布是比较均匀的,而对于受弯构件,在弹性范围内,其应力分布呈三角形。就充分发挥材料的承载能力而言,拉、压的受力方式较受弯合理,而受弯构件需要考虑稳定性问题,因此受拉就成为合理的受力方式。主缆受拉,且其截面设计较容易,因此悬索桥的跨越能力是目前所有桥型中最大的。在目前正在修建和计划修建的大跨度桥梁中,跨度超过 1000 m 的桥型几乎无一例外地选择悬索桥。

4. 在施工方面

悬索桥的施工总是先将主缆架好,主缆就成为一个现成的悬吊式支架。在架梁过程中,加劲梁段可以挂在主缆之下。为了防御飓风的袭击,虽然也必须采取防范措施,但同其他桥所用的悬臂施工法相比,风险更小。悬索桥由于跨越能力大,常可因地制宜地选择一跨跨过江河或海峡主航道的布置方案,这样可以避免修建深水桥墩,满足通航要求。由于跨度大,悬索桥的构件就显得特别柔细,外形美观,大跨度悬索桥的所在地几乎都成为旅游景点。

悬索桥也有一些缺点:悬索是柔性结构,刚度较小,当有可变作用时,悬索会改变几何形状,引起桥跨结构的较大挠曲变形;在风荷载、车辆冲击荷载等动荷载作用下,悬索桥容易产生振动。

8.1.2　悬索桥的分类与构造

1. 悬索桥的分类

按悬索的力学性能,悬索桥可分为柔性悬索桥和刚性悬索桥。二者的区别是加劲梁刚度的大小。

(1) 柔性悬索桥的主梁一般是指行车道仅设桥面系或仅起分布荷载和调节变形作用,但不参与受力的,具有较小刚度的大梁。当活载在桥上移动时,活载由桥面经吊杆传给悬索,悬索便随移动的活载而改变自身的形状,只起分布荷载和调整变形作用的桥面因悬索的变形而产生较大的挠度。

(2) 刚性悬索桥是在恒载大于活载且对桥的影响比活载大时,为了增加刚度,将桥道系做成带加劲梁的形式,并使之参与整体结构受力,形成以索为主、梁为辅的悬索桥。它有单链式、双链式和自锚式三种结构形式。

2. 悬索桥的构造

(1) 桥塔。

桥塔也称主塔,是支撑主缆的重要构件。桥塔主要承受压力,不管是用混凝土还是用钢材修建悬索桥的桥塔,跨径可以加大,桥塔的增高却是有限的。

①桥梁顺桥向(桥轴方向)的结构形式。

从结构力学上来分类,悬索桥的桥塔在桥梁顺桥向的结构形式主要有以下三种。

a. 刚性塔。所谓刚性塔,是指塔顶水平变位量相对较小的桥塔。刚性塔可做成单柱形式,也可做成A形。刚性塔一般用于多塔(桥塔数量为3个或3个以上)悬索桥,特别是位于中间的桥塔,可通过提高桥塔的纵向刚度来控制其塔顶的纵向变位,从而减小梁内的应力。

b. 柔性塔。所谓柔性塔,是指塔顶水平变位量相对较大的桥塔,是相对刚性塔而言的。在大跨度三跨(双跨)形式的悬索桥中,桥塔几乎全是柔性的。柔性塔一般在塔柱下端做成固结的单柱形式。

c. 摇柱塔。摇柱塔为下端做成铰接的单柱形式塔。它一般只用于跨度较小的悬索桥。

②桥梁横桥向的结构形式。

悬索桥的桥塔在桥梁横向的结构(塔架)形式一般有以下三种。

a. 刚构式:单层(横梁)或多层(横梁)的门架式。这种形式在外观上简洁明快,既能适应钢桥塔,又能用于混凝土桥塔。

b. 桁架式:在两根塔柱之间,除有水平的横梁外,还具有若干组交叉的斜杆,形成桁架式结构。桥塔在横向采用这种结构形式,无论在塔顶水平变位、用钢数量(经济性)及塔架内力(功能性)等方面均较为有利。但是,由于交叉斜杆的施工对混凝土桥塔来说有较大困难,这种形式一般只适用于钢桥塔。

c. 混合式:由以上的刚构式和桁架式可以组合成混合式桥塔。这种形式的桥塔一般在桥面以上不设交叉杆,以便在景观上保持刚构式的简洁明快,而在桥面以下设置少量交叉杆以改善桥塔的功能(内力)。由于具有交叉杆,一般这种形式也只宜用于钢桥塔。

(2) 主缆。

主缆一般为一条近似于抛物线的曲线。它是通过塔顶鞍座悬挂在主塔上并锚固于两端锚固体中的柔性承重构件。主缆本身通过索夹和吊索承受活载和加劲梁(包括桥面)的恒载,除此之外,还承担一部分横向风荷载并将它直接传递到塔顶。现代大跨悬索桥的主缆都是由高强、冷拔、镀铸钢丝组成的。

①主缆的布置形式。

悬索桥一般采用 2 根平行的主缆。而美国的维拉扎诺桥和乔治·华盛顿桥,在全桥设有 4 根平行的主缆,但即使采用 4 根主缆,也是在桥面左右两侧各集中布置 2 根主缆,而非将 4 根主缆均匀布置(4 根主缆横向间距相等)。如果将主缆与其下面的吊索视为悬索桥的索面,4 根主缆虽有 4 个索面,但其外观与功能仍为双索面悬索桥,只是在每个索面中含有立体的双重缆索体系。我国的燕矶长江大桥则采用不同垂度四主缆双层钢桁梁悬索桥方案,为目前世界跨度最大的四主缆悬索桥。

②主缆的截面组成与编制方法。

视缆力大小,每根主缆可以包含几千乃至几万根钢丝。这些钢丝分成几十乃至一百多股,每股内的丝数大致相等。这是为了将主缆的力分散给各丝股,以利锚固。

钢丝束股的组成方法有空中编丝组缆法与预制绳股法。前者简称 AS 法,后者简称 PS 法。欧美国家使用 AS 法,我国和日本习惯使用 PS 法。AS 法是通过牵引编丝轮(来回走动),每次将数根钢丝在高空从桥的一端拉向另一端制成。PS 法是在工厂将成定数 $m[m=3n(n-1)+1, n=2,3,\cdots]$的钢丝平行排列成正六边形,捆扎成束,两头浇制锚头,然后上盘,运至工地后,一束一束地牵引过江形成主缆。

如果钢丝直径已经决定,无论采用 AS 法还是 PS 法,每根主缆的钢丝总根数对某一座具体的悬索桥而言,在理论上都是相同的,即 n 根。但组成具有 n 根钢丝的主缆截面中的钢丝束股数 n_1 和每根钢丝束股中的钢丝根数 n_2 则根据主缆的编制方法而有所不同。在 $n_1 \times n_2 = n$ 中,AS 法中的 n_1 要比 PS 法中的少很多,而 AS 法中的 n_2 要比 PS 法中的多很多。一般来说 AS 法中的 n_2 在 400～500 根,而 PS 法中的 n_2 只有 61～127 根。

(3) 吊索。

吊索是将活载和加劲梁(包括桥面)的恒载通过索夹传递到主缆的构件。它的上端与索夹相连,下端与加劲梁相连。一般情况下边跨和主跨均应布置吊索,但是有时在跨度较小,或边跨较小的情况下,边跨可以不设置吊索,而采用类似于简支梁的承重类型。

吊索采用钢丝绳索和平行钢丝索制成。

①钢丝绳索。

用于吊索的钢丝绳有两种：一是绳心式钢丝绳，它由位于中央的一股钢丝绳作为绳心，在其外围再用6股由7丝或19丝或37丝扭绞组成的钢丝束股扭绞而成；二是股心式钢丝绳，它由7股19丝钢丝束股扭绞而成，位于中央的一股为股心。两种钢丝绳中的钢丝束股的扭绞方向与钢丝束股中的钢丝的扭转方向均相反。

②平行钢丝索。

采用平行钢丝索做吊索时，其截面组成一般为几十根到百余根的直径5～7 mm的镀锌钢丝，外加PE(polyethylene，聚乙烯)套管保护。

(4) 加劲梁。

加劲梁的主要功能是提供桥面和防止桥面发生过大的挠曲与扭曲变形。桥面上的活载及加劲梁的恒载通过吊索和索夹传至主缆。加劲梁是悬索桥承受风荷载和其他横向水平力的主要构件。加劲梁的主要形式有钢板梁、桁架梁、钢箱梁和钢筋混凝土箱梁等。钢板梁通常采用工字形截面，沿跨径设置成等高度梁；桁架梁一般也是沿跨径设置成等高度梁，杆件多采用4支角钢和钢板组成的H形截面；钢箱梁抗扭刚度大，比桁架梁构造简单且用料少，易于制造，其形式为流线型扁平翼状钢箱梁；钢筋混凝土箱梁的刚度大，构造简单，易于制造，而且与其他梁的形式相比，造价最低。悬索桥一般跨度比较大，相对而言梁就变得很薄，因此受风荷载的影响很大，将梁做成流线型，有利于抵抗风荷载，避免产生共振而使梁受到破坏。

(5) 锚碇。

悬索桥分为自锚式和地锚式。自锚式悬索桥的主缆锚于加劲梁上，无须设置锚碇结构；而地锚式悬索桥的主缆端头则锚于重力式混凝土锚块或岩洞中的混凝土锚块上，防止其移动。

锚碇是将主缆中拉力传递给地基的构件，一般由基础、锚块、钢索的锚碇架及固定装置和遮棚等构成。按照边跨的情况，锚碇可以与桥台组合设置或单独设置。

锚碇分为重力式锚碇和隧道式锚碇。重力式锚碇用得较多，完全由大体积混凝土构成，用锚碇自重与地基的摩擦力来抵抗主缆的斜向拉力；隧道式锚碇则利用已有的坚实的岩层或岩洞，部分用混凝土浇筑来形成锚碇。锚碇最好设置在靠近地表的坚实的岩层内，并且与下面的基础形成整体，以提高锚碇的倾覆稳定性与滑动稳定性。一般来说，锚碇做得都比较大，这样才能使主缆传来的荷载通过锚碇传给地基。

(6) 鞍座。

鞍座是支承主缆并使其圆顺地改变方向的重要部件，布置在主缆几何线形转折处，包括桥塔(墩)顶的主索鞍、锚碇(锚固体)前端的散索鞍(套)及副索鞍。鞍座分为塔顶鞍座(亦称主鞍座)和散索鞍座。

塔顶鞍座位于主缆和塔顶之间，其上座设有索槽用以安放主缆。刚性桥塔上的主鞍座，一般在上座下面设一排辊轴，用来调整施工中主缆在塔顶两侧的水平分力，使之接近平衡。辊轴下面设下座底板。柔性塔和摇柱塔上的主鞍座仅设上座，通过螺栓与塔固定。

散索鞍座是主缆进入锚碇之前的最后一个支承构件，置于锚碇的前墙处，起着支承转向和分散大缆束股使之便于锚固的作用。与塔顶主鞍座不同的是，散索鞍座在主缆因活载作用或温度变化而产生长度变化时，其本身能够随主缆同步移动，以调节主缆的长度变化。其结构形式又有摇柱式和滑移式两种基本类型。散索鞍座现今一般也兼用铸焊的方法进行制造，即鞍槽部分采用铸钢件，其他部分用厚钢板焊接。

索鞍有整体铸造、铸焊组合和全焊三种类型，其中整体铸造和铸焊组合两种类型较为常用。主索鞍(塔顶鞍座)的结构主要由座体(含鞍槽)和座板组成。为满足悬索桥施工过程中索鞍预偏复位滑移的需要，座板与座体之间设置有滑动装置，如辊轴、聚四氟乙烯滑板或其他减摩技术。散索鞍(套)结构形式上主要有摇柱式、平移式(滑移或滚轴)等基本类型。其基本构成包括底座、座体(含鞍槽)。副索鞍设置于边跨，满足主缆转折的需要，在必要时设置。其构造基本与散索鞍相同，但在主缆通过副索鞍时不散开。

8.2 悬索桥施工技术

8.2.1 锚碇的施工

1. 锚碇的结构类型

锚碇按受力形式可分为重力式锚碇和隧道式锚碇。重力式锚碇依靠其巨大的重力抵抗主缆拉力，隧道式锚碇的锚体嵌入基岩内，借助基岩抵抗主缆拉力。隧道式锚碇只适合在基岩坚实完整的地区，其他情况下大多采用重力式锚碇。

2. 锚碇基础施工

（1）基础类型。

锚碇的基础有直接基础、沉井基础、复合基础、隧道基础等。直接基础适宜于持力层距地面较浅的情况；复合基础和沉井基础适用于深持力层的地区；如山体基岩坚实完整，则可采用较为经济的隧道基础。

（2）基坑开挖。

锚碇基坑由于体积庞大，可采用机械开挖，也可采用爆破和人工开挖的方法。开挖应采取沿等高线自上而下分层进行。在坑外和坑底要分别设排水沟和截水沟，防止地面水流入、积留在坑内而引起塌方或基底土层破坏。在采用机械开挖时，应在基底标高以上预留 15～30 cm 厚土层，该土层用人工清理，以免破坏基底结构。在采用爆破方法施工时，对于深陡边坡，应使用预裂爆破等方法，以免对边坡造成破坏。隧道开挖应采用小型爆破，防止岩层结构遭到破坏，开挖后应尽快支护并进行锚体灌注，以免岩石风化。

（3）边坡支护。

对于深大基坑及不良土质，应采取支护措施保证边坡稳定。支护方法一般有喷射混凝土支护法、喷锚网联合支护法等。

（4）沉井基础。

在覆盖层较厚、土质均匀、持力层较平缓的地区可采用沉井基础。由于悬索桥锚碇的沉井基础极为庞大，设计和施工均有一定难度。在施工过程中应根据当地情况精心研究施工方案。

3. 主缆锚固系统

（1）锚固系统的结构类型。

锚固系统根据主缆在锚块中的锚固位置可分为前锚式锚固系统和后锚式锚固系统。前锚式锚固系统就是索股锚头在锚块前锚固，通过锚固系统将缆力作用到锚体。后锚式锚固系统即将索股直接穿过锚块，锚固于锚块后面。前锚式锚固系统因具有主缆锚固容易、检修保养方便等优点而广泛运用于大跨悬索桥中。

前锚式锚固系统又分为型钢锚固系统和预应力锚固系统两种类型。型钢锚固系统又有直接拉杆式和前锚梁式。预应力锚固系统按材料不同可分为粗钢筋锚固形式和钢绞线锚固形式。

(2) 型钢锚固系统施工。

型钢锚固系统主要由锚架和支架组成。锚架包括锚杆、前锚梁、拉杆、后锚梁等，是主要传力构件。支架是安放锚杆、锚梁并使之精确定位的支撑构件。

①施工程序。锚杆、锚梁等工厂制造→现场拼装锚支架(部分)→安装后锚梁→安装锚杆(与锚支架)→安装前锚梁→精确调整位置→浇筑锚体混凝土。

②施工要点。

a. 所有构件安装均应按照钢结构施工规范的要求进行。

b. 锚支架安装是将散件运至现场拼装而成，为了提高效率，可将若干杆件先拼接成片，然后再逐片安装。其中一部分支架安装工作与安装锚杆是穿插进行的，锚杆由下至上逐层安装，每安装完一层要拼装相应的支架与托架后才能安装另一层锚杆。

c. 根据设计要求，锚杆与混凝土之间可以是无黏结或有黏结的。如果是前者，为了使锚杆能明确地将索力传递至锚梁，应使锚杆表面与混凝土处于无黏结状态。一般设计上采用在锚杆表面涂环氧沥青和喷涂铅涂料等方法进行防黏与防腐。在锚杆节点板处应包以木盒或泡沫塑料使之与混凝土隔离。全部锚杆安装完毕后，即测量调整锚杆的空间坐标(横桥向偏位、标高和里程误差)，使之满足设计要求和精度。

d. 由于锚杆和锚梁质量巨大，要注意锚支架特别是锚梁托架的刚度，必要时可采取加固措施，防止支架变形而严重影响锚杆位置的精度。

③质量控制。

a. 构件质量。锚杆、锚梁为永久性受力构造，制作时必须严格按设计要求进行除锈、表面涂装和焊接件的超声波探伤等工作。为了保证现场安装质量，出厂前，应对构件进行试拼，试拼范围包括锚杆拼装、锚杆与锚梁连接、锚支架及其连接系平面试装。

b. 安装精度。锚杆、锚梁安装精度要求可按《公路桥涵施工技术规范》(JTG/T 3650—2020)执行。

(3) 预应力锚固体系施工。

①预应力锚杆体系的传力方式。索股锚头由两根螺杆和锚固连接器相连，再对穿过锚块混凝土的预应力束施加预应力，使锚固连接器与锚块连接成整体，承受索股的拉力。

②施工程序。基础施工→安装预应力管道→浇筑锚体混凝土→穿预应力筋→安装锚固连接器→预应力张拉→预应力管道压浆→安装与张拉索股。

③施工要求。预应力张拉与压浆工艺,应严格按照设计与施工规范的要求进行。前锚固的预应力锚头要安装防护帽,并向帽内注入保护性油脂。构件必须进行超声波和磁粉探伤检查,在运输和堆放过程中严加保护,不允许构件受到损伤。

(4) 隧道锚中的锚固体系。

隧道锚中的锚固体系类型与重力式锚碇的锚固体系大致相同。但由于洞内空间较小、坡度陡,安装难度相对较大。运送构件到洞内较多采用轨道滑溜的方法,然后采用小型起吊设备安装。长大构件的洞内位移、翻转困难,施工中,各构件应严格按从下而上的顺序搬运,随放随装。

4. 锚碇体施工

悬索桥锚碇属于大体积混凝土构件,尤其是重力式锚碇,体积十分庞大。在施工阶段水泥产生大量的水化热,引起体积变形且变形不均,从而产生温度应力及收缩应力。当此应力大于混凝土本身的抗拉强度时,就会产生裂缝,影响混凝土的质量。因此,水化热的控制是锚碇混凝土施工的关键问题。下面仅对大体积混凝土施工的特点进行叙述。

(1) 大体积混凝土的温度控制。

混凝土的水化热源于水泥遇水后发生的水化反应。水化热越大,混凝土的温升越高,与气温的差值越大,就会导致混凝土温度应力增大,从而产生裂缝。混凝土的体内温度是混凝土入仓温度加上水泥水化热温升,降低混凝土温升主要有以下措施。

①选用低水化热品种的水泥。一般来说,矿渣水泥、火山灰水泥、粉煤灰水泥等具有较低水化热的特性,宜尽量采用,对于普通硅酸盐水泥应经过水化热试验比较后再选用。

②降低配合比中水泥的用量。使用外加剂可以减少水泥的用量,缓凝型外加剂还可以延缓水化热峰值产生的时间,有利于降低混凝土的最高温升。此外,可以使用粉煤灰作为外加剂,粉煤灰可以代替部分水泥,而且掺加粉煤灰后混凝土的后期强度仍有较大的增长,可以将设计龄期强度延长到 60 d,将水泥用量减少到一个较低的水平。粉煤灰的用量一般为水泥用量的 15%～20%。对于一些低标号的混凝土,掺加一定量的片石亦是一种减少水泥用量的有效办法。

③降低混凝土的入仓温度。对于砂、石料应防止日光直照引起温度升高，可采用搭遮阳棚和淋水降温的方法。不要使用刚出厂的高温水泥。采用冷却水作为混凝土的拌和用水，直接对混凝土降温，将会取得明显效果。

④在混凝土结构中布置散热水管。在大体积混凝土设计中，经常在混凝土内设置冷却管。混凝土浇筑并终凝后，开始通水冷却散热。采用这种方法应注意设计好水的流量、管道分布密度和进水温度，使进出水温度相差不至于太大，一般控制在10 ℃左右，而水温和混凝土内部温差宜不大于20 ℃，因为水温过低就可能使水管周围的混凝土产生温度裂缝。冷却水管降温速率以1 ℃/d为宜。通水时间一般为15～20 d。

(2) 大体积混凝土施工。

①混凝土浇筑设备和能力。设计强度在25 MPa以下的低标号混凝土适合使用车送或吊罐方式浇筑，如使用输送泵，往往会为了保证可泵性而加大坍落度，在配合比中加大水泥用量，这样既不经济又不利于水化热控制。

大体积混凝土采用分层施工，每一层的厚度一般为1～2 m，具体层厚的确定必须考虑混凝土的浇筑能力和混凝土降温散热措施。浇筑能力越大，降温措施越充分，分层厚度可适当大一些，有利于加快施工进度。

混凝土每次浇筑时，宜采用分层浇筑的方式，要求后一层混凝土必须在前一层初凝前加以覆盖，防止出现施工裂缝。因此应参照混凝土初凝时间和每层混凝土的体积计算每小时最低生产量，合理配置设备，确保每层混凝土的浇筑质量。

②锚体混凝土分块施工。大体积、大面积混凝土结构历来都是分块浇筑，根据公路部门的设备和经验，一般采用预留湿接缝法浇筑混凝土。为了在所留槽缝内立模和预埋钢筋接头焊接作业，所留槽缝宽度为1.0～2.0 m。各分块分别浇筑施工，分别冷却至稳定温度，再将预留槽缝中的钢筋焊接起来，然后在槽缝内浇筑微膨胀混凝土。

③养护及保温。混凝土浇筑完并终凝后要覆盖麻袋、草垫等物，并洒水保持表面湿润。一方面对混凝土进行养护，另一方面降低混凝土表面与内部的温差。针对不同的气温条件，采取的温控措施是不同的。夏季炎热地区以降温散热为主，冬季气温寒冷时，应特别注意混凝土的保温措施，必要时可覆盖塑料布等保温材料，内散外保的方法可使混凝土整体上均匀降温。

④温度监测。锚碇大体积混凝土施工时，对混凝土内部最高温度、相邻两层及相邻两块之间的温差，设计上都有较严格的规定。为了能及时掌握混凝土内

部温度变化，宜在混凝土内部埋设测温元件，如差动式测温计、测缝计、应变计等，从而掌握温度场变化，正确指导施工。

根据所确定的混凝土配合比试验数据（含水化热试验）、现场实测温度情况以及锚碇的边界条件，利用热传导方程计算混凝土内部温度的分布变化场，用于调整混凝土分层、分块和施工工艺，甚至作为调整混凝土配合比的依据。

(3) 隧道锚内混凝土施工特点。

①在混凝土中应掺入微膨胀剂，防止混凝土收缩与拱顶基岩分离。

②混凝土浇筑完毕后，立即在端模挂草袋保温，将洞口用草袋封闭，减少空气流通，达到减少混凝土内外温差的目的。

③注意洞内排水。

8.2.2 主缆的架设

1. 准备工作

在架设缆索之前的准备工作包括安装塔顶吊机、塔顶主鞍座、支架副鞍座、展束锚固鞍座，以及各种绞车和转向设备等驱动装置。

2. 架设导索

导索是缆索工程中最先拉过江河（或海湾）的一根钢丝绳索，也是绳索工程中的第一道难关。一般架设导索有如下两种方法。

(1) 浮子法。将准备渡江（或海）的导索每隔一定距离装上一个浮子，使导索由浮子承重而不下沉水中。然后由拽船将导索的一端从始发墩旁浮拖至需要到达的墩旁，再由到达墩的塔顶垂直下来的拉索直接拉到塔顶。此法在潮流速度缓慢且无突出岩礁等障碍物时，是较为可靠的。日本的关门桥和因岛桥均采用此法。

(2) 自由悬挂法。当桥位处水流急时，采用浮子会使水面上拖运的导索流散得较远，同时导索所受水流的冲击力也大，故导索所需截面也大。另外，当桥位附近有岩礁时，导索流散越远，它被挂阻于岩礁的可能性也越大，此时就可用自由悬挂法。自由悬挂法是在桥台锚碇墩附近设置可连续发送导索的一种装置，从此装置引拉出的导索经过塔顶后其前端固定在拽船上，随着拽船横越水面，可使连续发送出来的导索不沉落到水中，并在始终保持悬挂的状态下完成导索的渡架。为提高安全度，可用重锤作为平衡重，以调整导索在引拉过程中的拉力。

无论是采用浮子法还是自由悬挂法，通常悬索桥两侧主缆的两根导索都用同一方法渡架。但当渡架作业较为困难时，也可只渡架一根导索，而另一根导索可直接在第一根完成后设法在高空横渡。当然，随着施工机械的发展，也有采用浮吊吊杆或直升机牵索渡架的施工方法。

3. 架设拽拉索及猫道

当导索架设完毕后，就可由它来架拽拉索。拽拉索是布置在两岸之间的一根环状无端头的钢丝绳索，可由两岸的驱动装置来使拽拉索走动，从而一来一往地引拉其他需要架设的缆索或钢丝。

拽拉索架设完毕后，首先要架设的就是猫道。所谓猫道，就是悬索桥架设施工中，为其空中架设的工作走道，它是主缆编制和架设必不可少的临时设施。每座悬索桥的施工一般设有两个猫道，每个猫道各供一侧主缆施工所需，由若干根猫道索承载应力。猫道的空间位置，应使猫道面与主缆之间的净空均匀一致。主缆中心与猫道面的位置关系由主缆截面尺寸及主缆机的缠丝机的尺寸等决定。猫道是悬索桥施工的特有设备，由猫道索、猫道面板结构(包括栏杆立柱及扶手索等)与横向天桥、抗风索与斜吊索或垂直吊索等组成。下面将对猫道的构造及布置进行简单介绍。

(1) 猫道索。猫道索是猫道的承重构件，悬索桥的两侧猫道各有若干根猫道索。

(2) 猫道面板结构与横向天桥。当每个猫道的若干根猫道索由拽拉索引拉架设好之后，即可铺设猫道面板及架设横向天桥。横向天桥是沟通每座悬索桥的两个猫道之间的空中工作走道，它除工作所需外，还有增强猫道横向稳定的作用。

(3) 抗风索与斜吊索或垂直吊索。设置抗风索的目的是提高猫道的抗风稳定性，同时还可以调整猫道的曲线形状。猫道的抗风体系除抗风索外，还包括连接猫道索与抗风索之间的斜吊索或垂直吊索。采用斜吊索时，抗风振动的减振性较好，也就是说抗风稳定性较优，但其安装调整较困难；采用垂直吊索时的抗风减振性虽然较差，但通过一些悬索桥的施工实践，证明可以满足实用的要求。故施工中，一般尽可能采用垂直吊索的形式。

4. 架设主缆

在猫道之下架设抗风索后，猫道工程全部完成，就可在猫道上正式开始架设主缆。主缆架设方法有两种：一种为空中编缆法（AS 法），包括送丝、纺丝、纺线、架线；另一种为预制绳股法（PS 法）。这里，AS 法是以钢丝为单元，先在空中编成绳股，然后再由若干绳股组成主缆；PS 法则是以工厂预制成的股缆在空中组成主缆。

5. 架吊索

主缆架设完毕，将猫道转载于主缆后，拆除抗风索，并在猫道上开始架设吊索。当吊索安装完毕后，即可拆除猫道。至此，悬索桥的缆索工程全部完成。

8.2.3 加劲梁的架设

1. 悬索桥加劲梁的架设方法

悬索桥加劲梁的架设方法按其推进方式分，主要有两种：第一种是先从跨中节段开始向两侧主塔方向推进；第二种是从主塔附近的节段开始向跨中及桥台推进。但无论采用哪种方法，均须考虑主缆变形对加劲梁线形的影响。故有条件时应在施工前做加劲梁施工架设的模型试验，根据试验资料来验证或修正架设工序。一般在架设中，为使加劲梁的线形能适应主缆变形，架上的各加劲梁节段之间不应马上做刚性连接。待某一区段或全桥加劲梁吊装完毕，再做永久性连接。

加劲梁从跨中向两侧主塔推进，一般分如下 4 个阶段（图 8.1）。

（1）加劲梁从主跨中央开始架设，当加劲梁节段的重量逐段加于主缆时，梁的线形不断变化，所以，梁段间的连接仅作为施工临时连接，以避免梁段的过分变形。

（2）边跨加劲梁开始架设，以减小塔顶水平位移。

（3）主塔处加劲梁段合龙。

（4）加劲梁所有接头封合。

这种架设方法的特点：靠近塔柱的梁段是在主缆刚达到最终线形时就位的，这样，靠近塔柱的吊索索夹的最后夹紧可推迟到塔顶处主缆仅留有很小永久角度阶段，因而能减小主缆内的次应力。

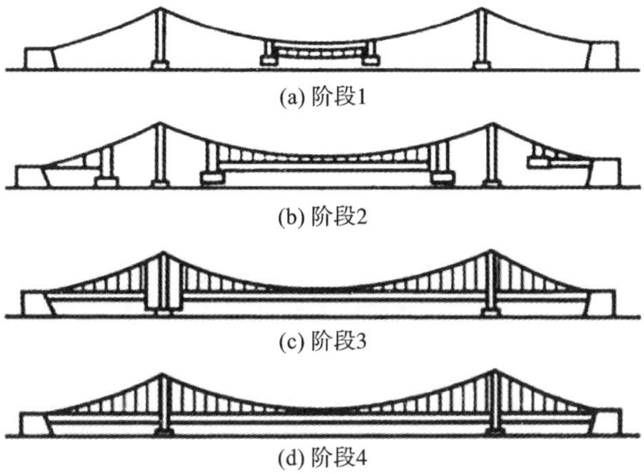

图 8.1　加劲梁从跨中向两侧主塔推进

加劲梁从两侧主塔向跨中推进，也可分为 4 个阶段(图 8.2)。

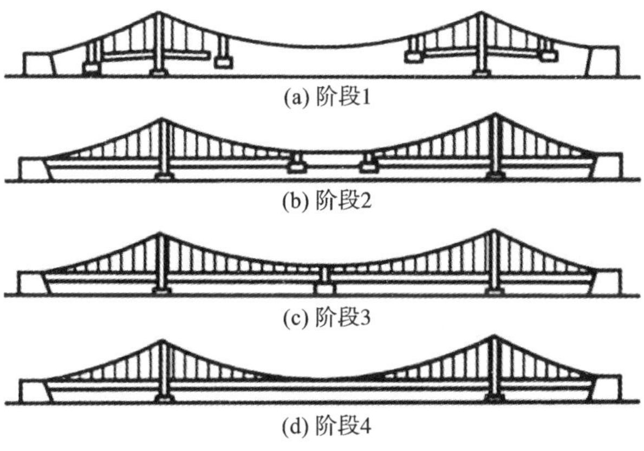

图 8.2　加劲梁从主塔向跨中推进

从图 8.2 可以看出，此法的施工步骤正好与图 8.1 中的施工步骤相反。

但图 8.2 所示的架设方法有利于施工操作和管理。因为此方法中施工操作和管理人员可以很方便地从塔墩到桥面，以及在主跨和边跨之间往返。而图 8.1 所示的方法中，工作人员必须通过狭窄的空中猫道才能达到主跨内已被架好的加劲梁段上。

如上所述，悬索桥加劲梁架设的特点是可以将其先架设完成的主缆作为悬吊的脚手架。但这个脚手架是柔性的，它的几何形状随着梁段的逐渐增加而不断改变。当所架梁段不多时，梁段的上弦或上翼板相互挤压，梁段的下弦或下翼板互相分离而出现“张口”。若过早使下弦或下翼板闭合，则梁段结构或连接就有可能因强度不够而破坏。

2. 钢桁梁式加劲梁架设

当悬索桥加劲梁是钢桁架时，其架设方法可与一般钢桁梁的架设方法相同，即可采用能沿桁架上弦或纵梁走行的德立克吊机安装。所不同的是，在每一梁段拼装后，不是靠已成梁段来承受后拼梁段的自重，而是立即将刚拼好的梁段通过吊索悬挂在主缆上，由主缆承担其自重。从减轻施工内力和安全考虑，架设常分两期进行：第一期将桥面系等尽量省去，仅将主桁架梁架拼合龙；第二期再做加劲梁结构的其余部分的施工，最后浇筑混凝土桥面。

3. 扁平钢箱梁式加劲梁架设

扁平钢箱梁式加劲梁架设包括如下过程：

(1) 箱梁节段的驳船运输；

(2) 箱梁节段的吊装；

(3) 主跨加劲梁安装；

(4) 边塔处加劲梁的吊装；

(5) 焊接。

第 9 章　斜拉桥施工

9.1　斜拉桥概述

斜拉桥由索塔、拉索和主梁三种构件组成。斜拉桥是一种桥面体系以主梁承受轴向力(密索体系)或承受弯矩(稀索体系)为主,支撑体系以拉索受拉和索塔受压为主的桥梁。拉索的作用相当于在主梁跨内增加了若干弹性支承,使主梁跨径显著减小,从而大大减少了梁内弯矩、梁体尺寸和梁体重力,使桥梁的跨越能力显著提升。与悬索桥相比,斜拉桥不需要笨重的锚固装置,抗风性能又优于悬索桥。调整拉索的预拉力可以调整主梁的内力,使主梁的内力分布更均匀合理。

9.1.1　斜拉桥的总体布置

1. 孔跨布置

现代斜拉桥最典型的跨径布置有两种:双塔三跨式和单塔双跨式。特殊情况下也可以布置成独塔单跨式、双塔单跨式及多塔多跨式。

双塔三跨式是斜拉桥常见的一种布置方式。主跨跨径根据通航要求、水文、地形、地质和施工条件确定。考虑简化设计、方便施工,边跨常设计成相等的对称布置,也可采用不对称布置,边跨和中跨经济跨径之比通常为 0.4。另外,应考虑全桥的刚度、拉索的疲劳度、锚固墩承载能力多种因素。如主跨有荷载会增加端锚索的应力,而边跨上有活载时,端锚索应力会减少。拉索的疲劳强度是边跨与主跨跨径允许比值的判断标准。当跨径比为 0.5 时,可对称悬臂施工到跨中进行合龙;与跨径比小于 0.5 时,一端悬臂是在后锚的情况下施工的。

单塔双跨式是另一种常见的斜拉桥孔跨布置方式之一,通常可采用两跨对称布置或两跨不对称布置。两跨对称布置,由于一般没有端锚索,不能有效约束塔顶位移,在受力和变形方面不能充分发挥斜拉桥的优势,而如果用增大桥塔的刚度来减少塔顶变位则不经济。采用两跨不对称布置则可设置端锚索控制桥塔顶的位移,受力比较合理,但要注意悬臂端部的压重和锚固。

当斜拉桥的边孔设在岸上或浅滩上,边孔高度不大或不影响通航时,在边孔设置辅助墩,可以改善结构的受力状态。辅助墩受压可减少边孔主梁弯矩,而受拉则可减少中跨主梁的弯矩和挠度,从而大大提高全桥的刚度。边孔设置一个辅助墩后,塔顶水平位移、主梁跨中挠度、塔根弯矩和边跨主梁弯矩都大大减少;边孔设置两个辅助墩后,内力和位移虽然减少,但变化幅度减小;边孔设置三个辅助墩后,内力和弯矩都没有明显变化。

当设置辅助墩困难或造价较高时,可采用外边孔的构造形式,将斜拉桥的主梁向前后两侧再连续延伸一孔或数孔,使斜拉桥的主梁与引桥的上部结构形成连续梁形式。但主梁与引桥的上部结构相连,地震时将增加斜拉桥的水平惯性力。

2. 索塔构造

(1) 索塔类型。

组成索塔的主要构件是塔柱,另外还有塔柱之间的横梁或其他联结构件。塔柱之间的横梁一般分为非承重横梁和承重横梁,前者有塔顶横梁与直柱之间的中间横梁,后者有放置在主梁支座的受弯横梁、竖塔柱与斜塔柱相交(折角)点处的压杆横梁以及反向斜塔柱相交点处的拉杆横梁。当然,所有的承重与非承重横梁都必须首先承受自重引起的内力,另外还要作为塔架面内的组成构件参与抵抗风力、地震及偏心活载。

塔柱按照材料可以分为钢塔柱和混凝土塔柱。大多数钢塔柱的截面做成矩形空心箱室,箱室四周各主壁板上均分布有竖向加劲肋。箱室内上下相隔一定的距离设有水平横隔板。少数钢塔柱的截面做成丁字形或准十字形的空心箱室。斜拉桥的混凝土塔柱可以分为实心柱和空心柱。无论是实体塔柱还是空心塔柱,其截面基本上都采用矩形,并且一般是长边与桥轴线平行,短边与塔轴线平行。实心塔柱一般适用于中、小跨径的斜拉桥,小跨径时用等截面,中等跨径时可用变截面。空心箱形塔柱一般用于较大跨径的斜拉桥,一般采用变截面,并且通常只是改变长边的尺寸。

(2) 索塔布置。

索塔高度不仅与斜拉桥的主跨径有关,还与拉索的索面形式(辐射式、竖琴式或扇式)、拉索的索距和拉索的水平倾角有关。一般在主跨相同的情况下,索塔高度低，拉索的水平倾角小，则拉索的垂直分力对主梁的支承效果不佳，导致拉索的钢材用量增加。拉索的高度应由经济比较后确定。

索塔的有效高度应该从桥面以上算起，且与拉索的倾角有关。索塔的有效高度越高，拉索的倾角越大，拉索垂直分力对主梁的支承效果也越好，但索塔与拉索的材料数量也要增加。因此，索塔的适宜高度要考虑经济因素。

从桥梁行车方向看，塔柱可做成独柱式、双柱式、门式、宝石式等多种形式。独柱式都用于单索面；双柱式或门式索塔一般用于桥面宽度不大的双索面斜拉桥；宝石式多用于大跨径斜拉桥中。近些年斜拉桥索塔形式也有不少创新，如港珠澳大桥的中国结样式的索塔极具中国特色。

3. 拉索布置

拉索对主梁有弹性支承作用，对整个斜拉桥的结构刚度和经济合理性起着重要的作用。拉索一般采用抗拉强度高、疲劳强度好和弹性模量较大的高强钢丝、钢绞线及高强粗钢筋等。

(1) 拉索在空间上的布置形式。

拉索在空间上的布置形式，即索面的位置和数量，通常可布置成单索面和双索面。双索面又分为竖直双索面和倾斜双索面两种形式。

从力学角度上来看，单索面、双索面和多索面与主梁的抗扭问题有密切关联。采用单索面对抗扭不起作用，因此要求主梁应采用抗扭刚度较大的截面，跨度也不宜过大。较窄的双车道桥梁不宜采用单索面布置，要设中央分隔带。由于铁路桥梁承受的荷载较大，在目前建成的斜拉桥中，均没有采用单索面结构的。采用双索面时，两个拉索面能加强结构的抗扭刚度，拉索的轴力也可以抵抗作用于桥梁的扭矩，不需要强调主梁采用抗扭刚度大的箱形截面。倾斜双索面对桥面梁体抗风力扭振比较有利。

(2) 拉索在索面内的布置形式。

拉索在索面内的布置形式具体有辐射式、竖琴式、扇形式。究竟采用哪种形式，除分析各种形式的受力特点外，一个很重要的考虑因素是景观。总的来说，现代斜拉桥采用扇形式最多，其次是竖琴式。

①辐射式。

从力学角度来看，辐射式较优于其他两种。采用辐射式布置的拉索与水平面的平均交角较大，拉索垂直分力对梁的支承作用较大，而对主梁产生的轴力较小；拉索的水平分力在塔顶基本平衡，使得索塔的弯矩较小，索塔的高度也可以比别的形式小。但是辐射式所有拉索均锚固于塔顶，使塔顶的构造细节比较复杂，局部应力集中现象突出，目前应用较少。

②竖琴式。

由于竖琴式所有拉索的倾角相同，拉索和索塔的锚固点分散布置，连接构造简单，这是一个很大的优点。这种布置形式也加强了索塔的顺桥向刚度，对减少索塔的弯矩和提高稳定性有帮助。另外，如若将中间拉索用边孔内设置的辅助墩锚固，可大大减少索塔的弯矩和变形。竖琴式布置使得拉索倾角小，拉索对主梁的支承效果差且用量大，同时此种布置形式无法形成漂浮体系，于抗风、抗震不利，难以控制跨中弯矩，一般用于中、小跨径的斜拉桥。

③扇形式。

扇形式拉索兼有辐射形和竖琴形的优点，是采用得最多的一种布置形式。它具有很好的抗扭刚度以及抗风振动稳定性和抗地震稳定性，但对拉索的锚固位置、构造要求及施工工艺要求高。

(3) 拉索间距。

早期采用拉索很少而刚性大的稀索布置，索距在 15～30 m(混凝土主梁)、30～50 m(钢主梁)，拉索索力容易控制在设计预期值。索距大，主梁的弯矩和剪力大，要求具有较高的主梁高度。拉索内力大，锚固区需要进行补强，施工困难。

现代拉索采用密索布置，使主梁弯矩减小，轴力增大。梁高降低，可做成梁板式截面，改善了动力性能，提高了结构的抗风、抗震能力。多索布置与悬臂平衡施工方法相似，有利于施工控制，可在行车时更换拉索。但密索布置可能产生分振问题，边跨主梁可能产生较大负弯矩及端锚索刚度较小问题。索距：混凝土为 4～12 m，钢斜拉桥为 8～24 m。

(4) 拉索构造。

拉索在构造上可分为刚性索和柔性索两大类。刚性索是由钢索外包预应力混凝土而形成的刚性构件。拉索数量少而集中，提高主梁刚度，其优点是减少高强度钢材用量。柔性索施工、安装方便，目前采用的主要是平行钢丝索和平行钢绞线索。

平行钢丝索是用几十根到几百根的圆截面钢丝紧密而平行地组成六角形截面。平行钢丝索一般由多根 $\phi5$、$\phi7$ 高强钢丝组合并外包 PE 保护层加工形成，主要包括锚杯、锚板、连接筒、锚杯螺母、PE 护套、平行钢丝、后盖板、密封盖、环氧铁砂。平行钢丝索的抗拉强度和弹性模量均较大，抗疲劳性能也较好，但其缺点是刚度大引起的二次应力以及长索重量太大。

平行钢绞线索采用若干根钢绞线平行排列组成拉索，架设时可单根钢绞线架设，进行初张拉，待所有钢绞线都安装完成，再进行张拉。在平行钢绞线中，采用四层甚至更多的防护层，以解决平行钢丝索的施工和防护的问题。平行钢绞线拉索是以单根钢绞线作为现场安装单元的拉索，因其散件上桥在现场组装，所需牵引、张拉设备较小，所需张拉净空也较小，所以特别适应于长大斜拉索。平行钢绞线拉索体系由索体及其两端的锚固体组成。索体由涂防腐油脂、镀锌、外包聚乙烯皮的钢绞线、外套的高密度聚乙烯(high density polyethylene，HDPE)管、在钢绞线和 HDPE 管之间填充的聚氨酯泡沫填充料等组成。锚固体主要由锚头、减震器、锚头保护装置等组成。

4. 主梁

(1) 主梁截面形式。

斜拉桥的主梁截面形式主要根据所用材料(钢、混凝土)及索面的布置位置有所不同。斜拉桥的主梁按照材料不同分为钢梁、混凝土梁、结合梁和混合梁 4 类，对应的分别是钢斜拉桥、混凝土斜拉桥、结合梁斜拉桥和混合梁斜拉桥。绝大部分斜拉桥的主梁高度是不变的，只有极少数斜拉桥的主梁在邻近索塔处梁高逐渐变大。铁路斜拉桥的梁高一般较大，与公路斜拉桥主梁的高跨比相比，铁路斜拉桥在柔细感方面已无特色可言。

一般来说，在主梁的横截面形式上，梁式桥主梁的一些截面形式都可以用于斜拉桥，比如板式截面和箱形截面，因为要求横截面的抗扭刚度比较大，而且便于拉索和主梁的连接，所以一般不采用 T 形截面。

斜拉桥的钢主梁常采用的横截面形式主要有双主梁、钢箱梁、桁架梁等。双主梁一般采用两根工字形钢主梁，上置钢桥面板，主梁之间用钢横梁连接。钢箱梁截面多用于大跨度钢斜拉桥中，为了提高抗风性能，多将箱梁做成扁平钢箱梁的形式。钢桁架梁则是为了满足布置双层桥面的需要，比如公铁两用斜拉桥。

钢梁按其结构形式分为钢箱梁和钢桁梁两大类，我国苏通长江公路大桥的主梁采用的是钢箱梁结构，我国铁路斜拉桥则大多采用钢桁主梁结构。铁路行车固定的轨道位置、更高的整体刚度要求、更重的轮轴压力以及更严格的疲劳性能要求，对大跨度铁路斜拉桥的主梁提出了更高的要求。

结合梁(又称叠合梁)即在钢主梁上用预制或现浇混凝土桥面板代替正交异性钢桥面板，二者的共同作用是用焊于钢梁顶面深入混凝土板中的剪力键来保证的。它除具有与钢主梁相同的优缺点外，还能节约钢材用量且其刚度及抗风稳定性均优于钢主梁。结合梁一般采用钢双主梁，其断面形式常采用实腹开口Ⅰ字形、箱形、Ⅱ形等。

混合梁斜拉桥是指主梁部分用混凝土(通常布置在边跨，有的还从边跨延长至中跨的一部分)，部分用钢梁(通常在中跨或中跨的大部分)。这种桥型特别适合于边跨与主跨比值较小的情况。预应力混凝土梁与钢梁的连接位置宜选择在弯矩和剪力较小的地方。

(2) 主梁布置。

主梁可以布置成连续体系或非连续体系的形式。铁路斜拉桥的梁体，无论支撑体系如何，在斜拉桥全长范围(单塔双跨或双塔三跨)内，梁体均布置成连续的形式。

①连续体系。

主梁为连续梁或连续刚构(拉索为跨内的弹性支承)，为改善受力布置外边孔时，斜拉桥主梁梁体还与边跨或引桥的上部结构主梁一起连续布置。

②非连续体系。

在双塔三跨式斜拉桥的主跨中央部分，带有一个简支挂孔或剪力铰。

a. 带有挂孔。

带有挂孔的主梁布置形式简化了结构体系，减少了结构的超静定次数，较好地解决了两个塔柱的不均匀沉降，但主梁的非连续破坏了桥梁的整体性。

b. 带有剪力铰。

剪力铰可以只传递剪力和轴向力，不传递弯矩。剪力铰可以缓解温度内力的影响，但也破坏了桥面的整体稳定。剪力铰设计、施工和养护困难，尽量避免采用剪力铰。

(3) 主梁主要尺寸。

主梁主要尺寸包括梁高、主梁截面、横梁尺寸、桥面板尺寸等。

斜拉桥的梁高除少数在索塔附近变化外，通常采用等高度梁。前面已经叙述了斜拉桥的高跨比，它与主梁的结构体系、截面形式和索距等有关。主梁宽度取决于行车道、人行道宽度、拉索的布置、横截面布置及抗风稳定性等因素。横梁和桥面板的尺寸可以根据桥面局部荷载按常规的方法确定，由主梁所承受的轴向力及构造要求确定主梁截面积的大小，进而确定主梁截面的各细部尺寸。

9.1.2 斜拉桥的结构体系

斜拉桥在索塔处及墩处的支撑形式对主梁的受力行为以及结构的使用性能

影响较大。斜拉桥按照主梁、拉索、索塔和桥墩结合方式的不同分为漂浮体系、半漂浮体系、塔梁固结体系和刚构体系 4 种结构体系；按照拉索锚拉体系的不同分为自锚式斜拉桥、地锚式斜拉桥和部分地锚式斜拉桥。

1. 由主梁、拉索、索塔和桥墩的不同结合方式形成的 4 种体系

(1) 漂浮体系。

塔墩固结、塔梁分离——漂浮体系，即主梁除两端有支承外，其余部件全部用缆索吊起而在纵向可稍有浮动的一根具有多点弹性支承的单跨梁体系，是斜拉桥采用较多的结构体系。漂浮体系的主要优点：满载时，塔柱处主梁不出现负弯矩峰值，温度及混凝土收缩、徐变内力均较小。在密索情况下，主梁各截面的变形和内力的变化较平缓，受力较均匀。地震时允许全梁纵向摆动，从而起到抗震消能的作用。因此，地震烈度较高地区应优先考虑选择这种体系。

(2) 半漂浮体系。

塔墩固结、塔梁分离、在塔墩处主梁下设置竖向支承——半漂浮体系，即在跨内形成具有多点弹性支承的连续梁或悬臂梁。半漂浮体系的主梁内力在塔墩支承处出现负弯矩峰值，通常需要加强支承区段的主梁截面，其温度及混凝土收缩、徐变内力也较大。由此可见，这种体系并不比漂浮体系优越。

但是，如果在墩顶设置可调节高度的支座或弹簧支承来代替从塔柱中心悬吊下来的拉索(一般称为 0＃拉索)，并在成桥时调整支座反力，以消除大部分收缩、徐变等不利影响，这样无论在经济上还是在美观上都优于漂浮体系。此时，主梁通过支座支承在桥墩上。

(3) 塔梁固结体系。

塔梁固结、塔墩分离——塔梁固结体系，即将塔梁固结并支承在桥墩上，这时主梁相当于顶面用拉索加强的一根连续梁或悬臂梁。主梁和塔柱内的内力和挠度直接与主梁和塔柱的弯曲刚度比值相关。塔梁固结体系的主要优点是取消了承受很大弯矩的梁下塔柱部分，而以一般桥墩代之，使塔柱和主梁的温度内力极小，并可显著减少主梁中央段承受的轴向拉力。这种体系常用于小跨径的斜拉桥。塔柱和主梁固结，主梁通过支座支承在桥墩上，因此应解决大吨位支座问题。

(4) 刚构体系。

塔柱、主梁和柱墩相互固结——刚构体系，其主梁成为在跨中有多点支承的刚构。这种体系的刚度较大，主梁和塔柱的挠度均较小，不需要大吨位支座，适

合用悬臂法施工。但刚构体系动力性能差，温度应力极大，因此该体系用于地震区或风荷载较大的地区时，应认真进行动力分析研究。而且在固结处主梁负弯矩极大，此区段主梁截面必须加大。刚构体系一般比较适合于单塔双跨式斜拉桥。

2. 由拉索锚拉体系的不同形成的3种体系

(1) 自锚式斜拉桥。

自锚式斜拉桥的桥塔前侧拉索分散锚固在主梁梁体上，塔后侧的拉索除最后的锚固在主梁端支点处外，其余的拉索都分散锚固在边跨主梁上或将一部分拉索集中锚固在端支点附近的主梁上。自锚体系的水平分力由主梁的轴力来平衡。自锚体系中锚固在端支点处的拉索索力最大，一般需要较大的截面，并且它对塔顶的变位起重要作用，是最重要的一根拉索，被称为“端锚索”或“尾索”。

(2) 地锚式斜拉桥。

单跨式斜拉桥全桥只需要一个索塔，由于不存在边跨问题，塔后拉索只能采用地锚形式，由拉索的水平分力引起的梁内水平轴力必须由相应的下部结构即地貌来承担。贵州遵义芙蓉江大桥为亚洲首座地锚式单塔斜塔混凝土斜拉桥，与其他塔身垂直于地面的大桥不同的是，芙蓉江大桥的塔身是倒Y形钢筋混凝土斜塔，倾向地锚箱侧，而且倾斜角达到了18.4°。下塔分两肢，在承台平面上，两塔肢中心距为18 m，两肢轴线在距承台55 m高程处相交。这种塔身倾斜，采用塔、墩、梁固结的体系，为国内同类桥梁首创。

(3) 部分地锚式斜拉桥。

由于某种原因，边跨相对于主跨很小时，可以将边跨部分拉索锚固在主梁上，而部分拉索布置成地锚式。部分地锚式体系斜拉桥桥塔两侧拉索的不平衡水平分力直接由边跨主梁传递给地锚。

国内外建成的斜拉桥绝大部分都采用自锚体系。这种体系主梁处于完全受压状态，对抗压能力高、抗拉性能差的混凝土主梁而言，相当于施加了一定预应力，既能充分发挥高强材料的特性，又提高了梁的抗裂性，对混凝土斜拉桥很是有利。而地锚式斜拉桥对抗拉能力较高的钢主梁较为有利，但不适合于混凝土主梁。部分地锚式斜拉桥主梁材料用量省，随着跨径的增大，上部结构材料用量的节省，有可能抵消下部结构地锚材料的额外增加量，从而具有一定的竞争力。

9.2　斜拉桥施工技术

9.2.1　索塔的施工

索塔的材料可用钢、钢筋混凝土或预应力混凝土。索塔的构造远比一般桥墩复杂；塔柱可以是倾斜的；塔柱之间可能有横梁；塔内须设置前后交叉的管道以备拉索穿过锚固；塔顶有塔冠并须设置航空标志灯及避雷器；沿塔壁须设置检修攀登步梯；塔内还可能建设观光电梯等。因此，索塔的施工必须根据设计、构造要求统筹兼顾。钢索塔具有造价高、施工进度要求高、抗震性能好、维护要求高等特点。混凝土索塔则有价格低廉、整体刚度大、施工简便，成桥后一般无须养护和维修的特点。

常用的施工设施：塔吊，负责塔柱施工范围材料设备吊装，通过附墙框和附墙杆与塔柱可靠连接，保证其稳定；施工电梯，人员通道（塔柱较高时使用）；混凝土泵送设备，如泵管、高压泵等，一般将泵管附着在塔柱上，随塔柱向上施工接高。

塔柱支架一般在塔柱高度不高、塔柱倾斜角度较大需要其承受侧向荷载、不适合采用自升式液压爬模等情况下采用，大多情况下起到施工脚手架的作用。在整个塔柱或局部范围使用时，根据塔柱高度，塔柱支架较多采用钢管脚手架和万能杆件支架。塔柱支架的安装随着塔柱向上施工接高，并需要及时与已施工塔柱附着，以保证支架的稳定性。当塔柱倾斜角度较大时，通常设置外部支撑或对撑。

1. 钢索塔施工

钢索塔一般采用预制拼装的施工方法，分为工厂分段预制加工和现场吊装安装两个大的施工阶段。钢索塔施工，应对垂直运输、吊装高度、起吊吨位等施工方法进行充分考虑。钢索塔应在工厂分段焊接加工，事先进行多段立体试拼装，合格后方可出厂。主塔在现场安装，常常采用现场焊接头，高强度螺栓连接、焊接和螺栓混合连接的方式。

根据钢索塔的规模、形状、施工地点的地形条件以及经济性，可以采用浮吊施工、塔式吊机施工、爬升式吊机施工法等。

对于高度较小的索塔(一般在 80 m 以下)或较高桥塔的底部节段,可以采用陆上或海上的起重设备架设。20 世纪 70 年代以来,大型起重机和浮吊的发展,使得索塔可以分少数节段进行吊装。

而采用塔式吊机施工法,是在桥塔侧旁预先安装塔式吊机,进行桥塔节段的起吊架设施工。由于施工机具设备与桥塔相对独立,所以桥塔施工的垂直度容易得到控制。

采用爬升式吊机施工,是在索塔塔柱上安装爬升导轨,爬升式吊机沿此导轨随着索塔向上施工接高而爬升的施工方法。由于施工中吊机的重量和吊机的爬升是靠塔柱支撑的,所以塔柱施工中的垂度要严格控制。目前,对很高的桥塔,斜拉桥多采用塔式吊机起重法,悬索桥多采用爬升式吊机施工法。

钢索塔的防锈蚀措施包括采用耐候钢板或喷锌层。但国内外绝大部分钢塔仍采用油漆涂料,一般可使用保持的年限为 10 年。油漆涂料常采用两层底漆、两层面漆,其中三层由加工厂涂装,最后一道面漆由施工安装单位最终完成。

2. 混凝土索塔施工

混凝土索塔通常由基础、承台、下塔柱、下横梁、中塔柱、上横梁、上塔柱拉索锚固区段及塔顶建筑等部分组成。混凝土索塔的塔柱分为下塔柱、中塔柱和上塔柱,一般可以采用翻转模板法、爬模法和滑模法分节段施工,常用的施工节段大小划分为 1～6 m 不等。在塔柱内,常常设有劲性骨架,劲性骨架在加工厂加工,在现场分段超前拼装,精确定位。劲性骨架安装定位后,可供测量放样、立模、钢筋绑扎、拉索钢套管定位用,也可供施工受力用。空心塔柱内模则一般采用钢木组合模板,便于拆除、改制及倒用。

(1) 翻转模板法。

翻转模板法是利用多节模板交替提升进行节段施工的方法。其步骤是在两塔柱外侧的塔座上安装附着式塔吊和电梯,用于塔身材料及设备的垂直运输以及人员的自由上下。翻模每节段高 5 m 左右,通过预留螺栓与塔柱相锚固。塔柱内竖向钢筋的绑扎,也可在塔内埋设劲性骨架。塔柱内混凝土采用泵送运输,泵管分别布置在两塔柱内侧,随着浇筑高度增加而接长,混凝土直接泵送入模。泵送浇筑后,由插入式振捣器振捣密实。每节段混凝土浇筑完成后,应洒水保湿养护。

(2) 爬模法。

爬模系统由模板、爬升架、工作架、附着架组成。爬模法是爬模系统通过附着架，附在已浇筑完毕并具有足够强度的塔柱混凝土节段上，为下一节塔柱浇筑提供空中作业面继续施工的方法。当爬模遇横梁时应暂停爬升，施工完横梁后再继续爬升。其他工艺同翻转模板法要求。

（3）滑模法。

滑模法是利用混凝土随时间硬化的性质，将混凝土浇入模板内，待混凝土强度达到要求，利用油压千斤顶使模板上滑，进行连续混凝土施工的方法。

塔柱混凝土浇筑输送垂直高度大、距离远，对于塔柱混凝土性能及输送、浇筑设备要求高。一般要求如下。

①混凝土配合比应满足设计要求，为适应泵送，混凝土坍落度应在 18～22 mm，初凝时间大于一次浇筑所需时间。

②混凝土生产必须采用机械拌和，采用高压输送泵送至塔柱浇筑点，如输送高度过高，则需要多台输送泵接力，保证混凝土输送到位。泵管一般附着在塔柱或塔吊上，沿塔柱上升，泵管接头应严密，并注意清理和润滑泵管。水平管路和垂直管路交接处设置液压截止阀，便于清洗泵管及处理泵送堵管等事故。

③混凝土分层灌注，采用插入式振动棒振捣，局部可采用附着振动器辅助振捣；混凝土初凝后按要求养护，并在混凝土表面泛白后对混凝土顶面做凿毛处理。

混凝土浇筑期间，安排专人检查预埋钢筋、预埋件的稳固情况，对松动、变形、移位等情况，及时将其复位并固定好。

3. 塔柱劲性骨架

劲性骨架是塔柱施工时钢筋、索道管定位，内外模调整的支承架，有时还可作为斜塔柱侧向不平衡力的支承。劲性骨架一般设计为格构式杆件，经过焊接拼装成具有足够刚性的钢结构骨架，根据吊重能力及安装方便，一般加工高度与施工节段高度一致，锚固区劲性骨架加工高度还要考虑方便索道管安装。

劲性骨架安装一般按照加工节段高度逐段吊装对接，骨架调节就位后将接头处焊接；但骨架尺寸较大或不方便整节段安装时，可分片吊装对接，并连接成整体。劲性骨架是钢筋骨架及索道管等定位的依托支架，焊接前应经过测量，确保精度满足要求。

4. 塔柱钢筋和预埋件

塔柱钢筋和预埋件主要包括塔柱钢筋、预应力钢筋、索道管、钢锚梁、钢锚箱、塔内管道、平台等，以及施工辅助结构预埋件。

(1) 钢筋安装：塔柱钢筋安装与墩身钢筋基本类似，要求满足接头错开、搭接长度的基本要求。接头采用直螺纹、冷挤压等连接方式；塔柱主筋一般采用 9 m/12 m 定尺长度，依靠塔内劲性骨架定位并固定。

(2) 预应力钢筋安装：大多空心截面塔柱在拉索锚固区设置环向预应力筋，预应力筋多采用精轧螺纹钢，也有采用钢绞线的；在钢筋骨架成型的同时，安装并固定预应力孔道及锚板。

(3) 索道管、钢锚梁、钢锚箱安装：索道管由钢管和锚垫板组成，埋置在塔柱混凝土中，一般随劲性骨架安装，即先在地面与劲性骨架初定位，随劲性骨架安装到位后再精确调整就位。索道管安装精度也是塔柱施工的关键。

钢锚梁(箱)是为了将拉索对空心塔柱的水平作用力尽量抵消而设置的结构，对拉拉索大部分水平分力由其承担，不再作用到塔柱上。钢锚梁(箱)安装一般采用塔吊整体吊装方案，也可将钢锚梁与钢牛腿分开安装。

5. 横梁的施工

除独柱外，塔柱一般设有横梁，横梁与塔柱连接部位受力复杂，横梁中间部分一般采用箱形断面，并布置有预应力钢束。横梁一般与同高度塔柱同时施工，也可在塔柱与横梁间设施工缝。

横梁施工一般采用落地支架法浇筑，横梁支撑体系要求强度高，压缩沉降小，一般采用临时管柱群桩或军用梁、万能杆件支架支撑。支架系统变形超过 2 cm 时必须考虑设置预拱度。支架系统还应根据底模拆除空间大小而设置楔块、砂箱、顶托等。

横梁混凝土灌注可整体或水平分层分次。分次浇筑时，应对先前已完成结构进行检算，避免支撑系统变形造成混凝土开裂。横梁预应力张拉后方可拆除底模及支架。

索塔在施工过程中，受施工偏差，混凝土收缩、徐变，基础沉降，风荷载和温度变化等因素影响，其几何尺寸及平面位置可能发生变化，对结构受力产生不利影响。因此，在施工的全过程中，应采取严格的施工测量控制措施和索塔施工方法进行定位指导和监控。索塔局部测量控制的时间一般选择晚上 22:00 至早上 7:00 日照之前的时段内，以减少日照对主塔造成的变形影响。此外，随着主塔高度不断升高，应选择在风力较小时进行测量，并对日照和风力影响予以修正。

6. 塔柱施工注意事项

（1）塔柱线形控制应准确，索道管、钢锚箱位置及锚固面与水平面、竖直面交角应控制准确。应充分考虑到气温、日照、外加荷载等影响，要求在施工过程中进行复核、调整。

（2）塔柱混凝土质量满足要求，并应保证满足长距离垂直输送的工作性能要求；混凝土应做好覆盖、保湿养护，表面不得出现裂纹和蜂窝等，接缝不得错台；锚固区域混凝土应格外注意振捣密实。

（3）塔柱模板支架安装高度大，使用时严格按照要求设置封闭的安全围护，不得超负荷堆载，不得在大风等情况下安装作业，及时将支架模板附着固定，并不得将泵管固定在支架模板上。液压爬模爬架是利用预埋的 H 形螺栓锚固附壁的，其 H 形螺栓的安装必须准确，连接丝扣必须上满并便于检查。横梁施工中不得因支架变形、温度或预应力而出现裂纹。塔柱施工为高空作业，必须按照高空作业规程施工。

9.2.2　主梁施工

斜拉桥与其他梁桥相比，主梁高跨比很小，梁体十分纤细，抗弯能力差。所以其施工方法，必须充分利用斜拉桥结构本身特点，在施工阶段就充分发挥拉索的效用，尽量减少施工荷载，使恒载在施工阶段和成桥阶段的内力状态大体相当。

斜拉桥混凝土主梁施工方法主要有挂篮悬浇法、支架现浇法和预制件拼装法，也可以采用顶推法和平转法等。挂篮悬浇法即利用普通挂篮和牵索挂篮分节段悬臂浇筑，后面主要讲述牵索挂篮分节段悬臂浇筑斜拉桥主梁的方法。支架现浇法较多用于边跨施工和较小跨度、净高的主梁施工。预制件拼装法简单地说就是将主梁分节段在梁场利用长线台座或部分长线台座预制，保证梁段拼装线形及相邻梁段接触面匹配，然后在桥位处将各节段梁按顺序拼装成型。斜拉桥钢梁的安装也类似于此方法。

1. 牵索挂篮分节段悬臂浇筑

牵索挂篮一般由挂篮承重平台，牵索锚碇系统，吊挂、升降及走行系统，抗剪系统及锁定微调系统，以及必要的压重、安全脚手架等基本系统组成。其总重通常控制在浇筑节段重量的 30%～50%。

(1) 挂篮承重平台。

挂篮承重平台由两侧的主纵梁及其间的纵横梁组成,作为混凝土箱梁现浇施工的平台;平台后端与已浇梁体锚固传力。因挂篮承重平台与已浇筑梁体的固结形式不同,挂篮一般可分为两大类。

①长平台牵索挂篮,其原理是挂篮两侧的主纵梁在已浇筑梁体下侧向后延长一个节段,并使主纵梁与已浇筑梁体锚固,以传递牵索水平分力、弯矩。纵梁前端做成弧形,使之适应牵索角度的变化。

②短平台牵索挂篮,其原理是在已浇筑的梁体顶面上安装有两个节间以上长度的受力主纵梁。主纵梁后方锚固在已浇筑的梁体上,挂篮底平台通过前后吊挂悬吊在已浇梁段及挂篮主梁的前端,挂篮梁顶主纵梁承受节段混凝土悬浇弯矩,底平台主纵梁后端抗剪装置承受牵索水平分力。

(2) 牵索锚碇系统。

利用各节段对应的拉索,以特制的加长连接设备锚固在挂篮前端成为牵索。将主纵梁前端设计为一个带弧度的叉形钢结构,以适应拉索倾角的不断变化。

(3) 吊挂、升降及走行系统。

在长平台牵索挂篮主纵梁的后端及已浇梁段的前端分别设置前后吊挂系统,利用它可实现挂篮的固结、下降脱模及上升等功能。挂篮的走行方式相对比较灵活,可以通过底平台前后横梁两端设置的前后挂钩,在混凝土梁体的外侧翼板上纵向滑移;也可以在梁顶上设置辅助走行纵梁及在前一节段混凝土箱梁底板下方设置反锚后走行框,使底平台的前后点分别在梁顶走行纵梁及后走行框上滑行。

在短平台牵索挂篮中,挂篮主纵梁既作为浇筑混凝土时的前端支点,又作为挂篮底平台向前滑移的前端导梁。在节段浇筑完毕,解除牵索后,先走行挂篮主纵梁,然后走行挂篮底平台。

(4) 抗剪系统及锁定微调系统。

临时牵索在张拉后产生的水平力,必须在挂篮的底纵梁或承重平台后方设置水平抗剪装置,将此水平分力直接传至已浇筑的梁体上。

(5) 挂篮悬浇施工工艺流程。

挂篮试验:挂篮在0#块段施工完成,进行挂篮安装、称重、静载试验。

挂篮荷载试验目的:测定挂篮的自重,为施工控制积累数据,模拟节段施工各工况下的加载过程,检验牵索挂篮结构的安全性,测量挂篮各工况下的各关键部位的变形,将其作为挂篮底模标高调整的基准。

标准段施工工序：挂篮就位调整→挂索、第一次调索→绑扎钢筋、安装内模及预应力系统→浇筑部分混凝土→分次中间调索→浇筑 100％混凝土→混凝土养护、张拉预应力及压浆→体系转换、索力终拉。

悬浇块段完成后进行全桥调索，然后施工斜拉桥主梁边跨合龙段。边跨合龙段施工时可采用中跨挂篮前移进行平衡压重。边跨挂篮拆除后，中跨挂篮前移施工中跨单悬臂块段。最后悬浇块段施工完成后，进行全桥调索，线形符合要求后，浇筑斜拉桥中跨合龙段，全桥合龙后拆除挂篮。

（6）主梁线性控制。

斜拉桥工程本身可以看作一个系统工程，斜拉桥的建设过程是设计与施工高度耦合的过程。在施工过程中我们不仅要控制好挂篮标高、节段混凝土浇筑方量、立模及拉索时间、施工荷载，减小混凝土离散性，而且要做好主梁标高测量、塔偏及日照影响观测，同时密切配合监控及监理，准确及时地采集原始数据，以实现大跨度单索面斜拉桥的精确合龙。斜拉桥主梁前端变位幅度大，采取牵索挂篮分节段悬臂浇筑混凝土，在浇筑一定节段混凝土量时调整一次或几次牵索索力，早上日出前上报测量资料。其中已浇节段主梁和待浇节段主梁混凝土浇筑后的高程以绝对高程进行监测，原始点应从墩塔上传递，并定期复测塔上高程原点；节段主梁里程以水平线长度控制，以墩中心线里程为原点，并定期复测；节段主梁中线以相邻桥墩中心点测量，并定期进行全桥中心线联测。特别是至合龙块前几个节段必须与已浇筑梁体中心线联测。监控单位给各施工节段下达的索力与高程理论值，在各节段施工前均根据前一节段的施工测试结果进行修正。

（7）施工注意事项。

预防和控制混凝土裂纹，模板拼接应密贴、预紧；接缝处凿毛应彻底并清洗干净；混凝土浇筑应按斜向分段、水平分层、连续浇筑。纵向应从悬臂端向墩中心线方向分层浇筑振捣，以克服挂篮变形引起主梁开裂。

加强对梁体混凝土养护，拆模时间应控制，索道管安装应严格按索道管的三维坐标值及三向角度精确测量定位。施工中还应考虑控制主梁线形设定的挂篮底模标高、挂篮弹性变形、温差变化、塔柱变位等因素的影响。总的原则是先调索道管，再挂牵索，索道管调整按索工作点平面位置实测，索工作点高程按各节段底模高程测量，并适当考虑索的垂度影响，实测中将温差影响消除。

2. 主梁节段预制拼装施工

在斜拉桥施工中，主梁采用预制梁场预制、吊装悬拼的施工工艺，容易保证主梁梁块施工质量。

(1) 主梁节段预制。

用于预制悬拼的主梁应提前预制，在预制梁场的存放时间应满足设计要求。预制梁段在条件许可时应尽可能整跨、半跨或划分成若干段，采用长线法制造。预制悬拼的桥梁应按设计要求设置湿接缝以便更好地调整线形。预制梁场应合理布置预制梁台座、存梁台座、起吊设备、称重设备、混凝土工厂、钢筋加工厂等。

(2) 制梁台座。

制梁台座的设置数量由预制梁场大小、制梁周期、存梁周期、吊装进度等结合经济因素综合考虑确定。制梁台座应坚实，设计应考虑地基下沉对台座的影响，台座表面应光滑平整，并与梁底平面相一致；台座表面应考虑预制时台座与底模的压缩对设计图纸要求的拼装成桥后梁体线形的影响。

(3) 制梁模板。

预制梁块模板宜采用钢模板，内模宜优先考虑采用钢模板，在计算荷载作用下，对模板及其支架按受力程序分别验算其强度、刚度和稳定性。斜腹板和横隔模板下宜布设附着式振动器，以弥补这些部位插入式振动器振动困难的不足。

(4) 梁体混凝土。

混凝土浇筑顺序：先底板，后轮流浇筑竖腹板、斜腹板、横隔板，再浇筑顶板。浇筑竖腹板、斜腹板和横隔板时，采取水平分层方法，分层厚度为 35～40 cm，从一端向另一端交替进行。整个梁块应一次浇筑完成，并在混凝土初凝前浇筑完毕。混凝土初凝后，及时覆盖洒水养护，养护时间一般不少于 7 d；当平均气温低于 5 ℃时，按照冬季施工方法进行养护，并应覆盖保温。

不承受竖向荷载的端模可在混凝土强度达 5 MPa 时拆除，外侧模和顶板底模在混凝土强度能承受自重及其他可能的叠加荷载或按要求张拉一定的预应力后方可拆除。拆模后，对梁块进行编号，并注明浇筑日期。

(5) 匹配面。

梁块匹配预制时，将前一块梁的端面(贴隔离层或涂隔离剂)作为后一梁块的端模，使梁的接缝面完全吻合，此接缝的两个梁端面称为匹配面。

在匹配面间设置隔离层前，应先模拟施工条件，在现场做工艺性实验，观察隔离和清洗效果。前一梁块匹配面端模与外侧模的接缝，以及与预留管道间的间隙要求密贴、不得漏浆。端模安装前应涂刷脱模剂。一般情况下匹配面应保持原状，表面清理可用电动钢刷、轻喷砂或清洗。

(6) 梁块称重与标记。

在称重台座的 4 个支点处设置称重传感器，对每一个预制梁块进行称重。预制梁块的质量不仅是梁块吊装的重要数据，也是主梁悬拼监控时的重要基础资料；预制梁块的称重应认真对待，确保数据真实可靠。

在预制梁块箱梁内侧适当位置用红油漆对本梁块的参数进行标记，主要记录以下数据：梁块编号、混凝土浇筑日期、预应力张拉日期、预应力孔道压浆日期、梁块质量。

3. 主梁吊装悬拼

主梁吊装悬拼工作是在主梁 0＃块（一般为支架法现浇施工）施工完成后进行的。为保证斜拉桥在主梁吊装悬拼施工状态下的稳定性，在主梁吊装悬拼前应将塔、梁间在竖向、纵向、横向临时锁定。在主梁悬拼后、合龙段临时锁定施工的同时，进行塔、梁间临时锁定的解除，并做好临时锁定解除前后主梁、塔柱位移变化的观测记录工作。

(1) 架梁吊机结构。

架梁吊机主要结构由构架、可移式定滑轮组及其平移机构、液压站、吊具、液压卷扬机、滑道及整体前移机构、锚固结构、司机室、电气系统、整机水平调节千斤顶、环链手拉葫芦组成。

(2) 主梁悬拼。

起吊梁块试拼合格后，通过吊架上的纵推油缸使起吊梁块与已拼梁块之间有 400～500 mm 的顺桥向距离（满足梁块间涂胶以及涂胶后对位拼接的空间要求）。涂胶完成后，将起吊梁块退回到预拼的位置，精确对位后张拉主梁纵向预应力，使胶拼材料在压力状态下固化（固化压力应不小于 0.2 MPa 或根据设计要求执行，挤压应在 3 h 以内完成）。

可以通过以下手段实现梁块的全方位位置调整：通过吊架两侧提升设备的同步升降调整梁块的高程位置；通过两侧提升设备的不同步升降调整梁块的横桥向高差；通过吊挂在吊架和梁块之间的倒链调整梁块顺桥向的扭角；通过在起吊梁和已拼梁块之间设置千斤顶调整起吊梁块的顺桥向位置。

(3) 湿接缝施工。

在干拼梁块一定距离后需要用现场浇筑的湿接缝对梁块进行拼接。采用湿接缝的主要目的为调整梁体线形。因此，湿接缝后的第一个梁块定位显得十分重要，其高度、纵轴线、仰角、水平扭角应符合监控部门的要求。

测量调整吊装梁块的三维坐标，满足中线和里程要求后通过接头短筋焊接与设置剪刀支撑临时固定。全部过程必须有测量跟踪监控。

(4) 匹配面涂胶。

需要胶拼的梁块在试拼时按湿接缝梁块的测量定位方法进行准确定位，满足精度要求后方可移开梁块。胶拼材料的配方应通过实验确定，不同的固化温度应选用不同的配方，以满足现场操作要求。

采用先上后下的涂刷办法。为加快进度可分两个或多个工作面同时进行配胶涂刷，涂刷工作宜在 30 min 内完成。涂胶厚度以 1 mm 为宜，厚度不得大于 1.5 mm。

环氧树脂涂刷完毕后移动吊架平移机构使匹配面对接。张拉预应力筋使匹配面形成不小于 0.2 MPa 的压力，胶结料在均匀压力作用下固化。

(5) 挂索。

缆索挂设方法采用先挂塔端，再挂梁端的方法进行。在塔端挂设时，考虑采用塔吊起吊，辅以 5 t 卷扬机设置于梁面钢丝绳通过索道管牵引索头的方法进行。一次性将索头螺母拧上到位(螺母戴平扣)，并使索头对准锚板中心定位。梁端先用卷扬机牵引索头至梁距索道管口 5 m 以上，通过汽车吊机牵引的办法将索头牵引出锚板并拧上螺母，并用小顶尽可能地收紧。

(6) 调索及吊机走行。

①定架梁吊机走行完成后需要调整的拉索为 1# 拉索，计算架梁吊机走行前状态下 1# 拉索的索长、索力、弹性伸长。

②计算架梁吊机走行前状态下 1# 拉索的原始长度，即步骤①计算得到的 1# 拉索索长减去 1# 拉索弹性伸长。

③同理计算架梁吊机走行及调索完成后 1# 拉索的原始长度。

④步骤②的 1# 拉索的原始长度减去步骤③的 1# 拉索的原始长度，得到拉索的拔出量。

⑤架梁吊机走行过程中，按步骤④计算得到的拔出量，同步调整拉索。

4. 主梁合龙

主梁合龙为梁部施工的关键工序，施工时应将全桥作为整体，结合外部的施工环境综合考虑，克服梁段混凝土的收缩徐变、梁体温差效应及风荷载或外力冲击等因素带来的不利影响，选择合适的施工方案。该工作应按照以下各条原则进行。

(1) 按设计部门的要求选择合适的时间拆除架梁、挂篮设备。

(2) 合龙前两悬臂端高差需要严格控制，高差过大时可根据设计监控要求的调整办法使高差调整到允许范围。

(3) 用临时钢支撑(必要时加临时预应力)进行临时锁定，随即解除塔、梁间临时约束，进行体系转换。

(4) 采用补偿收缩混凝土浇筑，浇筑时应按照设计合龙温度进行。

(5) 浇筑合龙段混凝土时应选择良好天气进行，风力不得大于 3 级。应采取措施避免大型机械荷载和拉索产生振动影响混凝土浇筑。

(6) 合龙段混凝土达到设计要求强度后张拉主梁预应力，然后解除合龙段临时锁定结构。

9.2.3　拉索施工

拉索一般采用高强钢筋、钢丝或钢绞线制作。在我国，大跨度斜拉桥中多采用平行钢丝索和平行钢绞线索。拉索的架设包括设置锚固部件、架设拉索、拉索张拉、索力调整以及拉索防护等施工工序。拉索的架设方法要考虑桥梁规模(拉索长度)、索塔形状、拉索的布置形状、拉索的材料和防锈蚀方法等因素，进行综合研究决定。

1) 设置锚固部件

设置锚固部件的主要要求就是安装应保证精确度，此处不再详述。梁上锚具的安装采用在箱梁上设置滑道，用小车运送锚具至索道管位置。对于预制梁，采用在预制梁场内将锚具安装在相应的梁块上随梁块吊运的方式就位。塔上张拉端锚具的安装用塔顶卷扬机将锚具吊至塔顶，通过塔顶洞口放入塔内安装。

2) 架设拉索

架设拉索即挂索，就是将拉索架设到索塔锚固点和主梁锚固点之间的位置上。斜拉桥中使用的拉索可以分为两大类:①在工厂内制造后,运到现场的“预制索”,也叫成品索,如平行钢丝索;②与主梁施工同时进行的,在现场直接制造的“现场制索”,也称现制索,如平行钢绞线索。成品索和现制索的挂索方式有所不同。但不管是哪种索,都是先挂短索再挂长索。

成品索通常利用吊机将拉索吊起,借助卷扬机将拉索两端分别穿入主梁上和索塔上的预留索孔,并初步固定在索孔端面的锚板上完成挂索,或者设置临时钢索作为导向缆绳,并用滑轮牵引完成挂索。

现制索即拉索是在挂索过程中完成制索的,其方法是先在拉索上方设置一根粗大的钢缆作为导向索,将拉索的聚乙烯防护套管悬挂在导向索上,然后逐根穿入钢绞线,用单根张拉的小型千斤顶调整好每根钢绞线的初应力,最后用群锚千斤顶整体张拉,完成制索、挂索和张拉全过程。

3) 拉索张拉

拉索的张拉形式分为三种:塔端张拉梁端锚固、梁端张拉塔端锚固、塔梁两端同时张拉。

张拉程序:首先在锚杯上安装过渡套,依次安装撑脚及千斤顶、张拉杆、垫板、工具螺母,接着启动千斤顶施加5%设计索力,检查并调整安装位置,记录初始值,解除安装千斤顶的吊点或支垫点的约束,然后分级同步进行张拉,边张拉边旋锚固螺母,直到达到一次张拉所要求的拉力。

4) 索力调整

拉索的索力,是斜拉桥设计的一个重要参数,必须确保准确可靠。而采用可靠的索力测量手段及工具,是确保索力准确的根本。根据国内外多座斜拉桥的施工实践,目前比较常用且成熟的索力测量方法有压力表测定法、压力传感器测定法与频率振动法等。

压力表测定法是利用张拉千斤顶的液压和张拉力之间的关系,通过测定张拉过程中的油压,而后换算成索力的一种索力测定方法。此法测量索力简单易行,是斜拉桥施工过程中最为常用的一种索力测量方法。

压力传感器测定法是在张拉连接杆上套一个穿心式压力传感器。张拉时位于千斤顶和张拉螺母之间的传感器受压发出电信号,在配套的二次仪表上读出千斤顶张拉力,从而得到索力值。此法精度较高,但价格比较昂贵,只能在特定条件下使用。

频率振动法是利用拉索振动频率和索力之间的关系,通过测定频率间接计算索力的办法测量索力。目前，随着科技发展，测定拉索频率的电子仪器日趋成熟化，整套仪器携带、安装十分方便，测量结果比较可信，故采用此法测量索力也比较普遍。

斜拉桥从施工到成桥状态，需要通过索力调整达到控制线形和梁内应力的目的，索力调整一般与索力张拉在同一部位进行，调整与张拉共用一套设备。

索力调整施工程序：计算好要调整的索的索力、延伸量、主梁标高的变化值等数据；检查并调试好张拉设备；将张拉设备、工具安装到位；开动油泵，使千斤顶活塞无负荷空升少许；再次开动油泵，按照理论计算值进行索力调整。索力调整是个多次重复的过程，直到完全满足设计要求为止。

5）拉索防护

（1）拉索 PE 护套及锚头的防护。

大型拉索要用钢盘打盘包装运输，其盘绕内径≥20 倍拉索直径，在运输和装卸过程中，要防止碰伤锚具和聚乙烯保护层。拉索展放时极易受损伤，故须使用放索盘及拉索专用起吊牵引工具，放索时索体应贴在特制的滚轮上拖拉，在放索沿途铺设锚头小车限位走道和拉索三向限位橡胶滚轮滑道。在拉索变向牵引处应专门设置导向装置。不得用起重钩或易于对索体产生集中力的吊具直接挂扣拉索，可用带胶垫的管形夹具尼龙吊带或设置多点起吊。两端锚具的外表面镀锌层及螺纹不得有损伤；锚圈和锚杯完全能自由旋合。安装过程中锚头螺纹要包裹，以免被水泥渣弄脏并及时清除拉索的保护物。

（2）索力张拉与调整精度的预防和控制措施。

张拉机具千斤顶与配套使用的油压表要进行标定，锚环、张拉杆、张拉杆锚固螺母等各自的旋紧程度要一致，且位置要居中，以免拉索、张拉杆在索力调整过程中受力不均匀。索力调整中，须同时进行梁段和索塔变位观测并与设计变位值校核，拉索放索架应有制动装置。

下面以平行钢绞线拉索为例，进行简要介绍。

平行钢绞线拉索是以单根钢绞线为现场安装单元的拉索，因其为散件上桥、现场组装，所需牵引、张拉设备较小，所需张拉净空也较小，所以特别适应于长大拉索。

（1）平行钢绞线拉索结构组成。

平行钢绞线拉索结构由索体及其两端的锚固体组成。

①索体由涂防腐油脂、镀锌、外包聚乙烯皮的钢绞线，外套的高密度聚乙烯（HDPE）管，在钢绞线和 HDPE 管之间填充的聚氨酯泡沫填充料等组成。

②锚固体主要由锚头、减震器、锚头保护装置等组成。

(2) 单根索张拉工艺流程,见图 9.1。

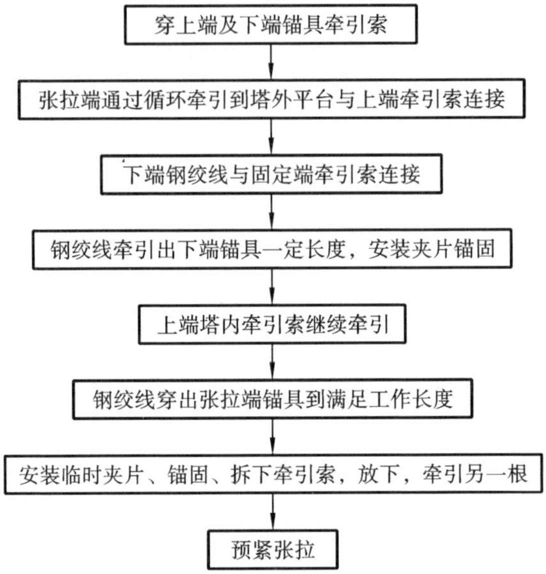

图 9.1 单根索张拉工艺流程

第 10 章　桥梁工程施工安全管理

10.1　桥梁工程施工风险评估

10.1.1　风险及风险分析的基本概念

1. 风险的定义

风险概念的形成最早始于 19 世纪末西方经济领域。20 世纪 70 年代到 80 年代期间，Rosenbloom 和 Crane 认为，风险是未来损失不确定的总和的体现。Sage 和 Williams 进一步将风险概括为，风险是在特定环境下和特定时期内，损失发生的可能性及其与期望结果的差异性。

1998 年，国际地科联滑坡研究组风险评价委员会将风险用公式表示，即风险（risk）＝概率（probability）×后果（consequences）。

2003 年，澳大利亚大坝委员会将溃坝风险定义为“风险是指对生命、健康、财产和环境不良影响的可能性和严重性的度量，是大坝溃坝可能性和产生的后果的乘积”。

综上所述，由于不同工程领域关注的方面不同，风险定义的表述各异，但总体上都围绕风险事件发生概率的不确定性和造成损失的不确定性展开。由此可见，风险内涵包括以下内容：风险存在的客观必然性、风险发生的概率及其造成损失的不确定性。

以大跨连续刚构桥施工为例，施工中常采用挂篮悬臂施工工艺，桥梁结构的形成需要经过一个非常复杂的过程，各节段混凝土除本身材料不稳定外，其受温度、湿度和时间等因素的影响也较大，在施工过程中，不同梁段混凝土的龄期、结构荷载、几何特性及边界条件等都在不停改变，人员、施工机械和管理因素也在不断变化，因此风险事态发生的概率和损失也随之变化。由此，结合大跨连续刚构桥挂篮悬臂施工工艺的特点，定义大跨连续刚构桥建设期风险为在大跨连续刚构桥施工过程中,由于各种不确定性因素相互作用导致风险事态演变成风险事故的可能性及其引起的全部损失的总和。

2. 桥梁施工风险分析

桥梁施工风险分析就是对不确定性因素的识别以及对风险事故发生的可能性和造成损失进行估计,在此基础上,进行施工风险的决策和制订相应的风险应对计划。根据大跨度连续刚构桥梁工程建设的特点,可建立桥梁施工过程风险分析总体理论框架。该框架主要由风险识别、风险估计、风险评价、人因可靠性分析、风险决策和风险控制等部分构成。

(1) 风险识别。

桥梁施工风险分析均以风险识别为开端,是整个分析和评估工作的前提和基础。桥梁工程施工风险识别,就是研究和发现桥梁施工过程中所有可能对施工目标的实现造成危害和损失的潜在因素,包括人为因素和非人为因素。

(2) 风险估计。

风险估计是风险分析工作中重要而关键的节点,其估计结果是风险评价和风险决策的前提和基础。风险估计主要包括风险概率估计和风险后果估计。风险概率估计是运用数理统计原理估计和量化风险事件发生的概率,常用的风险概率估计方法有基于可靠性原理的概率估计和基于故障树的概率估计;风险后果估计就是对桥梁施工过程中风险可能造成的损失和危害程度进行定量和非定量的估计和分析。

(3) 风险评价。

风险评价是桥梁施工风险分析工作的重要组成部分,是风险决策和应对的前提和基础。风险评价是基于风险评估的结果,综合考虑利益相关者的风险态度和承受能力,提出经济合理有效的风险应对措施,为风险决策提供依据和参考。

(4) 人因可靠性分析。

由于桥梁工程由人主导和实施,其施工事故多由人为因素直接或间接地引发,故而,人为因素可靠性分析在整个施工风险分析和评价过程中起着重要作用。因此,人为因素中对风险的态度、风险偏好性和对风险的交流程度贯穿整个评估过程,研究这些因素对风险的评估和控制有着重要的意义。

(5) 风险决策和风险控制。

风险决策和风险控制是风险分析体系最终的目的,是风险管理的核心组成部分。风险决策是指决策者根据风险评估的结果，综合考虑对风险的态度和承受能力，对风险做出策略抉择的过程。风险控制是根据风险评价和决策的结果，对风险事态进行事前预防、处理及其过程控制，包括风险监控和风险动态管理两方面。

10.1.2　桥梁工程建设期风险识别

1. 施工风险识别

风险识别又称为风险辨识，是指通过已有的方法和手段将影响工程项目的风险因子识别出来，同时对风险因子进行量化的过程。

由于桥梁工程建设期内影响工程项目的因素很多，其导致的后果也不尽相同，大跨连续刚构桥施工风险识别，就是在桥梁整个施工过程中，尽可能地寻找和量化对工程项目可能造成危害和损失的潜在风险事态和因子，将主要的影响因子纳入施工风险管理体系。桥梁工程建设期风险辨识依据主要包括工程概况，桥梁结构形式和施工图设计，施工自然、经济和社会条件以及施工组织设计和具体方案，施工队伍的组织管理水平、技术水平和监管部门的监督力度等。

桥梁施工风险识别具有系统性、动态性、信息性和综合性等特点，风险存在的客观性，风险伴随于整个工程项目建设阶段，工程的内部条件、外部环境以及工程的建设情况处于不断变化之中，这些决定了风险识别具有系统性和动态性，同时工程项目信息的全面性、及时性和准确性影响着工程风险识别工作质量的可靠性和精确性，所以风险识别对工程信息的收集和整理具有依赖性。

2. 施工风险识别的过程

桥梁工程建设期风险识别的全面性和深刻性直接影响到风险评价的质量和结果，如果某种风险在识别过程中被忽略，尤其是重大风险因子被忽视，则有可能对整个工程项目造成严重损失。风险识别的主要内容包括信息收集与研究、风险因子不确定性的确认、风险因素识别和风险模式识别、风险事态分类和排序以及编制风险识别报告等方面。桥梁工程施工期风险识别流程如图 10.1 所示。

(1) 信息收集与研究。对桥梁工程进行有效的建设期风险识别，首先应对工程项目有一个全面、深入的了解。因而，应注重收集工程项目环境方面、工程设计和施工资料以及工程总结和经验教训等方面的资料，包括建设方案的自然和社会条件、桥梁结构形式和桥梁施工及结构体系性能等各方面的基本信息。

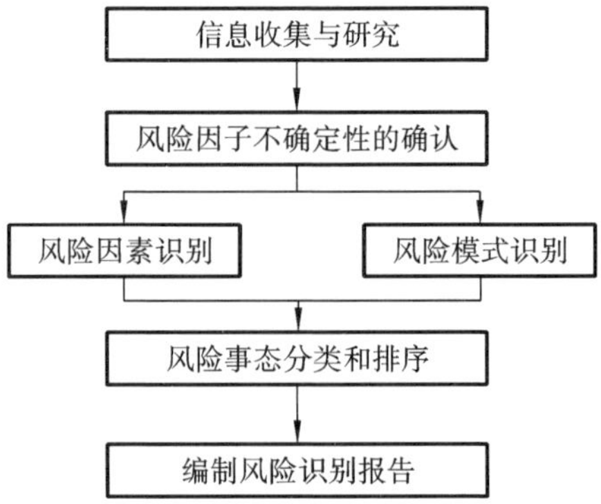

图 10.1　桥梁工程施工期风险识别流程

同时，还应研究和判断收集到的资料和信息的准确性和可靠性，为风险识别奠定基础。

(2) 风险因子不确定性的确认。根据桥梁工程概况、施工组织设计、目标进展情况和监理报告，研究和判断桥梁施工相应阶段是否存在不利于施工目标实现的因素，分析这些不利因素的客观存在性和不确定性，为进一步对不利因素的风险识别提供判断依据。

(3) 风险因素识别和风险模式识别。在研究和判定风险因子不确定性的基础上，识别和推测导致各类工程事故的潜在风险因素，如结构形式、施工荷载和人为因素等，同时通过风险因素推导工程施工阶段可能发生的风险模式和风险事故，以及预测这些风险可能造成的后果和损失。

(4) 风险事态分类和排序。对初步识别和研究出来的风险因素和风险诱发条件做进一步分析和筛选，判定风险主要因素和作为主要矛盾的风险诱发条件。

(5) 编制风险识别报告。风险识别报告作为上述工作的研究成果，应包含桥梁工程施工信息、相应施工阶段不利于施工目标实现的风险因子数据库以及分析和判断风险因子诱发的主要条件。

3. 施工风险识别的方法

风险识别方法经不断发展和应用，已形成包括层次分析法(analytic hierarchy process，AHP)、核查表法(checklist)和模糊层次分析法(fuzzy analytic hierarchy process，FAHP)等具有针对性的分析研究方法。

(1) 层次分析法。由美国著名学者 Satty 于 20 世纪 70 年代提出的层次分析法，是一种将风险定性分析和定量分析结合起来的多目标风险识别和决策方法。该方法把复杂的工程项目系统，按支配和隶属关系分层次地逐步分解为具有递阶结构的子系统，再对分解后的子系统进行研究分析，判断比较每一层次中各因素相对于上一层或者总体目标的相对重要性，从而识别出工程项目系统中主要的风险模式和风险因子。该方法具有系统性、简洁性、灵活性和使用性，因而广泛应用于工程项目的风险识别当中。

(2) 核查表法。核查表法是指基于已完成工程项目风险归纳总结建立的基本风险体系，即把已完工的工程项目经历和经验，按照风险隶属原则和来源罗列出来，为人们较为直观和全面地认识风险的存在提供借鉴。该方法具有直观和快速简单的特点，但由于工程项目的差异性，该方法的应用受到可比性的制约。

(3) 模糊层次分析法。模糊层次分析法是指运用模糊数学工具，在传统的层次分析方法上，考虑权重判断矩阵对多种风险因素进行两两比较的综合分析方法。该方法具有对风险识别因素的分析层次化和条理化等优点，同时分析过程为决策者最后的风险决策提供了理论依据。

10.1.3　桥梁工程建设期风险估计

1. 桥梁工程建设期风险估计的含义

桥梁工程建设期风险估计是指对桥梁施工过程中各阶段风险事件发生可能性的大小、可能发生的后果及其影响范围等的估计。其作用是为分析整个桥梁工程施工期风险，以及进一步研究制订风险管理计划、风险应对措施和进行风险分析监控提供依据。

桥梁工程建设期风险估计的主要内容包括相应施工阶段风险因子发生概率的估计和由此造成对施工目标损失、影响及其范围大小的判定，即在前期对施工风险识别的基础上，根据收集到的桥梁工程施工信息，如现场监测信息、专家调查意见以及历史资料，分别建立风险因子概率和后果损失模型，对施工风险进行评估。桥梁工程建设期风险估计流程如图 10.2 所示。

2. 桥梁工程建设期风险概率估计

风险概率是对风险发生的可能性和大小进行量化。数理统计理论认为，概率分布是进行概率计算的依据。因此，风险概率估计须首先建立相应阶段风险因子的概率分布。桥梁工程建设期风险因子的概率分布可以通过对已有历史资

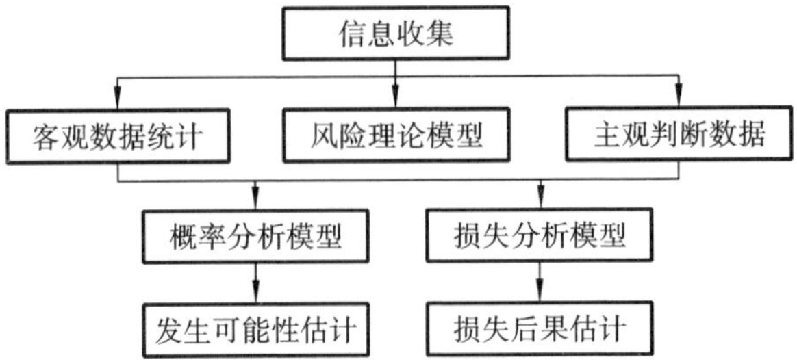

图 10.2　桥梁工程建设期风险估计流程

料进行统计和分析得出，当没有相似工程背景的项目资料可以借鉴时，可以通过概率理论模型建立施工阶段风险因子的概率分布。

(1) 通过分析已有历史资料的统计规律来确定。当桥梁工程有相似施工环境和条件的其他已建成工程可借鉴，或者该工程的某些风险事件及其影响因素累积有较多资料时，可通过对这些资料和数据进行统计分析，得出风险事件发生的概率分布，从而估计风险事件发生的概率及风险事件后果的数学期望和方差等。

(2) 概率理论模型进行风险概率分布估计。对桥梁工程而言，风险概率可用桥梁结构的结构可靠度和失效概率来描述。我国公路工程结构可靠度设计统一标准将结构可靠度描述为在规定的时间内和规定的条件下结构完成预定功能的概率。结构的可靠概率和失效概率分别用 P_s 和 P_f 表示，将桥梁工程的结构几何参数、材料性能和各种荷载作用效应、结构计算模型准确度等相关因素作为基本变量 $X_1, X_2, \cdots, X_n$，并设定一个描述结构工作状态的函数 $g(X)$，建立桥梁结构功能函数 Z，见式(10.1)。

$$Z = g(X_1, X_2, \cdots, X_n) \tag{10.1}$$

或者将基本变量 $X_1, X_2, \cdots, X_n$ 组合成综合作用效应 S 与综合抗力 R，则桥梁结构功能函数可表示为式(10.2)：

$$Z = g(R, S) = R - S \tag{10.2}$$

桥梁结构可能出现可靠状态、极限状态和失效状态，如图 10.3 所示。

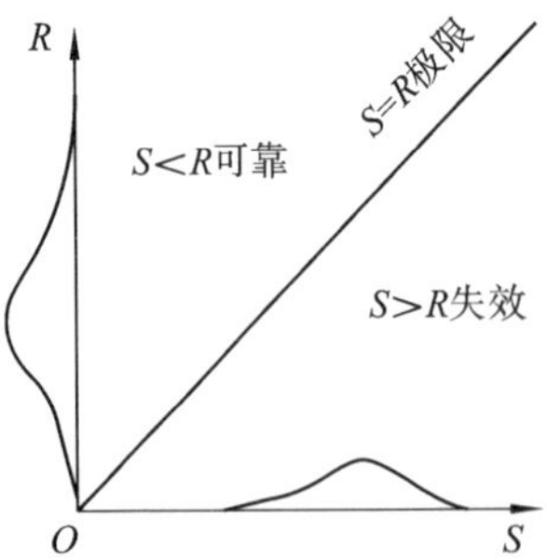

图 10.3　桥梁结构所处状态

桥梁结构的极限状态方程见式(10.3)：

$$Z = g(X_1, X_2, \cdots, X_n) = 0 \tag{10.3}$$

桥梁结构的失效概率见式(10.4)：

$$P_f = P(Z < 0) = P(R - S < 0) \tag{10.4}$$

式中：P 为桥梁结构概率。

桥梁结构的可靠概率见式(10.5)：

$$P_s = P(Z > 0) = P(R - S > 0) \tag{10.5}$$

由于结构的可靠与失效是两个对立事件，由概率论可知，可靠概率和失效概率的关系如图 10.4 所示，见式(10.6)：

$$P_s + P_f = 1 \tag{10.6}$$

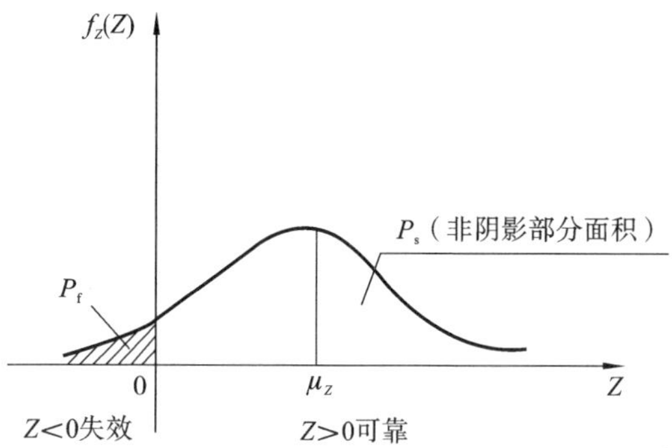

图 10.4　可靠概率和失效概率的关系

μ_Z—平均值

3. 桥梁工程建设期风险后果估计

桥梁工程建设期风险后果估计是风险估计的重要组成部分。风险事故一旦发生，就可能会给工程项目带来诸如结构失效、工期延误、经济损失、环境破坏和人员伤亡等影响。这些影响可分为经济损失和非经济损失。风险后果估计就是在进行风险识别的前提下，依据已建立的风险后果估计模型以及一定的原则和方法，对风险可能造成损失和影响的大小和严重程度进行定量和非定量的估计和分析，可为桥梁工程建设期风险综合评价提供依据。

为更好地解决桥梁工程建设期风险后果计算问题，应建立风险损失估算模型，包括损失估算、价值转化和时间价值模型 3 个部分。损失估算模型解决的是各种风险事态造成的损失严重程度，其损失严重程度的单位往往是不统一的，故而需要研究价值转化模型以实现不同风险损失之间的转化，工程之中常用的统一的表现形式是货币单位。此外，风险损失的时间效益问题还应在风险决策的过程中给予考虑，因而建立风险损失的时间价值模型，将桥梁工程施工风险决策期内不同阶段和不同时间发生的风险损失转化到某一决策时间节点上进行研究,风险损失估算模型如图 10.5 所示。

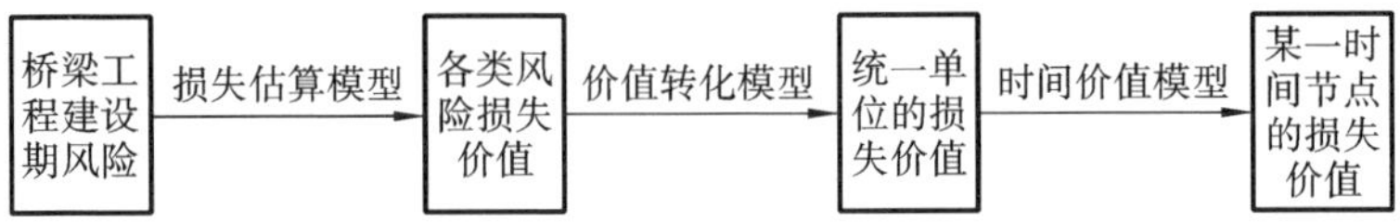

图 10.5　风险损失估算模型

依据上述风险损失估算模型建立风险损失的基本表达形式见式(10.7):

$$C_i = (S_{i,1}, S_{i,2}, \cdots, S_{i,j}) = (s_{i,1}, s_{i,2}, \cdots, s_{i,j}) \tag{10.7}$$

式中:C_i 为第 i 种风险损失;$S_{i,j}$ 为第 i 种风险的第 j 个风险损失;$s_{i,j}$ 为 $S_{i,j}$ 的损失代表值。

假设 $S_{i,j}$ 风险损失的货币价值转换函数为 $g(v_{i,j})$,时间价值转换函数为 $g(t_{i,j})$,则风险事件 C_i 造成的风险损失转换为某一时间节点的损失价值见式(10.8):

$$C_i = \sum_{j=1}^{k} s_{i,j} \cdot g(v_{i,j}) \cdot g(t_{i,j}) \tag{10.8}$$

假设桥梁工程施工期有 m 种风险事件,则工程项目总的风险损失见式(10.9):

$$C = \sum_{i=1}^{m} C_i = \sum_{i=1}^{m} \sum_{j=1}^{k} s_{i,j} \cdot g(v_{i,j}) \cdot g(t_{i,j}) \tag{10.9}$$

10.2　桥梁工程施工安全与质量控制

桥梁作为我国道路交通运输系统中的必要组成部分,其施工安全与工程建设质量直接影响着整个公路的安全运营。桥梁施工多发生在山川、河流或地势不利之地,环境较差、施工技术复杂、风险系数较高。所以,桥梁工程施工安全与质量控制至关重要,已成为工程施工管理的重点,同时也是施工人员的主要责任。为严格监控桥梁施工项目安全及质量,必须明确其影响因素,从而针对性地制订控制标准、优化施工工艺。

1. 桥梁工程施工安全与质量的影响因素

(1) 环境因素。

环境是影响桥梁施工项目安全与工程质量的重要外在因素。外界环境具有多种状态，复杂性与变化性强，如雨水、狂风、大雾、冰冻、雷电等，不同的外界环境均可能给桥梁施工造成不同的影响。另外，温度、湿度也是影响桥梁施工的重要环境因素。外界环境是客观存在的，因此，桥梁施工人员务必要做好各项环境参数的检验、评估、分析与预测，根据测定的环境状态，针对性地采取预防措施。

(2) 人为因素。

人是桥梁工程施工的主体，对于桥梁工程施工安全与质量具有重要作用。人为因素重点涉及基层施工人员与工程管理者，具体是指施工人员所达到的技术能力与工程管理者所具备的综合素质。而我国桥梁施工项目的安全事故或质量问题之所以层出不穷，其中关键的原因就是工程技术人员的技术能力不足、施工工艺缺乏规范化以及管理者监管不严。一般状态下，桥梁工程施工人员的技术能力应同时包含两个方面的内容：①专业的业务水平；②科学的安全施工意识与质量控制观念。管理者作为桥梁工程施工的灵魂人物，其综合素质可在较大程度上影响着桥梁施工的进度与工程建设的质量。

(3) 技术因素。

技术因素包含施工机械与施工工艺，是影响桥梁施工项目安全与质量的重要因素。

①施工机械。桥梁施工多发生于恶劣环境之中，某些施工步骤必须借助于机械设备，无法单独依靠人工完成。因此，机械设备在桥梁工程建设中必不可少。同时，随着桥梁施工项目的复杂化、现代化，对于机械设备智能化的要求将愈加严格。

②施工工艺。桥梁工程建设所选用的施工工艺是否恰当，是否被合理地应用。

2. 桥梁工程施工的安全控制

(1) 人员的安全控制。

人员是桥梁施工中最具能动性的要素。因此，为有效控制施工安全、规避风险，必须做好人员的安全控制。一方面，应切实加强安全教育培训，树立科学严谨的安全施工理念。施工企业在配备具体的施工人员时，应有针对性地开展安全生产培训，增强员工对施工安全重要性的深入认识，从而在潜移默化中达到强化安全观念的目的。另一方面，应充分发挥管理者的领导示范作用，促进施工人员的规范性操作。桥梁工程建设具有时间紧、任务重、工序复杂、环境不利等特征，施工人员在具体操作中往往难以坚持应有的标准。因此，必须通过培训锻炼与领导示范的方法，纠正基层施工人员的错误行为，并形成规范化、标准化的施工操作，从而确保桥梁工程的安全施工。

(2) 物的安全控制。

与公路工程相比，桥梁工程施工技术更加复杂，涉及的施工机械与施工材料也更多。机械与材料是桥梁工程建设的物质基础。为确保桥梁工程的安全，必须要对机械和材料进行安全管控。机械作为桥梁工程建设的核心工具，其性能、参数与安全性将直接影响整个工程的安全施工。施工人员应定期对施工设备进行全面的检测，一旦发现问题，及时对其进行修理，直至设备恢复正常；应严格根据机械设备的使用年限，定期淘汰老化机械，以避免设备在具体施工过程中发生故障。安全控制手段也应不断创新，如积极引进计算机技术，对机械设备的运行过程进行系统性监督，以保证设备的质量和操作人员的严格操作。桥梁工程施工所选用的材料必须符合我国工程建设使用标准，必须采购性能较好的原材料。

(3) 施工环境的安全控制。

桥梁工程的建设质量与施工安全和施工环境密切相关，尤其是恶劣而多变的气候环境。施工环境的安全控制应重点做到采光环境与外界温度的合理控制。

①采光环境。技术人员应在正式施工前做好采光设计。这不仅能够为桥梁工程的施工现场提供充足光照，还可以避免光线不足或过量而引发的施工不当问题。优良的光照环境也能够缓解一线施工人员的劳累感，减少光线刺激性。

②外界温度。应实时监控桥梁施工现场的温度，将其维持在人体适宜的范围内，不可过高，也不能过低。若外界温度过高，施工人员就会产生头晕、气喘等反应，严重影响其灵敏性，甚至造成安全责任事故；若温度过低，则会直接导致施工人员的协调性差。能够采用的温度控制方法包括制订合理的工作时间、改善施工环境等。

(4) 施工技术的安全控制。

健全施工安全技术规范、优化具体施工技术，才能尽可能避免因施工技术操作不当而引发的安全问题。

①建立健全并切实执行桥梁工程建设的施工安全技术规范，确保各项施工工艺与施工工序都严格依照国家工程建设标准进行，强化施工人员“依规操作”与“安全生产”的责任意识，不断提高施工技术的安全性与准确性。

②严格控制挖孔桩施工技术。挖孔桩施工是桥梁施工项目的重要一步，若施工的深度较深并已发生渗水现象，技术人员应及时做好排水、防水工作，从而

有效防范坍塌。当对其中一个桩孔进行混凝土浇筑时，邻近的桩孔应及时暂停施工。另外，挖孔桩施工中所有的工作人员必须配有施工安全帽，并严格控制孔内气体，及时排出有害有毒气体。

3. 桥梁工程施工的质量控制

（1）建立严格规范的工程标准体系与工程质量评定标准。

为确保施工顺利与施工质量，桥梁工程施工人员应在正式动工之前形成严格规范的工程标准体系与工程质量评定标准。一方面，桥梁工程标准体系应同时涵盖地质勘探、方案设计、实验以及具体施工等各个层面；另一方面，严格根据公路工程与建筑的相关建设法规，编制系统性的工程质量评定标准，具体说明桥梁工程施工企业、监理责任人以及业主的责任。

（2）控制施工材料质量。

施工材料是桥梁工程建设的首要物质基础，必须做好施工材料的质量控制。

①尽量选择优质的原材料，并做好材料验收工作。通过成立施工材料的检测机构、指派专门的检测人员、形成完善的材料检测标准等一系列方法，落实材料的抽检与复检，从而确保施工材料的各项参数均符合工程要求。

②准确设计混凝土材料的配合比，优化混凝土配制质量。混凝土作为我国桥梁工程建设中的重要材料之一，其配合比直接决定混凝土的强度与韧性，应配备等级适宜的水泥，以提高桥梁工程的耐久性。

（3）加强桥梁施工的过程监督。

加强桥梁施工的过程监督，应从两个方面着手。

①设立工程建设质量的监督部门与检测部门。其中，监督部门主要负责监管具体操作步骤与工程材料的使用。检测部门则对整个施工过程进行全面监管，一旦发现问题或不当操作，应及时予以纠正。

②积极引进计算机技术和相关现代化设备，通过计算机网络技术对桥梁施工全过程进行实时监管，以规范施工行为、提高工程质量。

10.3　桥梁工程施工安全管理体系

安全管理体系作为企业管理体系中一个重要的组成部分，是施工企业以保证施工安全为目标，运用系统的概念和方法，把施工中不同阶段和部门的安全管理工作进行整合，使之成为一个目标明确、权责分明、能互相促进协调的有机整体。

建立安全管理体系的目的是要根据安全目标、方针和计划的规定，让安全管理发挥有效作用，保证安全生产。应结合企业的实际情况，将企业全部生产经营活动或整个工程项目作为对象，通过过程分析，选择合适的方式来建立相应的安全管理体系。

桥梁工程施工安全管理体系应包括如下内容：企业的安全方针与目标，安全管理系统人员管理，安全生产管理机构，安全生产管理制度，安全技术管理，劳保、职业卫生管理，设备及危化品管理以及环境管理等相关内容。

1. 企业的安全方针与目标

安全方针是施工企业每个职工在开展安全管理活动中所必须遵守和依从的行动指南，用以阐明整个管理系统的安全目标和持续改进的承诺。企业的安全生产方针主要是由最高领导者综合考虑各方面因素的情况下制订。企业安全方针的制订依据如下。

(1) 企业的外部环境。

①党和国家的安全生产方针、政策，上级部门的要求。

②行业系统的安全生产的中、长期规划。

③法律、法规、行业标准的要求。

(2) 企业的内部环境。

①企业的经验、方针和中、长远规划。

②企业以往的安全工作状况。

③企业规模及自身风险。

④企业的经济技术条件。

⑤全体职工的意见和建议。

安全目标是企业根据安全方针的要求，在一定时期内开展安全工作所要达到的预期效果。企业中各管理层或部门都要根据企业的方针制订安全管理目标。目标的制订有利于措施的完善、管理方向的明确，对提升企业的品牌和形象也有一定意义。

2. 安全管理系统人员管理

(1) 人员配备。

①施工现场安全生产管理人员的配备。

根据法律规定，工程项目应当成立由项目经理负责的安全生产管理小组，小组成员应包括企业派驻到项目的专职安全生产管理人员。施工现场专职安全生产管理人员主要负责巡查现场并做好记录，及时汇报发现的安全问题，并制止所有的违规操作。施工现场专职安全生产管理人员的数量可根据施工实际情况增配。

②班组安全生产管理人员的配备。

班组作业场所的安全监督检查工作，主要是由班组兼职安全巡查员负责完成的。最终形成了由企业安全生产管理部门、施工现场专职安全生产管理员、班组兼职安全巡查员组成的安全生产管理网络。

(2) 人员素质。

①一般施工操作人员。

a. 人的不安全行为。

人的不安全行为是指人为地使系统发生故障或发生性能不良等事件，违背设计和操作规程的错误行为，也就是能造成事故的人的失误。人的失误可分为两大类：随机失误和系统失误。引起人的不安全行为的原因主要集中在心理、生理和知识方面。

b. 对员工素质的考核主要有文化程度、安全意识、人员技术素质和持证上岗 4 个方面的指标。

②安全管理人员。

建筑企业安全工作人员的专业技能、整体素质以及对待工作的积极性会直接影响安全管理工作的质量和效率。现在不少企业管理者只重视生产效益，而对安全管理认识程度不够，安全投入有限，给事故的发生埋下隐患。

a. 管理人员的安全意识与决策能力。

实践证明管理人员的重视程度直接影响企业生产安全。重视程度是可以通过安全管理时间和资源多少的投入来反映的。

b. 管理层与操作层的协调程度。

企业的管理层负责签署表述安全政策的文件，并贯彻执行。此外，管理层还应定期检查公司安全目标的完成情况和设备的安全情况，表述组织的安全愿景和安全工作重点，以及查处和整改计划中的不足之处。

3. 安全生产管理机构

企业安全生产管理机构包括组织领导机构和安全生产管理机构。

组织领导机构一般由企业主要负责人和有关副职及主要部门负责人组成，定期研究企业安全生产的重大方针政策和措施，颁布企业的安全生产管理制度，决定安全生产的投入和重大决策，对安全生产进行奖惩等。

安全生产管理机构指的是生产经营单位专门负责安全生产监督管理的内设机构，其工作人员都是专职安全生产管理人员。《中华人民共和国安全生产法》明确规定，从事建筑施工的生产经营单位，必须设置安全生产管理机构或者配备专职安全生产管埋人员。安全生产管理机构的作用是落实国家有关安全生产法律法规，组织生产经营单位内部各种安全检查活动，负责日常安全检查，及时整改各种事故隐患，监督安全生产责任制的落实等。

4. 安全生产管理制度

安全管理制度是建筑施工企业规章制度的组成部分，是每个职工生产活动中必须共同遵守的安全行为规范和准则。安全生产管理制度源于有效的安全生产管理方法，是安全生产管理系统中重要的基础组成部分，指为实现标准化、规范化的安全管理，制订出一套标准有效的措施和办法，来解决管理过程中职责不清、相互推诿等问题。

鉴于与安全相关的主体众多，所以建筑安全管理制度应充分融合各相关方的内容。根据住房和城乡建设部行业标准《施工企业安全生产评价标准》(JGJ/T 77—2010)，建筑施工企业应该建立六项制度，即安全生产责任制度、安全生产资金保障制度、安全教育培训制度、安全检查及隐患排查制度、生产安全事故报告处理制度和安全生产应急救援制度。

(1) 安全生产责任制度。

安全生产责任制度是企业落实安全生产事项的重要措施保证，其主要评价全员是否履行落实相应的安全生产责任，以及安全技术措施的贯彻执行情况。

企业主要负责人就是对安全生产负全面领导责任的安全生产第一责任人。每个劳动者必须认真履行各自的安全生产职责。

(2) 安全生产资金保障制度。

安全生产资金保障制度是一项确保安全资金及时到位并专款专用的重要财

务管理制度。该制度为安全生产管理水平的提高提供了资金保障。安全生产资金中包括安全宣传教育培训费、文明施工措施费等。

(3) 安全教育培训制度。

安全教育培训制度是指对职工进行安全生产法律、法规及安全专业知识等方面的教育培训,包括安全知识普及、专业技能训练、应急救援演练等。安全教育培训是安全管理的重要组成部分,也是提高职工安全防护意识和员工素质的重要途径。

①安全教育培训的对象主要为企业主要负责人和企业职工。企业主要负责人也全面负责企业安全生产工作,其安全生产思想、意识、态度以及管理方法对企业安全工作起决定性作用。企业职工应注意生产安全技能训练和安全生产知识和规律的教育。

②安全教育培训的形式一般分为三级教育、特种作业人员培训教育及其他特殊教育、日常教育及其他教育三种。

(4) 安全检查及隐患排查制度。

安全检查及隐患排查是消除安全隐患,防止事故伤害和职业危害,改进劳动条件的重要手段,是企业安全管理工作的一项重要内容,具体包括一般性安全检查、专业性安全检查、季节性安全检查和节日前后的安全检查。

(5) 生产安全事故报告处理制度。

生产安全事故报告处理制度指对事故的调查、分析、研究、保管、处理、统计和档案管理等一系列工作。事故发生后,调查事故原因,包括直接原因或间接原因,例如危险的工作习惯、监督和培训不足、人为失误等,并采取相应纠正预防措施。防止同类事故的再次发生是事故管理的核心。通过事故统计报告和数据分析,可以全面准确地了解系统的安全生产状况,及时找出事故发生的原因和规律,制订针对性强、切实有效的对策和处理方案。事故的统计和档案管理也有利于检查、监督和管理部门开展工作,为制订有关安全卫生法规、标准提供科学依据。

(6) 安全生产应急救援制度。

施工企业在加强施工安全监督管理,坚持预防为主的同时,必须在事故发生前,未雨绸缪,制订安全生产应急救援预案,一旦发生事故,将损失降低到最小。

安全生产应急救援预案是指事先制订的关于特大生产安全事故发生时进行应急救援的组织、程序、措施、责任以及协调等方面的方案和计划。

实践中,施工生产安全事故多具有突发性、紧迫性的特点。如果不事先做好充分的应急准备工作，就很难在短时间内组织有效的抢救，防止事故扩大，减少人员伤亡和财产损失。因此，施工单位应事先制订本单位生产安全事故应急救援预案，并配备足够的人员、设备等，定期演练；施工单位还应根据桥梁工程施工的特点，对易发重大事故部位、环节进行监控，制订生产安全事故应急救援预案。

5. 安全技术管理

安全技术管理是安全生产的重要技术保障。制订科学合理的技术措施，并严格贯彻实施才能从根本上实现安全生产。

(1) 危险源辨识、评价及预案编制。

正确辨识危害因素，确定其特性并进行科学评估是安全技术管理工作的基础。针对易发生的事故和重大危险事故，还应编制应急救援预案，以便事故发生时及时响应，提高效率，减少事故损失。

(2) 专项施工方案。

根据《建设工程安全生产管理条例》(中华人民共和国国务院令第393号)和《建筑施工安全检查标准》(JGJ 59—2011)的规定，对专业性强、危险性大的施工项目，以及国务院建设行政主管部门或其他有关部门规定的其他危险性较大的工程，应单独编制专项施工方案。专项施工方案必须细致、全面、具有针对性和可操作性，能具体指导施工。

(3) 安全技术交底。

安全技术交底是安全技术管理的重要环节，一般是由技术管理人员根据分部分项工程的具体要求、特点和危害因素编写，作为操作者的指令性文件，务必要具体、明确、针对性强。

(4) 安全技术标准规范和操作规程。

企业应根据经营内容和施工特点，收编相关现行有效的国家法律法规、行业和地方的安全技术标准、规范，由专人保管，并及时发放目录到企业相关部门和岗位，以保证企业相关部门和岗位始终执行现行有效的规范、标准和文件。

(5) 安全设备和工艺的选用。

企业应及时传达并有效落实相关文件要求，从方案到现场实施，均应控制安全设备和工艺的选用，严禁企业内部各个场所使用国家、行业和地方明文规定的淘汰的施工生产设备，以及落后或不安全的施工工艺。应提倡优先选用新型的施工生产设备，新的施工工艺以及新的安全防护材料、器具。

6. 劳保、职业卫生管理

劳保、职业卫生管理也是安全生产的重要保障，涉及职业病防治和劳动防护用品的配发两个方面。

职业病是指企业、事业单位和个体经济组织的劳动者在职业活动中，因接触粉尘、放射性物质和其他有毒、有害物质等因素而引起的疾病。在桥梁工程施工现场，常见的职业病有乙烯中毒、中暑、手臂振动病、噪声耳聋等。

劳动防护用品是保护劳动者在劳动过程中安全和健康所必需的一种预防性装备。劳动防护用品必须正确配备，必须严格保证质量，务必安全可靠。根据相关规定，桥梁工程施工单位对劳动防护用品的管理应做好以下几点：

(1) 健全劳动防护用品的发放制度；

(2) 正确选用和购买劳动防护用品；

(3) 正确使用劳动防护用品；

(4) 及时更换报废劳动防护用品。

7. 设备及危化品管理

(1) 在桥梁工程整个施工作业系统中，设备本身具有一定的危险性，若管理使用不善，将会对周围的人和设施造成严重伤害和破坏。为保障设备完好且正常生产运行，需要从以下几方面对设备进行评价：

①设备装置完整性；

②设备的先进性；

③设备的可靠性；

④日常维护；

⑤定期检修；

⑥监测和检测设施。

(2) 危化品管理涉及生产、储备、经营、运输、使用、废弃处置等环节。国家对危化品的管理有严格明确的规定。企业应秉持对职工生命健康和财产安全负责的态度，在对桥梁工程施工安全管理进行评价时必须考虑施工单位对危化品的管理措施。

8. 环境管理

人和机械在危险的环境下作业会导致事故的发生。对施工不利的环境条件主要有恶劣的气候环境、不利的地理环境和恶劣的现场条件等。

环境管理是通过辨识对施工作业有影响的环境因素，进而采取措施规避可能带来损失的不可改变的环境状态，或者通过改善可以控制的环境因素，来营造适合工人施工作业的环境。

(1) 气候环境。

恶劣的气候环境是指超出正常规律的气候变化，如严寒、酷暑、暴雨、台风等。人对气候的适应能力是有限的。当气候环境接近人的生理承受能力时，安全隐患就已经存在了。因此，对可预见的气候变化，要提前做好准备，制订应对方法，保证作业安全。对于突发的情况则尽量采取措施规避风险，确保人员安全。

(2) 地理环境。

地理环境是指工程所在地的位置及周围的环境。沼泽、地下溶洞、地质断层等不良的地理环境可能对施工造成严重影响。开工前应彻底调查当地地理环境，并预测地理环境对人和机械设备可能产生的影响，制订有关应急方案，注重人员安全教育，加强设备的防护措施，谨慎施工，避免事故的发生。

(3) 现场条件。

脏、乱、差的施工现场条件也是引起安全隐患的原因之一。不良的声环境和视环境容易使人疲劳，产生焦虑和烦躁等负面情绪，在不同程度上影响操作的准确性和安全性，增加施工的不安全性。此外，现场废水、扬尘、噪声、振动、坠落物不仅会给人带来安全、健康方面的影响，还会加速机械设备的损耗，干扰其正常运行，导致事故发生。因此，通过有效的控制，营造出良好的施工环境，也是安全管理工作的一个重点。

10.4 桥梁工程施工安全事故应急预案

10.4.1 桥梁工程施工安全事故应急预案概述

1. 基本概念

(1) 应急管理。

“应急管理”作为一门单独的学科时间不长。但是，学者们对于应急管理的研究可以追溯到较为久远的年代，尽管当时可能并没有提出明确的应急管理概念。国内学者陈安教授认为，出于对应急管理的层次性特征的考虑，按风险发生概率的大小和危害程度来分，风险的表现可以是三种情形：干扰情形、危机状态和突发事件。与此相对应的应有三个层次的管理概念，即：干扰管理、危机管理、突发事件管理。可以认为，干扰管理是应急管理的初级阶段，主要任务是预防；危机管理则是应急管理的中级阶段，主要任务是阻止危机发生；突发事件管理是应急管理的高级阶段，主要任务是危机已经发生，进行应急管理。

应急管理是指在应对突发事件的过程中，为了降低突发事件的危害，达到优化决策的目的，基于对突发事件的原因、过程及后果进行的分析，有效集成社会各方面的相关资源，对突发事件进行有效预警、控制和处理的过程。

(2) 应急预案。

应急预案又称应急计划，是针对可能的重大事故(件)或灾害，为保证迅速、有序、有效地开展应急救援行动、降低事故损失而预先制订的有关计划或方案。

事故应急救援预案，又名“事故预防和应急处理预案”或“事故应急处理预案”，最早是化工生产企业为预防、预测和应急处理“关键生产装置事故”“重点生产部位事故”“化学泄漏事故”而预先制订的应急预案。后来事故应急救援预案已从化工行业扩展到其他各行各业，从针对化学事故的对策发展到多种事故和灾害的预防和救援，主要涉及火灾、爆炸、中毒(毒物泄漏)、工伤事故、自然灾害、刑事案件、恐怖活动等。易燃易爆和危险化学品生产企业、其他有重大危险源的生产企业、公共场所、要害设施等都应制订切实可行的事故应急救援预案。事故应急救援预案是事故预防系统的重要组成部分。

特大生产安全事故应急救援预案是针对可能发生的特大生产安全事故，为保证迅速、有序、有效地开展应急与救援行动、降低事故损失而预先制订的有关计划或方案，是在辨识和评估潜在的重特大危险、事故类型、发生的可能性、发生过程、事故后果及影响严重程度的基础上，对应急机构与职责、人员、技术、装备、设施(备)、物资、救援行动及其指挥与协调等方面预先做出的具体安排。

2. 事故应急救援的管理要求

(1) 施工单位项目经理部在对危险源与环境因素进行识别、评价和控制策划时，应事先确定可能发生的事故或紧急情况，如火灾、爆炸、触电、高处坠落、物体打击、坍塌、中毒、特殊气候影响等。

(2) 制订应急救援预案及其内容。

(3) 准备充分数量的应急救援物资。

(4) 定期按应急救援预案进行演练。

(5) 演练或事故、紧急情况发生后,应对相应的应急救援预案的适用性和充分性进行评价,找出存在的不足和问题,并进一步修订完善。

(6) 为了吸取教训,防止事故的重复发生,一旦出现事故,施工单位项目经理部除应按法律法规要求配合事故调查、分析外,还应主动分析事故原因,制订并实施纠正措施或预防措施。

10.4.2 重大事故应急救援预案的建立

1. 应急救援预案编制的原则

(1) 落实组织机构,统一指挥,职责明确。

预案中应当落实组织机构、人员和职责,强调统一指挥,明确施工单位、其他有关单位的组织、分工、配合、协调。施工单位应急救援组织机构一般由公司总部、施工现场项目经理部两级构成。

(2) 重点突出,具有针对性。

结合本单位或本工程项目的安全生产的实际情况,确定易发生事故的部位,分析可能导致事故发生的原因,有针对性地制订应急救援预案。

(3) 程序简单,具有可行性、可操作性。

保证在突发事故时,应急救援预案能及时启动,并紧张有序地实施。

2. 应急救援预案编制的要求

(1) 应根据对危险源与环境因素的识别结果,确定可能发生的事故或控制措施失效时所采取的补充措施和抢救行动,以及针对可能随之引发的伤害和其他影响所采取的措施,从而进行应急救援预案的编写。

(2) 应急救援预案应与公路工程施工安全计划同步编写。

(3) 应急救援预案是规定事故应急救援工作的全过程,适用于施工单位项目经理部施工现场范围内可能出现的事故或紧急情况的救援和处理。

(4) 实行施工总承包的,总承包单位应当负责统一编制应急救援预案,工程总承包单位和分包单位按照应急救援预案,各自建立应急救援组织或者配备应急救援人员,配备救援器材、设备,并定期组织演练。

3. 应急救援预案编制的步骤

应急预案的编制过程可分为下面五个步骤。

（1）成立预案编制小组。

重大事故的应急救援行动涉及来自不同部门、不同专业领域的应急各方，需要应急各方在相互信任、相互了解的基础上进行密切配合和相互协调。因此，应急预案的成功编制需要城市各个有关职能部门和团体的积极参与，并达成一致意见，尤其是应寻求与危险直接相关的各方进行合作。成立预案编制小组是将城市各有关职能部门、各类专业技术有效结合起来的最佳方式，可有效地保证应急预案的准确性和完整性，而且为应急各方提供了一个非常重要的协作与交流机会，有利于统一应急各方的不同观点和意见。预案编制小组的成员一般应包括应急管理部门，下属区或县的行政负责人，消防、公安、环保、卫生、市政、医院、医疗急救、卫生防疫、邮电、交通和运输管理部门，技术专家，广播、电视等新闻媒体，法律顾问，有关企业以及上级政府或应急机构代表等。预案编制小组的成员确定后，必须确定小组领导，明确编制计划，保证整个预案编制工作的组织实施。

（2）危险分析。

危险分析是应急预案编制的基础和关键过程。危险分析的结果不仅有助于确定需要重点考虑的危险，提供划分预案编制优先级别的依据，而且也为应急预案的编制、应急准备和应急响应提供必要的信息和资料。

（3）应急预案的编制。

应急预案的编制必须基于重大事故风险的分析结果，应急资源的需求和现状以及有关的法律法规要求。此外，预案编制时应充分收集和参阅已有的应急预案，以最大可能减少工作量和避免应急预案的重复和交叉，并确保与其他相关应急预案的协调和一致。

（4）应急预案的评审与发布。

为保证应急预案的科学性、合理性以及与实际情况相符合，重大事故应急预案必须经过评审，包括组织内部评审和专家评审，必要时请上级应急机构进行评审。应急预案经评审通过和批准后，按有关程序进行正式发布和备案。

（5）应急预案的实施。

应急预案经批准发布后，应急预案的实施便成了应急管理工作的重要环节。应急预案的实施包括：开展预案的宣传贯彻，进行预案的培训，落实和检查各有关部门的职责、程序和资源准备，组织预案的演练，并定期进行评审和更新预案，使应急预案有机地融入城市的公共安全保障工作，真正将应急预案所规定的要求落到实处。

4. 应急救援预案编制的内容

(1) 预案编制的方针与原则。

应急救援预案要有明确的方针与原则作为指导。应急救援工作要体现保护人员安全优先、防止和控制灾害蔓延优先、保护环境优先；同时体现损失控制、预防为主、常备不懈、统一指挥、高效协调以及持续改进的思想。

(2) 应急策划。

应急策划是应急救援预案编制的基础，是应急准备、响应的前提条件，同时又是一个完整预案文件体系的一项重要内容。在应急救援预案中，应明确基本情况以及危险分析与风险评价、资源分析、法律法规要求分析等结果。

①基本情况主要包括地址、经济性质、从业人数、隶属关系等内容，周边区域的单位、社区、重要基础设施、道路等情况。

②危险分析、危险目标及其危险特性对周围的影响。

③根据确定的危险目标，明确其危险特性及对周边的影响以及应急救援所需资源；危险目标周围可利用的安全、个体防护的设备、器材及其分布；上级救援机构或相邻单位可利用的资源。

④法律法规是开展应急救援工作的重要前提保障。应列出国家、省、市及应急各部门职责要求，以及应急救援预案、应急准备、应急救援有关的法律法规文件，作为编制预案的依据。

(3) 应急准备。

在桥梁重大事故应急救援预案中应明确下列内容。

①应急救援组织机构设置、组成人员和职责划分。依据重大事故危害程度的级别，设置分级应急救援组织机构。

②应急资源。应急资源的配备是应急响应的保证。在应急救援预案中应明确预案的资源配备情况，包括应急救援保障、救援需要的技术资料、应急设备等，并确保其有效使用。没有救援所需的技术资料，救援将难以取得良好的效果。

a. 应急救援保障分为内部保障和外部保障。依据现有资源的评估结果，内部保障确定以下内容：应急队伍，包括抢修、现场救护、医疗、治安、交通管理、通信、供应、运输、后勤等人员；消防设施配置图、工艺流程图、现场平面布置图和周围地区图、气象资料、安全技术说明书、互救信息等的存放地点、保管人；应急通信系统；应急电源、照明；应急救援装备、物资、药品等；运输车辆的安全、器材及人员防护装备；保障制度目录；责任制；值班制度；其他有关制度。依据对外部应急救援能力的分析结果，外部保障确定以下内容：互助的方式；请求政府、集团公司协调应急救援力量；应急救援信息咨询；专家信息。

b. 救援需要的技术资料包括：桥梁平面图；桥梁立面图；施工便道布置图；施工现场布置图；施工程序、作业说明书和联络电话号码。

c. 应急设备。所需的应急设备应保证充足提供，并要定期对这些应急设备进行测试，以保证其能够有效使用。应急设备一般包括：报警通信系统；井下应急照明和动力；自救器、呼吸器；安全避难场所；紧急隔离栅、开关和切断阀；消防设施；急救设施；通信设备。

③教育、培训与演习。桥梁施工事故应急救援预案中，应确定应急培训计划；演习计划；教育、培训、演习的实施与效果评估等内容。

a. 应急培训计划。依据对从业人员能力的评估和社区或周边人员素质的分析结果，确定以下内容：应急救援人员的培训；员工应急响应的培训；社区或周边人员应急响应知识的宣传。

b. 演习计划。依据现有资源的评估结果，演习计划包括：演习准备；演习范围与频率；演习组织。

c. 教育、培训、演习的实施与效果评估。依据教育培训、演习计划，确定以下内容：实施的方式；效果评估方式；效果评估人员；预案改进、完善。

④互助协议。当有关的应急力量与资源相对薄弱时，应事先寻求与外部救援力量建立正式互助关系，做好相应安排，签订互助协议，做出互助的规定。

(4) 应急响应。

①报警、接警、通知、通信联络方式。依据现有资源的评估结果，确定以下内容：24 小时有效的报警装置；24 小时有效的内部、外部通信联络手段；水灾害通报程序。

②预案分级响应条件。依据桥梁工程施工事故的类别、危害程度的级别和从业人员的评估结果，可能发生的事故现场情况分析结果，设定预案分级响应的启动条件。

③指挥与控制。建立分级响应、统一指挥、协调和决策的程序。

④事故发生后应采取的应急救援措施。根据桥梁工程施工安全技术要求，确定采取的紧急处理措施、应急方案；重要记录资料和重要设备的保护；根据其他有关信息确定采取的现场应急处理措施。

⑤警戒与治安。预案中应规定警戒区域划分、交通管制，维护现场治安秩序的程序。

⑥人员紧急疏散、安置。依据对可能发生事故的场所、设施及周围情况的分析结果，确定以下内容：现场人员清点、撤离的方式、方法；非现场人员紧急疏散的方式、方法；抢救人员在撤离前、撤离后的报告；周边区域的单位、社区人员疏散的方式、方法。

⑦危险区的隔离。依据可能发生的桥梁事故危害类别、危害程度级别确定：危险区的设定；桥梁事故现场隔离区的划定方式、方法；事故现场隔离方法；现场周边区域的道路隔离或交通疏导办法。

⑧受伤人员现场救护、救治与医院救治。依据桥梁工程事故分类、分级，附近疾病控制与医疗救治机构的设置和处理能力，制订具有可操作性的处置方案，应包括以下内容：接触人群检伤分类方案及执行人员；依据检伤结果对患者进行分类现场紧急抢救方案；接触者医学观察方案；患者转运及转运中的救治方案；患者治疗方案；入院前和医院救治机构确定及处置方案；药物、器材储备信息。

⑨公共关系。依据事故信息、影响、救援情况等信息发布要求明确以下内容：事故信息发布程序；媒体、公众信息发布程序；公众咨询、接待、安抚受害人员家属的规定。

⑩应急人员安全。预案中应明确应急人员安全防护措施、个体防护等级、现场安全监测的规定；应急人员进出现场的程序；应急人员紧急撤离的条件和程序。

(5) 现场恢复。

桥梁工程事故应急救援结束，应立即着手现场恢复工作，有些需要即行可实现恢复，有些是短期恢复或长期恢复。桥梁工程事故应急救援预案中应明确：现场保护与现场清理；事故现场的保护措施；明确事故现场处理工作的负责人和专业队伍；事故应急救援终止程序；确定事故应急救援工作结束的程序；通知本单位相关部门、周边地区及人员事故危险已解除的程序；恢复正常状态程序；现场清理和受影响区域连续监测程序；事故调查与后果评价程序。

(6) 预案管理与评审改进。

事故应急救援预案应定期进行应急演练或应急救援，之后对预案进行评审，以完善预案。预案中应明确预案制订、修改、更新、批准和发布的规定；应急演练、应急救援后以及定期对预案评审的规定；应急行动记录要求等内容。

10.4.3　应急救援工作的实施

应急救援行动是指在紧急情况发生时，即发生火灾、爆炸和坍塌等重大事故时，为及时营救人员、疏散撤离现场、减缓事故后果和控制灾情而采取的一系列抢救援助行动。

各应急机构应在事故应急的实际工作中，积极运用应急救援预案，开展应急决策，指挥和控制相关机构和人员的应急行动，从实践中检验应急救援预案的实用性，检验各应急机构之间的协调能力和应急人员的实际操作技能，发现应急救援预案、工作程序、应急资源准备中的缺陷和不足，以便修订、更新相关的应急救援预案和工作程序。

(1) 接报。

接报是实施救援工作的第一步。接报人一般应由总值班担任。接报人应做好以下几项工作。

①问清报告人姓名、单位部门和联系电话。

②问清事故发生的时间、地点，事故单位、事故原因、事故性质、危害波及范围和程度以及对救援的要求，同时做好电话记录。

③按救援程序，派出救援队伍。

④向上级有关部门报告。

⑤保持与救援队伍的联系，并视事故发展情况，必要时派出后继梯队予以增援。

(2) 设点。

设置救援指挥部、救援和医疗急救站时考虑的因素如下。

①地点。应注意不要远离事故现场，便于指挥和救援工作的实施。

②位置。各救援队伍应尽可能在靠近现场救援指挥部的地方设点并随时保持与指挥部的联系。

③路段。应选择交通路口，利于救援人员或转送伤员的车辆通行。

④条件。指挥部、救援或急救医疗点可设在室内或室外，应便于人员行动或群众伤员的抢救，同时要尽可能利用原有通信、水和电等资源，有利救援工作的开展。

⑤标志。指挥部、救援或医疗急救点，均应设置醒目的标志，方便救援人员和伤员识别。

(3) 报到。

指挥各救援队伍进入救援现场后,向现场指挥部报到。报到的目的是接受任务,了解现场情况,便于统一实施救援工作。

(4) 救援。

进入现场的救援队伍要尽快按照各自的责任和任务开展工作。

①现场救援指挥部应尽快地开通通信网络;迅速查明事故原因和危害程度;制订救援方案;组织指挥救援行动。

②工程救援队应尽快堵源;将伤员救离危险区域;协助组织的群众撤离和疏散。

③现场急救医疗队应尽快将伤员就地简易分型,按类急救和做好安全转送,并为现场救援指挥部提供医学咨询。

(5) 撤点。

撤点指应急救援工作结束后,离开现场或救援后的临时性转移。

在救援行动中应随时注意事故发展变化,一旦发现所处的区域有危险应立即向安全处转移。在转移工程中应注意安全,保持与救援指挥部和各救援队的联系。

救援工作结束后,各救援队撤离现场前要做好现场的清理工作并注意安全。

10.4.4 桥梁应急抢修措施

1. 整体垮塌的应急措施

桥梁整体垮塌由多种因素引起。在城市桥梁中,结构老化加上超载引起的垮塌事件越来越多,此时桥梁的承重结构遭到不可修复的破坏。为保持交通的通畅,降低损失,采取的应急措施通常有修筑应急便道或应急便桥。

应急便道的设置需要原桥所跨河流干涸或水流较小,并且地势较为平坦,与原桥面高差不能过大。在原桥的上游或下游修建临时便道,是最快速、最经济的应对措施。

当桥梁所跨河道流水较深时,则可以考虑修建应急便桥来快速恢复交通。国内应急便桥多用装配式钢桥,最大跨径可达 70 m。对于较长的多跨桥,桥梁的架设方式和中墩基础的选择应根据现场条件确定。

2. 桥梁各部件出现损伤时的应急措施

桥梁不同部件的损伤会对桥梁的使用性造成不同的影响，特别是承重构件的损伤，如不及时采取有效的应急措施，恢复破损构件的承载能力，则会造成进一步的损伤甚至完全丧失承载能力。

（1）桥跨结构损伤的应急措施。

桥跨结构又称上部结构或桥孔结构，是跨越江河、峡谷或路线等障碍的结构物。它承受车辆荷载，是重要的承重部件。在桥梁突发事件中可能出现的损伤一般由超载和撞击引起。超载车辆对主梁的承压导致变形过大，产生裂缝；超高车辆对桥边梁的横向撞击产生裂缝。这些都严重影响桥梁的安全。

①粘贴钢板或碳纤维。

由于抗弯承载能力不足，桥梁跨中会产生超限裂缝，可以先封闭裂缝，然后在梁底粘贴钢板或碳纤维来恢复其承载力。

②设置桥下临时支撑。

当主梁开裂严重时，粘贴钢板或碳纤维已不能满足承载能力要求，可以设置桥下临时支撑，快速恢复主梁承载力，不对桥上交通产生影响。支撑的方式有钢管支撑和排架支撑，要占用一定的桥下空间，所以对桥下交通有一定的影响。由于对地基承载力有一定的要求，此措施在城市跨线桥中应用较多。对于跨河桥，由于缺少现存的支撑基础，此措施一般不适用。

③快速更换受损主梁。

对于预制主梁，如预制 T 梁，当只有其中一两片梁受损伤时，可以从原厂直接调运相同尺寸主梁进行更换，也可采用备用钢梁进行更换。当桥跨结构受损伤严重，需要整体更换时，可以采用自动化程度较高的液压自行式模块运输车对上部结构进行整体更换。

必要时，可以使用多种措施，如梁底粘贴钢板和临时支撑，同时对桥梁进行加固抢修。

（2）支座损伤的应急措施。

支座的作用是支撑桥跨结构，同时把荷载传递给桥梁墩台，具有一定的变形功能，主要的损伤形式有裂纹、不均匀鼓凸、老化脱胶、脱空、剪切变形、错位、支座钢板锈蚀以及破损失效等。

对于裂纹、不均匀鼓凸、老化脱胶、剪切变形以及破损失效的支座，需要进行更换。错位的支座须复位。支座更换和复位都需要对桥梁上部结构进行整体顶升。支座钢板锈蚀的应除锈和刷漆处理。

对于支座脱空，脱空处的支座可能是完好无损的，但这样可能导致桥梁整体受力发生改变，不再是设计时的结构受力模式，产生应力重分布，进而可能导致拉压应力超限，主梁开裂，甚至发生扭转倾覆现象。针对脱空这种病害，可采取以下应急措施。

①加垫钢板。

脱空轻微，支撑体系改变不大时，可以在支座旁边的梁底或端横隔处设置千斤顶，将梁适当顶起，垫入钢板(50 mm 以内)或铸钢板(50～100 mm)。

②施加配重。

脱空带来的是桥梁支撑体系的改变，施加配重可以恢复原桥的受力体系，减少桥梁危害。在紧急情况下，可以用钢锭或预制混凝土块在发生支座脱空的主梁处施加临时配重。

当进行拉力支座更换时，为保证原拉力支座拆除后桥梁边墩不发生翘起，可以安装临时拉力装置，实现在不影响交通的情况下，对拉力支座进行更换。

(3) 桥墩损伤的应急措施。

桥墩是位于桥梁的中间部位，支承相邻两跨上部结构的建筑物，其作用是将上部结构传来的荷载，可靠而有效地传给基础。桥墩一般在桥梁所跨河流或线路的中间设置，所以容易出现被船舶和汽车撞击的事故。

城市桥梁中以跨线桥居多，车辆对桥墩的撞击屡见不鲜。对于毁坏严重，丧失部分承载能力的桥墩，可以设置脚手架或钢管作为临时支撑。

(4) 基础损伤的应急措施。

桥梁基础是连接墩台并将荷载传到地基的结构物，一般埋于地下。跨河桥的基础容易被河水冲刷后外露；城市跨线桥的基础容易受地下施工的干扰，产生不均匀沉降。这些都会影响桥梁结构的安全。

对于受洪水冲刷后只是基础外露的桥梁，为防止桥梁进一步遭到破坏，所采取的措施一般有河道护砌、围堰防护和铅丝石笼保护。

当基础受到地下或周边施工的扰动，产生不均匀沉降时，应采取同步顶升上部结构，以恢复沉降差异，确保桥梁的安全。

(5) 桥面板损伤的应急措施。

桥面板是直接承受车辆轮压的承重结构。在构造上，它通常与主梁的梁肋和横隔板整体相连。这样既能将车辆荷载传给主梁，又能构成主梁截面的组成部分，保证了主梁的整体性。

桥面板的破坏形式有开裂和塌陷，产生的原因一般为超载或桥面结构自身的因素，可以采取以下应急措施。

①桥上钢板覆盖。

当桥面板局部塌陷或开裂严重但面积不大时，可以用钢板覆盖破损部位，来满足行车的需要。

②临时托架支撑。

当主梁完好，但桥面板受损严重且面积较大时，采用钢托架对受损桥面板进行支撑，钢托架锚固在主梁腹板上，托架顶设置钢板托住受损的桥面板。

参 考 文 献

[1] 鲍英基,王国安.桥梁上部施工技术[M].北京:化学工业出版社,2021.

[2] 陈钢.公路桥梁墩台加固施工技术研究[J].运输经理世界,2022,652(6):98-100.

[3] 董丽娟,黄祯尹,卢刚,等.我国桥梁工程技术发展趋势分析[J].公路交通科技(应用技术版),2020,16(7):187-190.

[4] 杜昕.山区高速公路桥梁施工安全管理与控制[D].武汉:武汉理工大学,2008.

[5] 甘伟康.桥梁工程施工风险安全控制技术研究[D].郑州:郑州大学,2013.

[6] 高峰.提篮式钢管混凝土劲性骨架上承式拱桥施工关键技术[J].工程建设与设计,2018,396(22):186-187.

[7] 郭梅,姜仁安.桥梁下部施工技术[M].北京:机械工业出版社,2015.

[8] 侯利波.桥梁施工项目安全与质量控制[J].工程建设与设计,2018(21):224-226.

[9] 胡金桂.桥梁上部结构施工[M].成都:西安交通大学出版社,2019.

[10] 黄模镇.连续刚构桥施工技术探讨[J].工程建设与设计,2021,466(20):117-120,136.

[11] 廖文锋.桥梁基础人工挖孔桩施工技术与质量控制[J].工程建设与设计,2019,416(18):197-198.

[12] 麻文燕,肖念婷,陈永峰,等.桥梁工程[M].天津:天津科学技术出版社,2016.

[13] 马晶,徐卫卓.浅谈桥梁施工测量的工作流程[J].农村经济与科技,2012,23(4):145-146.

[14] 秦炜.桥梁工程项目施工安全管理与评价研究[D].西安:西安建筑科技大学,2014.

[15] 孙永明.桥梁工程[M].成都:电子科技大学出版社,2016.

[16] 谭春雷.桥梁工程安全风险及管理对策研究[J].中国管理信息化,2020,23(18):123-124.

[17] 唐鹏,刘天宝,张培辉. 桥梁工程施工技术[M]. 北京:中国水利水电出版社,2017.

[18] 天津市建工工程总承包有限公司. 建设施工安全检查标准:JGJ 59—2011[S]. 北京:中国建筑工业出版社,2012.

[19] 王兵. 工程测量[M]. 3 版. 重庆:重庆大学出版社,2016.

[20] 王成,朱红兴,魏家旭,等. 公路工程标准化施工工艺实用手册(全 2 册)[M]. 成都:西安交通大学出版社,2017.

[21] 王井春,陈学玲. 桥涵施工与养护[M]. 成都:西安交通大学出版社,2021.

[22] 王敬宇. 索塔施工关键技术研究[J]. 工程建设与设计,2019,422(24):154-155.

[23] 王晓峰. 道路施工中桥梁测量分析[J]. 经纬天地,2022,208(5):7-9.

[24] 吴荣桂,王毅娟. 城市桥梁安全事故应急技术措施研究[J]. 北京建筑工程学院学报,2013,29(1):11-15.

[25] 熊霞. 悬臂浇筑预应力梁斜拉桥复合式吊拉索挂篮施工技术[J]. 交通世界,2022,620(26):147-149.

[26] 余丹丹. 桥梁工程与施工技术[M]. 北京:中国水利水电出版社,2014.

[27] 张养安,杨旭江,刘宝锋. 工程测量[M]. 北京:中国水利水电出版社,2017.

[28] 中国建筑科学研究院. 混凝土结构设计规范:GB 50010—2010[S]. 北京:中国建筑工业出版社,2011.

[29] 中华人民共和国住房和城乡建设部. 施工企业安全生产评价标准:JGJ/T 77—2010[S]. 北京:中国建筑工业出版社,2010.

[30] 中交一公局集团有限公司. 公路桥涵施工技术规范:JTG/T 3650—2020[S]. 北京:人民交通出版社,2020.

后　记

桥梁工程不仅指对桥梁进行勘测、设计、施工、养护和检定等工作的过程，而且包括研究这一过程的科学和工程技术，是土木工程的分支。桥梁工程的发展主要取决于交通运输的相关需要。随着科技的发展、新材料的开发和应用，现阶段桥梁工程已将大跨、新型、轻质和美观作为主要发展方向。

与此同时，在当前交通运输事业高速发展、交通运输量大幅增长的背景下，行车密度及车辆载重越来越大，尤其在推行拖挂运输和集装箱运输后，重型车辆日益增多，过往陈旧、老化、强度降低的桥梁已无法满足安全通行需求，公路桥梁施工质量也逐渐受到了人们的普遍关注。公路桥梁施工质量和我国交通运输业发展有着极为密切的关联，同时还会对人们生命安全产生一定影响，需要切实将公路桥梁建设落到实处并对建设重点进行了解掌握，以提高工程质量。

21 世纪以来，智能化、信息化、可持续、长寿耐久是世界桥梁工程领域科技的重要研究和发展方向。时代要求我们要瞄准桥梁工程领域科技前沿，坚持问题导向和目标导向，设计和建成以高安全性能、高使用性能、高施工性能、高环保性能、高维护性能、高耐久性能为特征的高性能桥梁，对桥梁建造技术、高性能材料与耐久性提升技术方面开展深入系统的研究，形成新一代科学技术体系，为实现交通强国两步走提供保障。